国際人道法講義

東澤 靖 著

東信堂

はしがき

　本書の最も大きな目的は、日本において大学や市民に、国際人道法の学びの機会を提供することにある。その一つである 1949 年のジュネーブ諸条約は、現在では国連加盟国数を上回る国々が締約国となっている、世界で最も普遍的な国際条約である。しかし、そうした普遍的な法は、日本の社会や教育の場で語られることはあまりにも少なかった。国際人道法という名が、最近では研究や報道の場でときおり触れられるようにはなっているとしても、である。

　人類の歴史は、戦争、饑餓、疫病という 3 つの大きな危機に、繰り返し、繰り返し、直面してきた。そのたびに人類は、そうした大きな危機を克服するための、より大きな枠組みを打ち立てるべく、奮闘してきた。反面で危機を、完全には克服しきれない挫折の繰り返しもまた、人類の歴史を形づくってきたと言えるかも知れない。そうした人類の歴史の中で、人間やその社会は、これまで何を成し遂げ、何にどのように挫折し続けているのか、国際人道法の学びは、そうした自問も提起せざるを得ない。

　2020 年を特徴付けた新型コロナウィルスの蔓延は、世界中の人々の生命への危機と日常の激しい変容とをもたらした。一方で指摘されたのは、そうした危機や変容をもたらしたのは、ウィルスそのものと言うよりも、すでに社会に存在していた貧困、格差、差別、憎悪などの蔓延であり、コロナ後の社会は、たんにそうした問題を可視化させたに過ぎないということである。

　そのような視点で見れば、ウィルスの蔓延は、逆に見えにくくしたものもあるかも知れない。人の移動が極端に制限され、人々の関心が自国内でのウィルス対策や経済復興に向かう中で、止むことなく世界で続いている武力紛争や、それによって犠牲となっている人々の声は、はるかに見えにくいものとなっている。ウィルスの蔓延を受けて各地の紛争に即時停戦を求める国連の事務総長の呼びかけが、その切実さにもかかわらず、安全保障理事会におい

て正式な決議 (2020 年 7 月決議 2532) として採択されるまで 100 日以上を要したことも、そうした見えにくさによるものかもしれない。武力紛争の下にある人々は、人や物資の移動やあらゆる活動が極端に制限される中で、さらなる困難に直面するであろう。そしてウィルスの蔓延にもかかわらず、ナゴルノ・カラバフあるいはエチオピアなど、新たな武力紛争も始まった。

　しかし見えにくさは、それもまた、ウィルスの蔓延によってのみもたらされたものではない。世界の別の場所で同じ人間がその生命や生活を脅かされているとき、それを直視しようとする意志を持っているか、それを正しく見て理解するレンズを持ち合わせているか。そのこともまた、ウィルス以前に、安全な場所に身をおく人々に問いかけられてきた課題である。見えにくいものを見えるようにすることは、人類が備え持つ共感を通じて、危機を克服するための大きな力になるだろう。この本が読者にとって、そうした見えにくいものを見るための、レンズの一つとなれば幸いである。

　本書は、専門的な研究書ではなく、読者が今日の国際人道法の全体像を把握し、日々世界で生起する人道問題をマッピングするための概説書となることを心がけた。そのためそれぞれの分野の研究で行われている議論や論争を、すべて含めることはしていない。また、参考にした文献はそれぞれの分野での研究論文を含めれば膨大なものとなるが、参考文献の掲載は、広い分野を網羅した書籍にとどめている。読者の方々には、そうした試みがどこまで成功しているか、忌憚のない感想をいただければ幸いである。またこの分野の研究者や実務家の方々には、内容の是非を含めて率直な指摘をいただければ、望外の幸せである。最後に、国際法、とくに国際人道法の分野で数々の貴重な書籍を世に送り出し続けている東信堂の下田勝司社長には、本書の出版を快く引き受けていただいただけではなく、数々の貴重な示唆をいただいた。心より感謝したい。

　2021 年 1 月

東澤　靖

大目次／国際人道法講義

詳細目次／国際人道法講義

凡例 (引用表記)

1899・1907 年ハーグ諸条約：ハーグ諸条約
　　参照のための個々の条約と条文は、1899II：2 条、1907HCIII：3 条などと略記
1899・1907 年ハーグ陸戦規則：ハーグ陸戦規則
　　参照のための個々の条約と条文は、1899・1907 年の両規則に共通の場合は、
　　HR：1 条、個別の場合は 1907HR：3 条などと略記
1949 年ジュネーブ諸条約：ジュネーブ諸条約
　　参照のための個々の条約と条文は、GCI：3 条などと略記
1977 年第 1 追加議定書・第 2 追加議定書：追加議定書
　　参照のための個々の条約と条文は、API：1 条などと略記

略称欧字の一覧

AP：	1977 年のジュネーブ諸条約への追加議定書：第 1 〜第 3 の個別追加議定書については、API 〜 APIII と略記
CCW：	特定の通常兵器に関する条約
GC：	1949 年のジュネーブ諸条約：4 つの個別条約については、GCI 〜 GCIV と略記
HC：	ハーグ条約：1899 年と 1907 年の別及び個別の条約は番号で表記
HR：	ハーグ陸戦規則：年数表記のないものは、1899 年規則と 1907 年規則に共通のもの
IAC：	国際的武力紛争
ICC：	国際刑事裁判所
ICJ：	国際司法裁判所
ICRC：	国際赤十字委員会
ICTR：	ルワンダ国際刑事法廷
ICTY：	旧ユーゴスラビア国際刑事法廷
IHFFC：	国際人道事実調査委員会
ILC：	国連国際法委員会
IMT：	国際軍事法廷 (ニュルンベルク)
IMTFE：	極東国際軍事法廷 (東京)
NIAC：	非国際的武力紛争
OCHA：	国連人道問題調整事務所
UNHCR：	国連難民高等弁務官

重要条約の概要

ハーグ諸条約

1899 年と 1907 年に万国平和会議で採択された戦争に関する多数の条約。その対象は多方面にわたるが、ハーグ陸戦規則など、主に戦争の方法及び手段に関する規定が後にハーグ法と呼ばれ、戦争の法規及び慣例 (慣習国際法) として受け入れられていった。

パリ不戦条約 (戦争抛棄に関する条約)

1928 年に採択された条約で、国際紛争を解決するための戦争 (侵略戦争) を違法なものとした。これは長年国際社会で続いていた無差別戦争観を転換させるものであり、第 2 次世界大戦後に国際軍事法廷で訴追された平和に対する犯罪の法的根拠とされた。

ジュネーブ諸条約

戦争犠牲者を保護するためのジュネーブ条約は、1864 年に採択されて拡充されてきたが、1949 年に、それまで対象とされていた傷病・難船者、捕虜に、文民を加えて、4 つの条約として採択された。戦争犠牲者の保護を目的とするジュネーブ諸条約は、戦争の方法及び手段に関するハーグ法との対比で、ジュネーブ法とも呼ばれる。

ジュネーブ追加議定書

第 2 次世界大戦後に頻発した植民地独立戦争や内戦に対応するために、1971 年の赤十字専門家会議以降の起草作業を経て、ジュネーブ諸条約を補完するものとして 1977 年に採択された 2 つの条約。戦争犠牲者の保護のみならず、戦争の方法及び手段についても多くの規定を持ち、ハーグ法とジュネーブ法とを統合したもの。第 1 追加議定書は国際的武力紛争、第 2 追加議定書は非国際的武力紛争を対象とする。2005 年には、特殊標章に赤いクリスタルを加える第 3 追加議定書が採択された。

ジェノサイド条約

ナチスのホロコーストの経験を経て、1948 年に国連総会が採択した条約。国民・人種・民族・宗教による集団の破壊を目的とする一定の行為を国際犯罪であるジェノサイドであるとし、その防止と処罰を締約国に義務づける。犯罪の処罰は、国内裁判所及び国際刑事裁判所で行うこととした。

国際刑事裁判所 (ICC) 規程

1998年に採択された常設の国際刑事裁判所 (ICC) を設立するための条約。侵略犯罪、ジェノサイド犯罪、人道に対する犯罪、戦争犯罪の4つの犯罪を最も重大な国際犯罪と定めて、犯罪の定義、裁判所の構成と手続、締約国の国際協力などを定めている。ICC は、2003年にハーグに設置されて活動している。

特定通常兵器使用禁止制限条約 (CCW)

1980年に採択された一定の通常兵器の使用を禁止・制限するための枠組みを定める条約で、具体的に対象となる兵器と規制方法は、附属する議定書で定められる。これまでに、①検出不可能な破片を利用する兵器 (議定書I)、②地雷、ブービートラップ等 (議定書II)、③焼夷兵器 (議定書III)、④失明をもたらすレーザー兵器 (議定書IV)、⑤爆発性戦争残存物 (議定書V) が対象とされている。

核兵器禁止条約 (TPNW)

2017年に採択された核兵器の使用などを全面的に禁止する条約。世界には安保理の常任理事国をはじめ、核兵器の保有を抑止力として正当化する国々がある一方で、核兵器の開発、実験、生産、製造、取得、保有、貯蔵、使用及び使用の威嚇等を全面的に禁止する画期的な条約である。必要な50ヵ国の批准が2020年10月に実現し、翌2021年1月に効力が発生した。

年　表

1862 年	アンリ・デュナン『ソルフェリーノの思い出』を発表。翌 1863 年に ICRC の前身となる委員会がジュネーブで設立
1863 年	アメリカ南北戦争で北軍政府がリーバー法 (Lieber Code) を採択
1864 年	ジュネーブで開催された外交会議が最初のジュネーブ条約となる「戦地にある軍隊の傷者の状態の改善に関するジュネーブ条約」を採択
1868 年	サンクト・ペテルブルク宣言採択
1899 年	第 1 回万国平和会議 (ハーグ)　ハーグ諸条約を採択
1907 年	第 2 回万国平和会議 (ハーグ)　第 2 次ハーグ諸条約を採択
1914 年	第 1 次世界大戦勃発
1918 年	第 1 次世界大戦終了　翌 1919 年ヴェルサイユ条約成立
1919 年	赤十字社連盟 (後の国際赤十字・赤新月社連盟) の設立
1928 年	戦争抛棄に関する条約を採択
1929 年	改正ジュネーブ条約、捕虜の待遇に関する条約を採択
1939 年	第 2 次世界大戦勃発
1945 年	第 2 次世界大戦終了　国際連合憲章を採択 ニュルンベルクで国際軍事法廷が開始され翌 1946 年判決
1946 年	東京で極東国際軍事法廷が開始され、1948 年判決
1948 年	国連総会が世界人権宣言とジェノサイド条約を採択
1949 年	ジュネーブ諸条約 (4 条約) を採択
1950 年	朝鮮戦争勃発 (1953 年休戦)
1954 年	アルジェリア独立戦争 (～ 1962 年)
1955 年	ベトナム戦争 (～ 1975 年、それ以降もベトナムとカンボジア・中国との戦争、カンボジア内戦などが 1991 年まで継続)
1967 年	ビアフラ戦争 (ナイジェリア内戦～ 1970 年)
1968 年	核不拡散条約 (NPT) を採択
1972 年	生物兵器禁止条約 (BWC) を採択
1974 年	国連総会が「侵略の定義に関する決議」を採択
1977 年	1971 年の赤十字専門家会議以降に進められていた、ジュネーブ諸条約への 2 つの追加議定書を採択
1976 年	環境破壊兵器禁止条約 (ENMOD) を採択
1980 年	特定通常兵器使用禁止制限条約 (CCW) を採択

1991 年　湾岸戦争

1993 年　旧ユーゴスラビア紛争 (1991-1999 年) に対し、国連安全保障理事会が
　　　　旧ユーゴスラビア国際刑事法廷を設置
　　　　化学兵器禁止条約 (CWC) を採択

1994 年　ルワンダでの虐殺 (1994 年) に対し、国連安全保障理事会がルワンダ
　　　　国際刑事法廷を設置

1996 年　ICJ の核兵器に関する勧告的意見

1997 年　対人地雷禁止条約 (オタワ条約) を採択

1998 年　国際刑事裁判所 (ICC) 規程を採択

2001 年　アメリカでの同時多発テロ発生　アフガニスタン戦争勃発

2003 年　イラク戦争勃発

2005 年　ジュネーブ諸条約への第 3 追加議定書を採択

2008 年　クラスター弾に関する条約 (オスロ条約) を採択

2010 年　ICC 規程に侵略犯罪の定義などを追加する改正を採択

2011 年　アラブの春　リビア、シリアなどで発生した内戦が国際化

2013 年　武器貿易条約 (ATT) を採択

2017 年　核兵器禁止条約 (TPNW) を採択

国際人道法講義

第1編　国際人道法の全体像

　国際人道法という分野が、国際法の中で定着したのは古いことではなく、20世紀も終わりに近づいた頃である。しかし、その中心をなす戦争法規の成立は、19世紀後半、明治維新の頃に遡る。国際法とは、一般に国家と国家との間の法を意味するが、当時の国際法には、平和な状態にある平時に適用される一般の国際法と、いったん戦争が始まると適用される戦時の国際法があると考えられていた。そうした戦時国際法の一つとして登場した「戦争法規」は、第2次世界大戦後に戦争自体が違法とされる中で、国内での武力紛争をも対象とする「武力紛争法」と呼ばれるようになった。国際人道法は、この「武力紛争法」を中心とするが、現在では平時における重大な人権侵害を含むより広い分野を扱っている。

　国際人道法の特徴は、国際法の一分野であるにもかかわらず、もはや国家と国家との間の法にはとどまらないことである。国際人道法の下で、戦闘員や市民（文民）は、直接に保護される。その行った国際犯罪について直接に、刑事責任を問われることもある。国際人道法は、そのようにして、武力紛争におけるルールを定めるとともに、武力紛争による犠牲者を守ろうとする国際法である。

　日本は、戦後の平和憲法の下で、三四半世紀の間、武力紛争に直接に巻き込まれることはなかった。しかし、世界の各地で止むことのない武力紛争に、日本は、国家としてのみならず、市民としてさまざまな関わりを持たざるを得ない。国際人道法は、そうした日本の国家や市民が、国際社会に向き合うために当然に備えるべき、行動の指針でもある。

第1章　国際人道法の対象

1. 国際人道法が対象とする法分野

　国際人道法という学問領域を考えるに際して、まず直面する問題は、それがどのように定義され、どのような分野の法を対象とするかということである。国際人道法が国際公法の一分野を占める法領域であることには異論はないが、定義や対象とする法については、論者によってさまざまである。

　国際法は、かつては、平時国際法と戦時国際法に分かれるとされ、ひとたび戦争が起こると、スイッチを切り替えるように、まったく異なる枠組みの国際法が起動するとされていた。例えば、平時では、他国の国民を殺傷することや、その財産を破壊することは、基本的に違法であり、それを行った者の処罰や、国家責任の原因に結びつく。ところがひとたび戦時になると、そうした殺傷や破壊を含む戦闘行為は、国家主権の発動であるとして、一定のルールに従う限り、国家や個人が免責されることになる。

　そうした戦時国際法においては、2つの法領域が独立して存在することが次第に受け入れられるようになった。一つには、戦争の可否すなわち戦争を開始することが許されるのかどうかに関わる法 (jus ad bellum) であり、もう一つは、ひとたび開始されてしまった戦争における行為の可否、すなわち戦争でどのような行為が許されるのかに関わる法 (jus in bello) である。前者は、20世紀初頭まで支配的であった無差別戦争観、すなわち主権国家が行う戦争の是非や合法性を国際法が判断することはできないという考え方の下で、正当に戦争を開始するための要件や手続を定める開戦法規、あるいは戦争の当事

国から中立を保つための中立法などを含んでいた。他方で後者は、戦争の可否や開戦法規とは関わりなく、いったん戦争が開始されれば(加えて戦争に備える準備行為の中で)、戦争の当事国が自ら及びその軍隊に守らせなければならない諸規則であり、戦争法あるいは戦争法規などと呼ばれるものであった。

　この戦争法規は、後に詳しく見るように、攻撃対象や戦闘の方法・手段の規制、あるいは戦争の犠牲者の保護(傷病兵士、捕虜、文民)などにおいて、次第に対象を広げ、内容も詳細なものとなっていった。そして、1945年の国連憲章が、あらゆる武力の行使と威嚇を原則として違法とする中で、戦争という法概念は、正規の戦争とそれ以外を区別しない、武力紛争(armed conflicts)という概念に置き換えられていく。その中で、次第に従来の戦争法規は、正規の戦争に限らずすべての武力紛争を対象とするため、武力紛争法という呼称が用いられるようになっていった。

　一方で、戦争法規あるいは武力紛争法を支える重要な原則の一つは、「人道」(humanity)であった。「人道」あるいは「人道の法」という考え方は、武力紛争法において、戦闘の方法を初めて条約によって規制した1868年のサンクト・ペテルブルグ宣言で用いられた。さらに、その考え方は、1899年と1907年の2度にわたるハーグでの万国平和会議において採択された「陸戦の法規慣例に関する条約」(ハーグ陸戦条約)の前文における有名な「マルテンス条項」(Martens Clause)として定着していく。この条項は、完全な戦争法規の法典が制定されるまでは、「文明諸国間で確立された慣行、人道の諸規則及び公共良心の要求より生ずる国際法の諸原則の保護及び支配の下に置かれる」として、たとえ明示の戦争法規が求めていない場合でも、人道の法が支配するものとした。もちろん、戦争法規や武力紛争法は、戦闘員の殺傷・破壊の特権をはじめ、軍事的利益を人道の名の下に否定するものではない。しかし、戦闘行為の是非を判断するバランスの一方に人道の法がおかれてきたことは間違いない。

　戦争法規や武力紛争法という呼称に加えて、国際人道法という概念が初めて公式の場で用いられたのは、1971年の「武力紛争に適用される国際人道法

の再確認と発展に関する赤十字の専門家会議」であるとされる。この会議を主導した国際赤十字委員会 (ICRC) の報告書は、国際人道法を、「明らかに人道的性質を有する武力紛争法の規則、すなわち人および人に不可欠な者を保護する規則を指す。」としていた。この用法によれば、国際人道法は人道的規則に関する武力紛争法の一部を指すと理解することも可能である。しかし、その後の国際文書や国際人道法に関する文献において、国際人道法は、武力紛争法そのものと同視されて、特段の区別なく使用されることが一般的となっている。そのため国際人道法の定義も、表現の差はあっても、武力紛争において適用される法、あるいは武力紛争に関連して適用される法であるとされてきた (参考：藤田 2-4 頁)。

　他方で、国際人道法の概念は、武力紛争を前提しない文脈で用いられることがある。典型的なものは、後に触れる国際刑事法が対象とする国際犯罪であり、国際刑事法は、今日の武力紛争法の重要な履行確保手段として存在する。しかしながら、国際刑事法が対象とする国際犯罪は、必ずしも武力紛争を前提としないものが含まれている。例えば、国連安全保障理事会 (国連安保理) によって設立され、武力紛争法の解釈にも豊富な先例を提供してきた旧ユーゴスラビア国際刑事法廷 (1993 年：ICTY) とルワンダ国際刑事法廷 (1994 年：ICTR) は、その設立の規程において、「国際人道法の重大な違反に責任ある者を訴追する権限」を持つとされる。そしてその対象とする国際犯罪には、武力紛争法の下での戦争犯罪のみならず、武力紛争法を前提としないジェノサイド犯罪と人道に対する犯罪も含まれている。つまり国際人道法は、平時における一定の重大な人権侵害に関する法を含む概念としても用いられているのである。また、国際刑事法ということで言えば、同じく国際犯罪に含められている平和に対する犯罪あるいは侵略犯罪も、かつて戦争法規から区別された開戦法規に関連するものであり、国際人道法の対象とされるかも知れない。このようにして、国際人道法という概念は、武力紛争法と同視するのが一般的である一方で、時と論者によって武力紛争法の一部のみを意味したり、逆に武力紛争法以外の分野も含んだりすることがある。

　もちろん、国際人道法という法分野が何を対象とするのかという問題は、

これまでのところ国際法によって厳密に定義されているわけではなく、他の法分野と同様に、その限界は流動的である。他方で本書は、国際人道法という標題の下に、武力紛争法のみならず、明らかに人道的性質を有する状況を扱う他の国際法分野を対象とする。そのような便宜的な意味において、本書においては、国際人道法を、人道的性質を有する状況を扱う国際法とし、武力紛争法とは一応の区別をすることにする。そして国際人道法は、武力紛争法を大きな構成要素としながらも、必ずしも武力紛争を前提としない人道的性質を有する状況に関わる重大な人権侵害の規制や国際刑事法も対象とすることとする。

2. 国際人道法の名宛て人

　国際人道法が適用対象とする主体は、一般の国際法に比べてはるかに多様である。

　伝統的な国際法の理解によれば、国際法は、主権を有する国家の間に存在する法であり、諸国家の慣習や合意によって成立する。そのため国際法を成立させる国際立法の機能が国家のみに認められるだけではなく、国際法の下で権利を有し、義務を負うのも、基本的には国家のみであるとの国家中心的な考え方が、国際法を支配してきた。もちろん近年においては、国連などの国際組織の能力の拡大、国際人権法の確立、国際経済法における国家と企業間の紛争解決の必要性などに伴い、限定的ではあるが、国際法が国家以外の非国家主体に、一定の権利や義務を持つことも認められるようになっている。

　国際人道法、特に武力紛争法は、そのような非国家主体を、早くからさまざまな形で、国際法の名宛て人としてきた。

　国際法上の権利という側面では、後に触れる一連のジュネーブ条約が、戦場で負傷者の救護を行う住民、医療要員、人道団体の活動への尊重や権利を規定してきた。また、武力紛争法は、傷病者、捕虜、文民などの尊重や保護、あるいは一定の待遇を国家に義務づけている。そのことによって保護を受ける者に認められるのが、権利であるのか、反射的利益に過ぎないのかには議

論のあるところだが、少なくとも武力紛争法は、そうした非国家主体を名宛て人としている。国際人道法の被害者については、最近の条約 (国際刑事裁判所規程) や国連総会決議 (2005 年「国際人権法の重大な侵害と国際人道法の深刻な侵害に対する救済と保障の権利に関する基本原則とガイドライン」) が、その救済のための一定の権利を承認している。

　国際法上の義務という側面では、国際人道法は、より直接的に非国家主体を義務の対象と扱っている。武力紛争法は、一定の規則が武装集団などを含む非国際的武力紛争にも適用され、理由付けには議論があるものの、武装集団はそれらの規則に拘束される。国際人道法の重要な履行メカニズムである国際刑事司法は、戦争犯罪や重大な人権侵害などの国際犯罪について個人の刑事責任を問い、そのことによって国際犯罪に関わることを個人に対して禁止している。国際犯罪に関わることへの禁止という場合の名宛て人は、政府や軍隊の関係者に止まらず、武装集団の構成員あるいは国際犯罪に加担する企業やメディアなど、広範囲な非国家主体を前提としている。

　さらに議論のあるところであるが、非国家主体である武装集団は、非国際的武力紛争に関する慣習国際法の成立において考慮されるべき慣習の成立に関わる点で、そうした国際法の成立にも影響を与えるかも知れない。

　このように国際人道法は、伝統的な国際法における国家中心主義には収まりきれない、国際法のダイナミックな動態を示している。

第2章　国際人道法の発展

　まず、多くの国際人道法のテキストが最初に取り上げているように、戦争に関わる法がどのように現れ、発展してきたのかという歴史を、最初に鳥瞰することが重要である。それにより、なぜ人類社会で国際人道法、とりわけその重大な構成要素である武力紛争法が国際法として存在するのかを理解することができる。併せて、そうした歴史の概観を通じて受講者は、国際人道法の広がり、それを構成する法分野を概観することになる。

　すでに触れた戦争法規が開戦法規とは区別された形で発展し始めるのは、19世紀後半のことである。しかし、記録された人類の歴史には、古代中国・インド・中東地域など、紀元前にさかのぼって、戦争における戦闘の方法・手段の是非に触れている規則が存在した。また、古代ギリシア・ローマにおける諸規則も、グロチウスの書物などから知ることができる。17世紀国際法の父とされるグロチウス（Hugo Grotius）は、その有名な『戦争と平和の法』（1625）において、古代ギリシア・ローマの例をとったいくつかの原則を書き表している。そこでは、戦闘の手段として敵財産の略奪や破壊、敵領域での殺戮などを法的に許容する一方で、毒や毒兵器の使用禁止や女性・子ども・戦争捕虜・非戦闘員の殺戮の禁止などを、少なくとも道徳的な要求として求めていた。

　後の武力紛争法につながる戦争法規が形成されていった歴史は、無差別戦争観が支配していた19世紀後半のヨーロッパを中心に、慣習や条約により発展していった。ここでいう無差別戦争観とは、相互に独立して平等な主権を持つ国家が行う戦争は、主権国家の権利であって、その正当性を判定する

者が存在しない以上、戦争当事者双方が正当な理由を持つと認めなければならないという考え方である。それでも戦争では、戦闘の傷者の世話や戦死者の埋葬などについて、一定の慣習的な規則が存在すると考えられていた。

　戦争法規に関する条約の作成は、クリミア戦争の後に 2、3 の海戦規則（私掠船禁止や中立船の保護）を規定したパリ宣言（海上法の要義を確定する宣言：1856）を皮切りに、19 世紀後半から 20 世紀初頭にかけて全盛期を迎えることになる（藤田：13 頁）。以下では、武力紛争の歴史発展を、便宜上、第 2 次世界大戦までを近代における戦争法規、第 2 次世界大戦後の武力紛争法の確立、ジュネーブ追加議定書を中心とする国際人道法の成立という 3 つの時期に分けて、それらの時期に成立した重要な法を武力紛争法に関する条約を中心に概観する。

1. 近代における戦争法規

1.1　1863 年リーバー法 (Lieber Code)

　リーバー法は、アメリカの南北戦争（Civil War: 1861-1865）において、北軍政府がリーバー教授（Francis Lieber コロンビア大学）に要請して作成した陸戦に関する訓令である。正式名称は、「戦場における合衆国軍隊の統治のための指令」であり、157 カ条からなるリーバー法は、従来から軍隊に存在した軍隊の内部的規律だけでなく、敵領域の占領、文民と民用物の保護、戦争捕虜の処遇、暗殺など内戦に適用される規則を含んでいた。リーバー法は、アメリカの国内法ではあるものの、その後に各国の軍事提要の作成に影響を及ぼし、また、陸戦に関する条約においても重大な影響を与えた。

1.2　1864 年ジュネーブ条約

　後にハーグ法と並んで、戦争法規の重要な体系の一つとなったジュネーブ法の最初の条約は、アンリ・デュナンというスイスのビジネスマンの提唱により始まった。1859 年にビジネスの許可を得るために戦地にあったナポレオン 3 世との面会に向かったデュナンは、当時イタリアの支配をめぐって

対立していたオーストラリア軍とフランス・ピエドモンテス連合軍が激突した、イタリア北部でのソルフェリーノの闘いに遭遇した。この戦いは、一日で6000人の死者と約4万人の負傷者を数える壮絶なものであり、傷者が戦場に放置されたまま死んでいく状況を目にしたデュナンは、近くの町の住民とともに負傷者の救護活動を体験した。その体験から、『ソルフェリーノの思い出』(1862)を出版して、専門的ボランティアによる戦傷者救済組織の設立、国家が条約によりそうした組織に戦場へのアクセスを認めることを提唱した。当時は、軍隊において自軍の兵士に対する医療は一部提供されていたものの、敵味方に関係なく救援を行う活動は存在していなかった。

　デュナンの提唱は、ジュネーブ公益団体によって取り入れられて委員会が設置され(1863)、各国における同様の委員会設立と統一的な旗と標章の採用が提案された。これがその後の赤十字運動につながっていく。1864年スイス政府は、外交会議を招集して、「戦地にある軍隊の傷者の状態の改善に関するジュネーブ条約」を採択した。この条約は、①傷者とその治療に当たる者の中立性、②医療施設と要員の標章としての赤十字の採用、③戦地における傷病者への国籍に関わらない収容と看護の義務を定めるものであった。この条約は、戦闘行為に適用される初の国際条約である、国家の軍事的利益を人道という道徳的考え方によって緩和しようとする、国家とはことなる民間の主体を保護する国際法であるなどの点で、画期的なものであった。スイスの委員会は、後に、国際赤十字委員会(ICRC)となった。

1.3　1868年サンクト・ペテルブルク宣言とその後

　サンクト・ペテルブルク宣言は、ロシア政府の提唱のもとに1868年に採択され、19カ国が加入した条約である。この頃には、爆発によって弾丸の破片が広範囲に飛散するように設計された榴弾の使用によって、従来の弾丸に比べて人体への重大な損傷を与えることが可能となっていた。そのようなもとで、この宣言は、戦時において重量400グラム未満の炸裂弾の使用を放棄することを約束するものであった。この宣言は、戦争の方法及び手段を国際条約で禁止するという、後に述べるハーグ法の先駆けと

なった点で重要なものである。同時にこの宣言は、戦争に関する条約において初めて「人道の法」という考え方を取り入れた点でも重要である。この宣言の前文は、戦闘能力を失った者の苦しみを無用に増大させ、死亡を不可避とするような武器の利用を、「人道の法に反する」(contrary to the laws of humanity)と断じていたのである。この考え方も、後のハーグ法におけるマルテンス条項に引き継がれていく。

　この宣言の後にも、1864年ジュネーブ条約を海戦に拡張する「戦時の傷者の状態に関する追加条項」(1868)の検討や、リーバー法にならって戦争法規を明確にするための「ブリュッセル宣言」(1874)などの試みがなされた。しかし、それらはいずれも、一部の国家の反対により条約化にはいたらなかった。さらなる戦争法規の条約化が時期尚早と考えられるなかで、ICRCは、この時期に各国の参考に供するための「陸戦の法規に関するマニュアル」(1880)を作成した。

1.4　1899年・1907年ハーグ諸条約

　戦争法規においては、長らく戦争犠牲者の保護に関する国際法体系を総称する「ジュネーブ法」に対して、戦争の方法及び手段を規制する国際法体系の総称として「ハーグ法」という総称が用いられる。このハーグ法の根幹をなすのは、1899年と1907年に2度にわたってオランダのハーグで開催された万国平和会議で採択された多数の条約である。第1回万国平和会議は、再度ロシア政府が呼びかけ、中立的なオランダ政府が開催地を提供して実現した。第2回万国平和会議は、それ以前の日露戦争を調停したアメリカ政府の呼びかけで開催された。

　第1回万国平和会議は、26カ国の参加のもと、①軍備と軍事予算の制限、②「文明国の戦闘を規律する法」、③調停と仲裁の3つの課題を討議し、そのうち参加者のコンセンサスに至った②と③の課題について、以下の条約を採択した。

Ⅰ．国際紛争の平和的解決のための条約*

Ⅱ．陸戦の法規慣例に関する条約

Ⅲ．1964年8月22日のジェネヴァ条約の原則を海戦に応用する条約*

・気球からの発射物及び爆発物の発射に関する宣言*

・窒息性ガス又は有毒ガスの散布を目的とする発射物の使用に関する宣言*

・人間の体内において容易に拡張又は平坦化する銃弾の使用に関する宣言*

＊は、筆者による私訳

　条約Ⅰでは、紛争の平和的解決のための最善の努力と常設仲裁裁判所の設立が合意され、条約Ⅱでは、陸戦の法規慣例について法的拘束力ある合意が初めて成立した。条約Ⅲでは、1864年ジュネーブ条約の海戦への適用が合意された。

　第2回万国平和会議は、44ヵ国の参加のもと、1899年ハーグ諸条約を改訂、拡充して、以下の条約を採択した。

Ⅰ．国際紛争の平和的解決のための条約*

Ⅱ．契約債務の回収のために武力を用いることの制限*

Ⅲ．開戦に関する条約

Ⅳ．陸戦の法規慣例に関する条約

Ⅴ．陸戦の場合に於ける中立国及中立人の権利義務に関する条約

Ⅵ．開戦の際に於ける敵の商船取扱に関する条約

Ⅶ．商船を軍艦に変更することに関する条約

Ⅷ．自動触発海底水雷の敷設に関する条約

Ⅸ．戦時海軍力を以てする砲撃に関する条約

Ⅹ．ジェネヴァ条約の原則を海戦に応用する条約

Ⅺ．海戦に於ける捕獲権行使の制限に関する条約

Ⅻ．国際捕獲審検所の設置*

ⅩⅢ．海戦の場合に於ける中立国の権利義務に関する条約

ⅩⅣ．気球からの発射物及び爆発物の投擲を制限する宣言*

＊は、筆者による私訳

　1899年・1907年ハーグ諸条約の中で、今日までその意義が最も認められているのは、陸戦の法規慣例に関する条約（ハーグ陸戦条約）とその付属文書

である陸戦の法規慣例に関する規則 (ハーグ陸戦規則) である。ハーグ陸戦規則において詳細に定められた戦争の方法及び手段に関する規則は、武力紛争における中核的な規則として現在まで維持されている。

　また、ハーグ陸戦条約の前文に規定された、いわゆる「マルテンス条項」(Martens Clause) も今日の武力紛争法に引き継がれている。第 1 回万国平和会議で戦争法規を検討した委員会の議長であったロシアのフレデリック・ド・マルテンスが、参加国政府を合意に導くために前文に挿入したものであり、条約で成文化された義務に加えて、将来において完全な戦争法規の法典が制定されるまでは、「文明諸国間で確立された慣行、人道の諸規則及び公共良心の要求より生ずる国際法の諸原則の保護及び支配の下に置かれる」(訳文は江藤 2005) ことを規定した。条約で明示に課されていない義務であっても、「慣行、人道の諸規則及び公共良心の要求」による国際の諸原則に従うべきという規範は、後に述べる 1949 年ジュネーブ諸条約 (条約の廃棄に関する条文) や 1977 年ジュネーブ追加議定書 (API：1 条 (2) や APII：前文) に引き継がれている。

1.5　ジュネーブ法の発展

　一方で、軍隊の傷病者を保護するための 1864 年ジュネーブ条約は、第 1 回万国平和会議の勧告に基づいて、「1906 年戦地にある軍隊の傷者及び病者の状態の改善に関するジュネーブ条約」(1906 年ジュネーブ条約) が採択されて拡充され、さらに第 1 次世界大戦を経て、「1929 年戦地にある軍隊の傷者及び病者の状態の改善に関するジュネーブ条約」(1929 年ジュネーブ条約) によって取って代わられた。1929 年ジュネーブ条約は、戦地における傷病者保護活動の標章として、従来の赤十字に加えて、すでにイスラム諸国などで用いられていた赤新月や赤のライオン及び太陽を正式に承認した。

　第 1 次世界大戦から第 2 次世界大戦までのいわゆる戦間期には、従来の戦地での傷病者の保護に加えて、「1929 年捕虜の待遇に関する条約」(1929 年ジュネーブ捕虜条約) や、一定の兵器の使用を禁止する「1925 年窒息性、毒性その他のガス及び細菌学的戦闘手段の戦争における使用禁止のための議定書」(1925 年ジュネーブ・ガス議定書) が採択された。ICRC は、1930 年代に、1929 年ジュ

ネーブ条約を拡充する草案を準備したが、第2次世界大戦によって妨げられた。

1.6　開戦法規とパリ不戦条約

　すでに述べたように、戦争法規は、戦争の是非に関する開戦法規とは独立して存在する。しかし、戦争法規の発展と併せて、戦争そのものについての規制も試みられていた。

　すでに触れた1899年・1907年のハーグの万国平和会議では、国際紛争を平和的に解決し、戦争に至ることを防止するために、国際紛争の仲裁を促進するための条約（各ハーグ条約Ⅰ）も成立した。

　第一世界大戦を経て、1919年のヴェルサイユ条約のもとに定められた国際連盟規約は、侵略戦争に対して国際連盟として集団的行動を取ることを定め、一定の戦争を国際法の下で違法とする試みが開始された。さらに、1928年には、戦争抛棄に関する条約（パリ不戦条約、ブリアン＝ケロッグ協定）が採択された。パリ不戦条約は、国際紛争解決のために戦争に訴えることを禁止し、国家の政策の手段としての戦争の放棄を締約国に義務づけた。このことによって、戦争の中でも、侵略戦争は国際法上違法とされるという差別戦争観が次第に確立していく。ただし、国際連盟規約もパリ不戦条約も、対象となる「戦争」が限定的なもので事実上の戦争や内戦を除外する余地を残したこと、自衛の名の下に行われる戦争に対する曖昧さを残していたこと、そして違法な戦争に対して国際連盟が十分に機能しなかったことなどから、その後の第2次世界大戦を防ぐための国際法としては機能しなかった。

2.　武力紛争法の確立

2.1　開戦法規と国連憲章

　戦争を含む一切の武力紛争の違法化は、1945年の国際連合憲章（国連憲章）によって初めて実現した。国連憲章は、加盟国が戦争を含む武力の行使や威嚇を慎むべきものとしており（2条(4)）、平和に対する脅威、平和の破壊、侵略行為は、国連安保理によって、軍事的措置を含む強制措置の対象となる（第

7章)。

　特に侵略行為については、後に述べる第2次世界大戦後の国際軍事法廷が、平和に対する犯罪として、その指導者に国際的な刑事責任を課すこととなった。どのような行為を以て侵略行為とするのかについては、国連総会が、1974年に「侵略の定義に関する決議」(総会決議3314)を採択している。さらに、後に述べる1998年に採択された国際刑事裁判所(ICC)規程は、侵略犯罪をその対象犯罪に含め、2010年には、前述の国連総会決議に沿った侵略行為の定義と、その侵略行為を支配・指導する立場にある者の侵略犯罪の定義を採択するにいたった。

2.2　ジュネーブ諸条約

　国連憲章の下で一切の武力の行使や威嚇が国際法上違法とされた下で、他方では、従前の形式的な戦争に止まらず一切の武力紛争における犠牲者を保護するために、1949年に包括的なジュネーブ条約が採択された。第2次世界大戦が大量の市民の犠牲者を生み出した反省に立って、従来の条約が対象としていた陸戦・海戦の傷病者や捕虜の保護を整備拡充することに加えて、文民(civilian)の保護を目的とする条約が加えられた。また、第2次世界大戦において国家の正規軍ではないレジスタンスなどが戦闘に加わっていたことから、戦闘員に認められる法的地位は、「組織的抵抗運動団体」(organized resistance movements)をも含むこととされた。

　その結果として存在する1949年のジュネーブ諸条約(ジュネーブ4条約ともいう)は、以下の諸条約を含んでいる。

- 第1条約：戦地にある軍隊の傷者及び病者の状態の改善に関する1949年8月12日のジュネーヴ条約(以下、「ジュネーブ第1条約」またはGCI)
- 第2条約：海上にある軍隊の傷者、病者及び難船者の状態の改善に関する1949年8月12日のジュネーヴ条約(以下、「ジュネーブ第2条約」またはGCII)
- 第3条約：捕虜の待遇に関する1949年8月12日のジュネーヴ条約(以下、「ジュネーブ第3条約」またはGCIII)

- 第4条約：戦時における文民の保護に関するジュネーヴ条約（以下、「ジュネーブ第4条約」またはGCIV）

　1949年ジュネーブ諸条約には、それが適用される武力紛争の範囲を定める共通2条と、すべての武力紛争に適用される条項である共通3条が、共通して定められている。すなわち、共通2条は、ジュネーブ諸条約が、①正規の戦争であるか否かにかかわらず、すべての国際的武力紛争に適用され、②武力抵抗の有無にかかわらず、占領にも適用され、③非締約国との間の武力紛争にも適用されることを明記している。これは、武力紛争法の前身となる戦争法規の適用対象が、一定の要件を満たす正規の戦争に限られる、交戦当事者がすべて条約の締約国である必要がある（総加入条項）などの制限を、撤廃するものであった。また共通3条は、ジュネーブ諸条約が適用を予定する国際的武力紛争に該当しない非国際的武力紛争でも適用されるべき、最低限のルールを定めるものである。国際的武力紛争と非国際的武力紛争との区別については、後に扱う。

　1949年ジュネーブ諸条約は、現在においては、国連の加盟国数を上回るほぼすべての国家が締約国（2019年7月196ヵ国）となっており、国際条約の中では最も普遍的な地位を持つ条約である。また、ジュネーブ諸条約に結実することとなった戦争法規は、もはや国家間の正規の戦争に限定されず、武力紛争一般に適用されることから、武力紛争法と呼ばれるのにふさわしいものとなった。

2.3　国際刑事裁判の登場

　第2次世界大戦後の、武力紛争法のもう一つの重要な発展は、武力紛争における犯罪行為についての個人の刑事責任を裁く国際刑事裁判の登場である。ハーグ諸条約などにおいても、戦争法規を軍隊の構成員に遵守させるために訓令などの国内法を整備すべきことが国家に義務づけられ、あるいは違反する敵国の戦闘員を戦争法規に照らして処罰することが行われていたが、実際の違反行為の規制や処罰は、各国の軍事法廷などに委ねられていた。

　侵略戦争を行った国家の指導者を国際的に設置された法廷で裁く試みは、第1次世界大戦後のヴェルサイユ条約でもなされており、同条約は、ドイツ皇帝であったウィルヘルムⅡ世を「国際道徳と条約の神聖さに対する最高の犯罪」で特別の国際法廷で裁くことを合意していた。しかしその時は、同皇帝がオランダに亡命して、同国が引渡しを拒んだために実現しなかった。

　第2次世界大戦後、連合国は、1945年に国際軍事法廷憲章（IMT憲章）に合意して、いわゆるニュルンベルク裁判を実施した。また、翌1946年には、アジアにおいても連合国によって極東国際軍事法廷憲章（IMTFE憲章）が定められ、いわゆる東京裁判が行われた。これらは、併せて国際軍事法廷と呼ばれる。

　国際軍事法廷で対象とされた国際犯罪は、平和に対する犯罪、戦争犯罪、人道に対する犯罪の3つの犯罪類型である。このうち戦争犯罪とは、戦争の法規慣例に対する違反行為を差し、国際慣習法として成立していた戦争法規が根拠とされた。人道に対する犯罪が対象としたのは、戦争中及び戦争前に行われた民間人に対する非人道的行為や迫害である。この犯罪類型は、戦争犯罪とは異なり、ナチスのホロコーストなど自国民に対する行為や戦争開始前の行為をも対象としていたが、この時点では、平和に対する犯罪や戦争犯罪との関連で行われることが要件とされていた。

　これらの国際軍事法廷で確立した法原則は、1950年に国連の国際法委員会（ILC）が採択して国連総会に提出された「ニュルンベルク法廷の憲章及び法廷の判決で承認された国際法の諸原則」（ニュルンベルク諸原則）によって確認された。

2.4　重大な人権侵害の規制

　第2次世界大戦直後の同じ時期に、戦争への反省から新たに始まった国際法の分野に国際人権法がある。1948年に国連総会が決議した世界人権宣言は、「世界における自由、正義及び平和の基礎」として、すべての人の人権を保障することを宣言した（前文）。世界人権宣言は、その後、1966年の国際人権規約をはじめとする多数の国際条約の採択へとつながって行き、国際人権法

という一つの国際法の分野となる。その特徴は、国家に、その領域または管轄下にある人々の人権を尊重し、保護し、充足させる義務を課して実現させることにある。

　しかし、国家が国際人権法を無視して自国民などに重大な人権侵害を行う場合、あるいは非国家主体によって引き起こされる重大な人権侵害に対して保護を行うべき国家がその意思や能力を欠いているような場合について、いくつかの国際法が発展してきた。それらの国際法は、必ずしも武力紛争の存在を前提とせずに平時においても適用される、あるいは被害を受ける者が自国民であっても適用されるという点で、武力紛争法とは区別される。

　そうした国際法の一つが、1948年に国連総会において採択された「集団殺害犯罪の防止及び処罰に関する条約」(ジェノサイド条約)である。この条約は、戦時・平時を問わずに一定の属性を持つ集団を破壊する意図のもとに殺害その他の加害行為を行うことを国際犯罪とし、締約国にその防止と処罰とを義務づけるものである。

　さらに重大な人権侵害に関しては、個別の人権に関わる条約として、1973年の「アパルトヘイト国際犯罪の禁止及び処罰に関する国際条約」(アパルトヘイト条約)、1984年の「拷問及び他の残虐な、非人道的な又は品位を傷つける取扱い又は刑罰に関する条約」(拷問等禁止条約)、2003年の「強制失踪からのすべての者の保護に関する国際条約」(強制失踪条約)が採択されている。これらのアパルトヘイト、拷問、強制失踪の加害行為は、一定の要件の下に、現在では、人道に対する犯罪の犯罪類型に含められている。

　こうした重大な人権侵害は、それが人々にもたらす被害の規模や性質の重大性、また、国際人権法がその実施の前提とする国家がしばしばそうした行為を規制する意思や能力を持たず、国際社会が直接に介入することなしには、規制を行うことができない。そのため、重大な人権侵害の規制の中には、それが対象とする被害の人道的な性質のために、武力紛争法と同様の履行確保の手段が必要とされることになる。

3. 国際人道法の成立

3.1　1977 年ジュネーブ追加議定書

　1949 年ジュネーブ諸条約が成立した後、世界における武力紛争は、それに関係する当事者や紛争の形態などにおいて多様なものとなっていった。数多くの反植民地闘争、ベトナム戦争、ナイジェリア内戦、中東紛争などを通じて、ジュネーブ諸条約の欠落を埋める必要性が認識されていった。また、戦争の方法及び手段の規制についても、1907 年ハーグ条約以来、戦闘の形態が大きく変化したにもかかわらず、その見直しがなされていなかった。そのため ICRC は、すでに述べた「国際人道法」という用語を初めて用いた 1971 年の「武力紛争に適用される国際人道法の再確認と発展に関する赤十字の専門家会議」をはじめ、武力紛争法を発展させるための専門家会議を繰り返し開催した。その上で ICRC とスイス政府の呼びかけで、1974 年から 1977 年にかけてジュネーブで 4 回にわたる外交会議が開催された。その結果 1977 年に採択されたのが、次の 2 つの条約である。

> 議定書 I：1949 年 8 月 12 日のジュネーヴ諸条約の国際的な武力紛争の犠牲者の保護に関する追加議定書 (以下、「第 1 追加議定書」または API)
> 議定書 II：ジュネーヴ諸条約の非国際的な武力紛争の犠牲者の保護に関する追加議定書 (以下、「第 2 追加議定書」または APII)

　第 1 追加議定書は、同議定書が適用される国際的武力紛争にいわゆる民族解放闘争を含むこととし、戦闘員や捕虜に関する規則の適用範囲を拡大した。また、武力紛争の犠牲者の保護や害敵手段の規制について、従来は、複数のジュネーブ条約、あるいはハーグ法とジュネーブ法に別々に規定されていたものについて包括的な定めを設けることになった。ただし、102 カ条からなる同議定書は、ジュネーブ諸条約を補完するものであり、従前の条約上の義務は引き続き適用される。

　第 2 追加議定書は、内戦などの非国際的武力紛争に適用される条約である。従来、非国際的武力紛争に適用されるのはジュネーブ諸条約の共通 3 条が定

める諸原則であったが、はるかに多くの規則 (28 カ条) が非国際的武力紛争にも適用されることになった。他方で、ジュネーブ諸条約の共通 3 条では非国際的武力紛争の範囲に特に限定はなかったが、同議定書においては、それが適用される非国際的武力紛争には武装集団が領域の一部を支配していることなどの要件が設けられ、国内の騒乱・緊張などの事態は除外されている。

　このように追加議定書において、その適用を民族解放闘争や一定の非国際的武力紛争に拡大したことに対しては、武力紛争法による保護を非国家主体に拡大することを警戒する国家や国内に分離運動を抱える国などからの反発があった。そのため、第 1 追加議定書の締約国数は 174、第 2 追加議定書の締約国数は 168 (2019 年 7 月) にとどまり、ジュネーブ諸条約のような普遍的な受け入れは実現していない。

3.2　兵器の規制に関する諸条約

　以上の武力紛争法の発展の歴史と相まって、戦闘の方法及び手段の規制のために、以下のとおり個別の兵器を規制する条約も発展してきている。

　すでに触れた武力紛争法の諸条約においても、人道的な見地から過度の傷害や無用の苦痛を与える兵器の使用を禁止する規定が、1907 年ハーグ陸戦規則 (23 条 (e)) や第 1 追加議定書 (35 条) に存在する。また、第 1 追加議定書 (36 条) は、新しい兵器を使用する際には、それが武力紛争法の諸原則により禁止されたものであるかを決定する義務を締約国に課している。個別の兵器についても、爆発性の投射物 (1868 年サンクト・ペテルブルク宣言)、ダムダム弾 (1899 年ハーグ宣言)、ガス・細菌兵器 (1899 年ハーグ・ガス宣言、1925 年ジュネーブ・ガス議定書) などに対する規制が存在した。

　さらに近年においては、以下のように、各方面の個別兵器を規制する条約が採択されてきている。

1972 年　細菌兵器 (生物兵器) 及び毒素兵器の開発、生産及び貯蔵の禁止並びに廃棄に関する条約 (生物兵器禁止条約：BWC)

1980 年	過剰な傷害または無差別の効果を発生させると認定される通常兵器の使用を禁止または制限する条約（特定通常兵器使用禁止条約：CCW）及び個別兵器に関する議定書 I～V
1992 年	化学兵器の開発、生産、貯蔵及び使用の禁止並びに廃棄に関する条約（化学兵器禁止条約：CWC）
1997 年	対人地雷の使用、貯蔵、生産及び移譲の禁止並びに廃棄に関する条約（対人地雷禁止条約、オタワ条約）
2008 年	クラスター弾に関する条約（クラスター条約、オスロ条約）

　以上に加えて、核兵器や核実験についても多数の条約があるが、それについては戦闘の方法及び手段の説明の際に触れる。

3.3　国際刑事裁判の確立

　第 2 次世界大戦後の国際軍事法廷を機に始まった国際刑事裁判の動きは、国際犯罪の法典化を目指して、いったんは国連の国際法委員会（ILC）にその作業が委ねられた。ILC はその草案を起草したが、1954 年に国連総会は、主要な国際犯罪とされた侵略犯罪の定義をめぐって紛糾し、その定義問題が解決するまで審理を延期することとした。侵略犯罪の定義問題は、前述のように、1974 年にいたってようやく「侵略の定義に関する決議」（総会決議 3314）によって一定の解決を見て、ようやく 1981 年に ILC での検討作業が再開された。

　他方で、1990 年代に入ると、旧ユーゴスラビア紛争やルワンダ内乱が深刻な事態として発生し、国連安保理はそれらの事態に対し、1993 年と 1994 年に相次いで国際刑事法廷を設置する決議を行った。それらの設立文書である 1993 年の旧ユーゴスラビア国際刑事法廷（ICTY）の規程（ICTY 規程）と 1994 年のルワンダ国際刑事法廷（ICTR）の規程（ICTR 規程）は、戦争犯罪、ジェノサイド犯罪、人道に対する犯罪を「国際人道法の重大な違反」としてその対象犯罪とした。このうち、旧ユーゴスラビアでは分離独立後の国際的武力紛争であったことから、ICTY 規程は、1949 年ジュネーブ諸条約の重大な違反と戦争の法規慣例違反を戦争犯罪とした。一方で国内での民族間虐殺が中心となったルワンダでは、ICTR 規程は、非国際的武力紛争に適用されるジュネーブ諸条約共通 3 条と第 2 追加議定書の違反を戦争犯罪とした。

　また、ILC で検討が進められていた国際犯罪の法典草案を検討する作業
は、常設の国際刑事裁判所の設立条約草案を含めて進められた。1996 年に
は ILC の草案も提出され、結果として 1998 年にローマで開催された全権外
交会議において、「国際刑事裁判所を設立するためのローマ規程」(ICC 規程)
が採択された。ICC 規程は、2002 年に効力を発生し、国際刑事裁判所 (ICC)
は翌 2003 年からオランダのハーグでその活動を開始している。ICC 規程では、
前述の ICTY や ICTR が対象とする戦争犯罪、ジェノサイド犯罪、人道に対
する犯罪に加えて、侵略犯罪もその対象に含められた。戦争犯罪については、
国際的武力紛争と非国際的武力紛争のそれぞれについて、ジュネーブ諸条約
の重大な違反と戦争の法規慣例違反の、合計 4 つの分野に区別された類型が
設けられている。

第3章　日本における国際人道法とその学び

1. 条約の受け入れ状況

　日本は、開戦法規や武力紛争法における主要な条約を批准し、それによる法的な拘束を受けている。具体的には、以下のような条約を批准し、またはそれに加入している。

　まず、明治憲法の下では、1907年ハーグ諸条約について、「開戦に関する条約」、「陸戦の法規慣例に関する条約」、中立に関する諸条約など主要な条約を1911年に批准している。1928年戦争抛棄に関する条約も翌1929年に批准した。

　第2次世界大戦後の現憲法の下では、日本がサンフランシスコ講和条約を締結して主権を回復した1953年に、1949年ジュネーブ諸条約のいずれにも加入している。また、1977年第1追加議定書・第2追加議定書については、2004年にいずれも加入した。

　武器の制限については、次のように多数の条約を批准・加入・受諾している（[　]内は批准・加入・受諾年）。1899年ハーグ・ガス宣言[1899]、1925年ジュネーブ・ガス議定書[1970]、1972年生物兵器禁止条約[1982]、1992年化学兵器禁止条約[1993]、1980年特定通常兵器使用禁止条約[2003]・同議定書Ⅰ～Ⅳ[1982-1997]（議定書Ⅴは受け入れていない）、1997年対人地雷禁止条約[1998]、2008年クラスター条約[2009]。

　他方で、人権に関しては、拷問等禁止条約や強制失踪条約を含めて主要な人権条約は批准しているものの、大規模な人権侵害に関わるジェノサイド条

約、アパルトヘイト条約は批准していない。

　国際犯罪に関わる個人の刑事責任の追及については、前述のサンフランシスコ講和条約では、日本は「極東軍事裁判所並びに日本国内及び国外の他の連合国戦争犯罪法廷の裁判を受諾」(同条約 11 条) したことから、日本は、それらの裁判で示された法理をいずれも受け入れていると考えられる。また、1998 年 ICC 規程について、日本は 2007 年に加入した。ただし同規程において、2017 年に発効した侵略犯罪の定義と管轄権に関する改正を日本は受け入れていない。

　こうした日本の国際人道法に関わる諸条約の受け入れは、現在までのところ、主要な条約を受け入れてはいるものの、新しい条約を他国に先駆けて積極的に受け入れるというものではなく、日本にとって当面の必要性が感じられるものに限定されていると言えるかも知れない。

2. 国内立法の状況

　日本の国内法について言えば、日本は国際法の国内法的効力について一元論の立場を取っているため、国際法すなわち「日本国が締結した条約及び確立された国際法規」(憲法 98 条 (2)) は、一般に国内法としての効力が承認されている。他方で、そうした国際法を実際に適用するためには、それらの国際法上の義務を具体的に実施するための国内立法を行うことが効果的であるが、日本国憲法が施行されて以降、国際人道法を具体的に実施するための新しい立法を行っている例は、あまり多くない。

　1949 年ジュネーブ諸条約に加入する際に日本は、特に新たな国内法を制定することはしなかった。2004 年の第 1 追加議定書・第 2 追加議定書への加入は、有事法制整備の一環としてなされたが、その際には、「国際人道法の重大な違反行為の処罰に関する法律」を制定した。しかしこの法律に含まれているのは、政府が既存の刑法の適用では処罰ができないと考える 4 つの犯罪 (重要な文化財を破壊する罪、捕虜の送還を遅延させる罪、占領地域に移送する罪、文民の出国等を妨げる罪) の犯罪化にとどまる。第 1 追加議定書・第 2 追

加議定書におけるその他の詳細な規定については、特に国内立法化の措置は取られていない。

　武力紛争法そのものではないが、2007 年に ICC 規程に加入する際には、「国際刑事裁判所に対する協力等に関する法律」を制定した。この法律では、ICC 規程に掲げられた多くの種類の対象犯罪（集団殺害犯罪、人道に対する犯罪、戦争犯罪）を国内犯罪化することはまったく行われていない。それは、ICC 規程自体が締約国に対象犯罪の国内処罰義務を課していないことに由来する。他方でこの法律は、ICC の捜査・裁判・刑の執行への協力のための規定と、国際人道法には直接関係しない ICC の裁判の運営を害する罪（偽証、妨害、贈賄など）を国内犯罪化するに止まっている。

　以上のような日本政府の対応は、日本が近い将来に武力紛争や大規模な人権侵害に関わることが想定されないこと、必要な国内での犯罪化は、既存の刑法などで対応可能であるとの考え方によるものであり、しばしばミニマリスト（最小限主義）と表される。他国による武力行使がある場合には、武力紛争に最も関わる可能性がある自衛隊についても、国際人道法への言及は、防衛出動の際の武力行使に関して「国際の法規及び慣例によるべき場合にあってはこれを遵守」しなければならない（自衛隊法 88 条）というきわめて一般的な規定に止まっている。また、当初は武力攻撃事態について 2003 年に制定され、2015 年に個別的自衛権の行使に止まらない存立危機事態が加えられた「武力攻撃事態等及び存立危機事態における我が国の平和と独立並びに国及び国民の安全の確保に関する法律」は、自衛隊の武力行使を含む対処措置を定めているが、そこでは国際人道法や武力紛争法への言及はない。

　もちろん、国内立法において国際人道法に関する規定が少ないということは、直ちに日本政府による国際人道法への関心の低さを示すものではない。実際には防衛省や外務省などの関係省庁において、武力紛争法に関する実務的あるいは技術的な情報や知識が膨大かつ詳細に蓄積されているであろう。また平和憲法を持つ日本政府としては、国際人道法に直接関係する防衛出動にいたる、はるか以前の段階における予防的な対応をとるための検討に、多くの努力と資源が費やされていることと考えられる。それでも、日本の国内

立法が国際人道法に言及していないことは、そのような日本政府の努力のみ
ならず、国際社会において日本が置かれた状況を、市民にとって見えにくい
ものとしていることは否定できない。

3. 日本における国際人道法の学び

　日本の通常の大学教育においては、国際人道法が独立の法分野として教授
される例は、少ない。他方で国際公法の中でも、国際人道法の中心をなす
1949年のジュネーブ諸条約は、国連の全加盟国とオブザーバー諸国（バチカン、
パレスティナ）が締約国となっている、普遍的な国際公法である。なぜ、国際
人道法は、独立の授業として取り上げられてこなかったのだろうか。

　一つの、そして日本国内で学ぶ学生にとって幸運な理由は、国際人道法が
日本においては日々の生活やその進路にあまり関連しない法であるというこ
とかも知れない。国際人道法の主要な部分をなすのは、武力紛争における害
敵手段の規制や、武力紛争の影響を受ける者の保護を定める武力紛争法であ
る。しかし日本は、アジア太平洋戦争の反省の上に、戦争を放棄し、戦力を
持たず、交戦権を認めないという憲法（9条）を持っている。そして実際にも
70年以上にわたって武力紛争に直接に関わることはなかったし、希望とし
ては、近い将来においても、日本社会は、武力紛争に参加し、その直接の影
響を受けることは想定できない。憲法の存在にもかかわらずその任務を拡大
してきた自衛隊にしてみても、その実際の活動の中で国際人道法に直面する
ことは、きわめて例外的なものであろう。結局のところ、日本社会において
は学ぶ必要性がない、そのことが国際人道法を大学の授業で取り上げること
を必要としなかった最大の理由であろう。

　もう一つの理由は、国際人道法、特にその中心をなす武力紛争法そのもの
にあるのかも知れない。すなわち、武力紛争法は、一方では考慮すべき多数
の法源があり、他方で、1949年のジュネーブ諸条約を中心とする国際文書は、
きわめて多様な武力紛争の局面を想定した、詳細かつ多くの技術的な規定を
含んでいる。それらの国際文書は、しばしば相互の関係も明確にされないま

ま累積している。ひと言でいえば、その対象はあまりに多くかつ複雑である。

　もちろん、それらを総括した慣習国際法を確認する試みも、ICRC の主導によって行われてきているが、ICRC の研究が提示する慣習国際法の内容には異論も少なくない。さらに、冷戦後の内戦の急増、AI 兵器やサイバー戦など新たな戦闘手段の広がりにもかかわらず、1977 年の追加議定書以降、個別の兵器の規制を除いて、武力紛争に関わる新しい条約は採択されていない。このことは、諸国家が、自らの軍事活動の手足を縛るような国際法の法典化に、きわめて消極的であることを示している。さらには、現実に世界各地で生起し続け、時には終わりの見えない武力紛争や残虐行為を知る中で、武力紛争における法に実際にどれだけの意味があるのかという絶望感をもたらすかも知れない。しかし、武力紛争法をめぐるそうした事情は、一般的なものであって、日本における国際人道法の学びを妨げるものではない。

　それでは逆に、大学の学部生に、しかも将来のキャリアとして武力紛争や軍隊に関わることもまったく想定していない学部生に、国際人道法の授業を提供することの意味はどこにあるのだろうか。そして、その授業における意味のある学びはどのようなものだろうか。

　第一に、意味については言うまでもない。日本社会は、世界の動きとは無縁ではなく、そして少なからぬ大学卒業生は、その仕事や生活を通じてそうした世界の動きと、ますます関わっていくことになるだろう。さまざまな形態での国家間の紛争、権力や資源をめぐる内戦、宗教・人種・民族に関わる過激な暴力主義、対テロリズムや対麻薬という名の下での武力の行使など、まさに人道に関わる事態が、これまでも発生してきたし、今後も発生するだろう。そうした事態は、それが発生する地域や、敵対行為に直接参加する軍隊の構成員だけはなく、あらゆる地域のあらゆる活動に影響を与える。そうした影響に対して、国際機関の活動、政府の外交、グローバルビジネス、民間の人道支援、国際報道など、業務として関わる者もいる。あるいは業務上の関わりがなくとも、そうした事態を理解し評価して、自らの政府の対外施策に対する意見を持ち、また自らが参加しうる活動考えるといった、市民としての関わりがある。

　そうした関わりを持つために、人道に関わる事態を理解し評価する国際基準が、まさしく国際人法である。逆に国際人法の学びは、人道に関わる事態とは無縁と信じられている日常生活において、世界で日々生起する事態への知見や想像力を促進することになるだろう。

　もちろん国際人道法の学びは、国際社会が人間に認めている権利を理解するという側面も持つ。この意味では、国際的に認められた人間の権利を、国家を通じて保障させる目的の下に存在する国際人権法という学問領域が、別に存在する。国際人権法の下で、個人や集団は、個別の国内の統治制度や国内法にかかわらず、国際的に認められた最低限の人権を保障される。そして、一般には武力紛争の下にあっても、そうした国際人権の保障は継続すると理解されている。しかし、軍隊や戦闘員による一定の殺傷や破壊を合法とする武力紛争法の下で、人間の権利がどのように実現され確保されるのか。あるいは人権を保障すべき国家に人間の権利を保障する意思や能力がまったくないという状況の下で、どのような最低限の権利がどのような枠組みの中で確保されるのか。そうした人間が自らや他者を守るために必要な基本的な知見も、国際人道法の学びは提供することになる。

　第二に、大学での授業を通じて国際人道法を学ぶ目的が、まずは国際社会における業務や市民としての国際基準の理解にあるとすれば、その学びは、国際人道法の詳細、特に武力紛争法の技術的な規定に踏み込むことはできるだけ避けるべきであろう。もちろんそうした技術的な規定は、軍事活動に関わる実務家、法律家、研究者などにとっては、重要な意味を持っている。しかし、国際人道法の基本的な理解のためには、そうした法分野が存在する背景、法の諸原則や基本的な考え方、そして現実に生起する事態や問題を法の下に位置づけるマッピング能力の獲得が優先されるべきである。

　生きた法として国際人道法を学ぶ場合に不可欠となるのが、それが実際の国際社会の中でどのように履行されるのかという国際法一般についての理解である。しばしば国際政治学の立場からは、国際関係は法が存在しない社会であると述べられることがある。武力紛争を含む国際紛争は、結局は力によってしか解決されないホッブズ的な弱肉強食の世界であり、世界政府も、実際

に機能する国際機関も存在しない国際社会において、法は、力を持つ国家にとって必要があれば無視されるものだということである。しかし、実際の諸国家の行動は、けっして常に国際法を無視して行われるものではなく、「ほとんどすべての国家は、ほとんどすべての場合、ほとんどすべての国際法の諸原則とほとんどすべての自らの義務を遵守する。」(Louis Henkin, "How Nations Behave")。それゆえ、一部の国家の法を無視した行為を以て国際法の意義を否定することはできない反面、国際法を考える場合には、それが実際にどのような過程を通じて遵守されるのかも重要となる。国際人道法の授業においても、そうした履行過程に関する知識と考察が、生きた法として学ぶためには重要なものとなる。

　なお、武力紛争法の中心的な文書であるジュネーブ諸条約や追加議定書は、それらの条約本文の普及と諸原則の周知を、平時において軍隊のみならず市民に対しても行うことを締約国に義務づけている。国際人道法の学びを提供することは、何よりもこうした条約上の義務の履行でもあることにも、大学をはじめとする教育機関に向けて注意を喚起したい。

コラム①：『ソルフェリーノの思い出』

　国際人道法の歴史は、一冊の本から始まった。それが、1859 年にアンリ・デュナンが出版した『ソルフェリーノの思い出』である。1828 年ジュネーブに生まれ、後にアルジェリアで製粉事業を立ち上げた実業家デュナンは、事業での便宜を得るためにナポレオン 3 世を追って、フランス・イタリア連合軍とオーストリア帝国軍とが対峙する北イタリアを訪れた。しかし、デュナンが戦地ソルフェリーノで目にしたのは、両軍の激戦によって傷つき、殺戮され、故郷を遠く離れてうち捨てられた 4 万人の傷兵たちであった。「戦場はどこもかしこも人と馬の死体におおわれ、街道もみぞもくぼ地もやぶも草原も死体が散乱し、ソルフェリーノ付近は文字どおり死体だらけである」(木内利三郎訳)。デュナンは、戦場近くの村々の住民とともに傷兵の救護活動に加わる。しかし救護された傷兵も、限られた医療資源のもとで、むなしく生命や、四肢を失っていった。

　その体験を契機にデュナンは、ソルフェリーノでの傷兵の惨状を克明に描き、そうした戦争の惨状を変えるために、国際的な救護団体の設立と、傷病兵や衛生要員の保護のための条約を提唱した。当時、傷病兵を救護するのは、あくまでそれぞれの軍隊の任務であった。そうした軍隊の救護からは、敵の兵士は見捨てられ、また、衛生要員も、軍隊の一部として攻撃の対象とされた。そうした戦場において、敵味方の区別なく、中立な救護団体の活動を戦場で認めさせることは革命的なことであった。

　デュナンの提唱は、次第に支持を集め、1863 年の「5 人委員会」(後の国際赤十字委員会)の設立、そして翌 1864 年には、スイス政府の呼びかけによる最初のジュネーブ条約への採択へとつながっていった。デュナンが、一冊の本から始めた赤十字運動は、どれほど激しく敵対する戦場においても、戦闘能力を失った者、さらには戦闘の犠牲者となる市民を救護するための、中立的な「人道的空間」を作り出すという今日の国際人道支援活動につながっていく。

　しかし、デュナンのその後は、不遇なものであった。輝かしい活動の陰で、その経営する事業は破綻し、赤十字との決別も迫られて、ジュネーブの地を後にした。その後のデュナンはパリに移って、貧困にあえぎながらも戦争防止のための活動などを続けるが、次第に世間からは忘れ去られていった。

　19 世紀も終わりになろうとしたある時、新聞記者が、スイスの片田舎の養老院に身を寄せていたデュナンを見出して、赤十字運動の生みの親の不遇な晩年を世間に知らせた。それをきっかけにデュナンの功績があらためて世間に知られることとなった。その後、デュナンは、その功績が認められて、1901 年に第 1 回のノーベル平和賞を受賞する。その賞金はすべて国際赤十字委員会に寄付された。歴史を動かした一冊の本の著者にして、戦争犠牲者と平和のためにその生涯を捧げたデュナンは、1910 年に 82 歳で永眠した。

第2編 武力紛争法

　武力紛争法を理解するためには、そこにあるいくつかの特徴に注目しなければならない。

　第1に、武力紛争法は、武力紛争が存在しない平時に適用される法とは明らかに区別される。平時には違法とされる標的の殺害や破壊が、一定の要件を満たせば合法な行為とされ、刑罰や賠償の対象とはならない。このことは、武力紛争のもとでは特別の秩序が作られるようなものである。そのため、いつの時点からいつの時点まで（時間）、どのような地理的な範囲で（空間）、誰に対して武力紛争法が適用されるのかという問題が、重要なものとならざるを得ない。また、すでに武力紛争法の歴史の中で見たように、従来の戦争法規が国家間の武力紛争のみを対象としていたのに対し、第2次世界大戦後の武力紛争法は、当事者の一方が国家ではない場合、あるいは一定の非国際的武力紛争をも対象とするようになっている。その意味でも、武力紛争法が適用される場合を明確にする必要がある。

　第2に、すでに述べたことであるが、武力紛争法（jus in bello）の規則は、戦争あるいは武力の行使が許されたものであるかどうかという開戦法規（jus ad bellum）とは、独立に存在し、機能するということである。そのため、自衛権の行使や国連安保理の決議に基づく軍事行動など、開戦法規のもとでは違法とされない可能性のある武力の行使においても、個々の行為の適法性は、武力紛争法に従って判断されることになるし、敵対する兵士や市民に認められた法的保護を否定することはできない。

　第3に、武力紛争法は、人道上の必要性のもとで発展してきたという歴史にもかかわらず、人々を保護する目的のためにのみ設けられたものではないという事実である。このことは、個人や集団の保護を唯一の目的とする人権法とは異なる点である。武力紛争法は、国家や非国家主体が武力紛争を遂行するための軍事的な必要性を当然の前提とするものであり、人道上の考慮はそうした軍事的な必要性に常に優位するものではなく、あくまで両者のバランスの上に存在するということである。そのため、軍事目標を攻撃する場合に周囲の市民に付随的に生じる損害（collateral damages）、正当な軍事目標であると誤信して市民に与えた損害などは、武力紛争法の下では必ずしも違法とされない。

第1章　武力紛争法の射程

1. 武力紛争の意味と武力紛争法の平等適用

1.1　武力紛争の意味

　武力紛争とは、一般に軍事力その他の暴力が用いられる事態を意味するが、武力紛争法は、それらの事態のすべてに適用されるわけではない。例えば、組織犯罪集団の取り締まりや反政府デモの鎮圧に、警察や軍隊が動員されて暴力を使用したとしても、それらは通常は国内法の問題とされ、国際法である武力紛争法が適用されるわけではない。武力紛争法において、武力紛争そのものの定義は存在しないが、後に触れるように、国際的武力紛争と非国際的武力紛争を区別し、それぞれに武力紛争法が適用される場合を定めている。そのため、ここでは一応、武力紛争とは武力紛争法が適用される暴力的な事態と定義しておく。

　その上で、武力紛争が武力紛争法の適用されるものであるかどうかについては、それぞれの条約の規定に加えて解釈の問題が存在する。その解釈の問題の主要なものは、「武力紛争」と評価されるために、一定の継続性や烈度 (intensity) が要件とされるかどうかである。

1.2　武力紛争法の平等適用

　すでに触れたように、戦争が許されたものであるかどうかという戦争の是非に関する「開戦法規 (jus ad bellum)」と、戦争において何が許されるかに関する「戦争法規 (jus in bello)」は区別される。そして、戦争を合法なものと違法な

ものに区別することはできないという無差別戦争観が支配的だった時代においては、戦争法規が、開戦法規からは独立して、戦争のいずれの当事者にも平等に適用されることが受け入れられてきた。すなわち、いずれの国も戦争に訴える平等の権利を持つ以上、戦争法規も平等に適用されるということである。

しかし「開戦法規と侵略犯罪」(第3編第2章)で詳しく触れるように、国際連盟規約やパリ不戦条約の下で侵略戦争が、さらには国連憲章の下で一切の武力行使が原則として違法とされるようになった。そうした中で、そのような違法な戦争あるいは武力行使を行う当事者に対しては、武力紛争法の全部または一部が平等には適用されないのではないかという主張も生じるようになった。「不正から権利は生じない」という法諺に基づく主張、国際法の下で一般に認められてきた復仇(違法行為に対抗するために違法行為が許される)に基づく主張、侵略国を「法の埒外のもの」と見なして一切の権利を否定する主張などがそれである(藤田：33頁以下)。

それでも、武力紛争法が開戦法規から自律した法体系として存在することや、武力紛争法の基礎にある人道的な要請などから、武力紛争法が交戦当事者のいずれにも平等に適用されるべきことは、今日では諸国家の実行を含めて受け入れられている。実際に、違法な武力行使を行う国がある場合に、その国の兵士や市民が法的保護の全部または一部を受けることができないという状況は、武力紛争法の基本的な趣旨に反することとなる。この点について、1977年の第1追加議定書は、その前文において、ジュネーブ諸条約や同議定書が、「武力紛争の性質若しくは原因又は紛争当事者が掲げ若しくは紛争当事者に帰せられる理由に基づく不利な差別をすることなく、これらの文書によって保護されているすべての者について、すべての場合において完全に適用されなければならない」として、そのことを確認している(API 注釈：32項)。

2. 武力紛争の種別——国際的武力紛争と非国際的武力紛争

前に述べたように、武力紛争法の前身となる戦争法規では、長い間、国家

間の正規の戦争に適用されることが当然の前提とされてきた。しかし、1945年の国連創設に伴い、正規の戦争であるかどうかを問わず、武力による威嚇や武力の行使が違法とされ（国連憲章：2条(4)）、戦争は原則として存在してはならないこととなった。そのため、正規の戦争に限らず、国家間の武力紛争のすべてに適用される武力紛争法が必要とされることになった。また、第2次世界大戦中のレジスタンス行動や、戦後の反植民地闘争や民族解放闘争などの経験は、国家の正規の軍隊ではない武装勢力も、紛争当事者として重要な意味を持つことになった。そのため、武力紛争法の適用対象を拡大する必要性も生じてきた。現在では、そのような武力紛争法の適用対象は、国家間の正規の戦争に限られない、その他の国際的武力紛争と、限定的ではあるが非国際的武力紛争をも含むようになっている。

2.1　国際的武力紛争

2.1.1　戦争と国際的武力紛争

かつての戦争法規は、それが適用される対象は、国家間の正規の戦争であることが前提とされていた。例えば、1907年ハーグ陸戦条約では、同条約が「締約国の間の戦争」にのみ、かつ、紛争当事者がすべて締約国である場合のみに適用される（総加入条項）としていた（2条）。

それに対して、1949年ジュネーブ諸条約以降の現代にいたる武力紛争法においては、国際的武力紛争 (international armed conflicts: IAC) という概念が用いられるようになっている。国際的武力紛争の用語は、ジュネーブ諸条約で用いられているわけではなく、それが登場したのは、1977年第1追加議定書である。しかし、ジュネーブ諸条約は、それらが適用される武力紛争を「国際的性質」を有するものに限定することによって（GC共通2条）、武力紛争法が、基本的に国家間の武力紛争を対象とするという立場を踏襲した。なお、国際的武力紛争という概念については、ジュネーブ諸条約にも第1追加議定書にも一般的な定義は存在せず、それら条約が適用される武力紛争の種類を定めている。

2.1.2　ジュネーブ諸条約が適用される国際的武力紛争

ジュネーブ諸条約では、4つの条約に共通する共通2条において、条約が適用される国際的性質を有する紛争が定められている。それらは、

　　①国家間の宣言された戦争

　　②国家間のその他の武力紛争

　　③領域が占領された場合

の3つの場合である。

ここでは、戦争法規の場合のように国家間の正規の戦争だけではなく、戦争の宣言などの手続を取らない事実上の戦争あるいは武力紛争にも、その適用を拡大したことに特徴がある。それによって戦争状態にあることを交戦当事者が認めなくとも、実際に武力紛争が存在すれば条約が適用されることになった。また占領においては、それに対する武力による抵抗の有無にかかわらず、ジュネーブ諸条約が適用されることとされた。これらは、事実上の戦争から始まる紛争の拡大や、占領軍に対するレジスタンス闘争などの、第2次世界大戦の経験を反映するものであった。

2.1.3　第1追加議定書が適用される国際的武力紛争

第1追加議定書は、その条約のタイトルに「国際的な武力紛争の犠牲者の保護に関する」とあるように、国際的武力紛争を対象としている。そして、同議定書が適用される国際的武力紛争は、ジュネーブ諸条約の国際的性質を有する武力紛争に加えて、新たに、いわゆる民族解放闘争にも拡大された。具体的には、「人民の自決の権利の行使として人民が植民地支配及び外国による占領並びに人種差別体制に対して戦う武力紛争」が、国際的武力紛争として第1追加議定書の適用を受けることとされた（API：1条(4)）。

そのような追加が行われた背景には、第2次世界大戦後にアジアやアフリカ地域で多発してきた、植民地独立戦争の存在がある。それらは、伝統的には植民地を支配する国家内部の国際問題と見なされてきたが、国連憲章が目的の一つとする人民の同権と自決の理念の下で、国際的武力紛争に含められた。

　しかし民族解放闘争に第 1 追加議定書が適用されるためには、政府当局と反政府当局のうち、当然のことながら政府当局が第 1 追加議定書を受け入れていなければならない。また同時に、反政府の当局側も、その適用を約束する宣言の寄託（API：96 条（3））を行うことが前提であると解釈されている。そのため、政府当局と反政府当局のいずれか一方が、第 1 追加議定書を受け入れていない場合には、同議定書が適用されない。実際にも、第 1 追加議定書を受け入れることは、反政府当局の存在の正当性を承認することにつながるとの懸念から、国内に分離独立運動を抱える国々を中心に、第 1 追加議定書に参加せず、あるいは留保を行う国家も少なくない。反政府当局の側も、政府当局が第 1 追加議定書に参加しないもとでは、約束の宣言を寄託する例が少ない。

　ただし、第 1 追加議定書が適用されない場合であっても、次項で述べる非国際的武力紛争に関する法が適用される可能性がある。

2.1.4　国際的武力紛争における紛争の規模

　すでに触れたように、武力紛争法が適用される武力紛争であるためには、その継続性や烈度において一定の要件を必要とするかどうかには議論がある。例えば、国境を挟んで向き合う 2 つの軍隊の間で、一発でも銃が発射されたら、それが過失や一兵士の異常な行動によるものであっても、直ちに武力紛争法が適用されるのかという問題である。

　この問題について一方の解釈は、孤立した事件や小競り合いなどを除外するために、期間、烈度、当事者の意図などに最低限の要件を設けようとするものである。しかし一般的な解釈は、国家間で武力の行使が発生した以上、その継続や規模には関わらないとするものであり、「最初の一発」理論とも呼ばれている。この解釈は、ICRC の注釈（GCI 注釈：218 項）、国際刑事法廷の判決（ICTY：タジッチ事件上訴裁判部 1995 年 10 月 2 日決定 70 項）などで支持されている 。国家が承認した他国への暴力行為である場合には、次に述べる非国際的武力紛争に比べて、武力紛争法を適用するために継続性や烈度を要求する必要性はないと考えられるからである。

コラム②：旧ユーゴスラビア紛争

　旧ユーゴスラビア紛争は、一つの国家であったユーゴスラビア連邦（旧ユーゴ）が解体する中で生じた複合的な紛争で、1991年から1999年まで続いた。結果として、セルビア、スロベニア、クロアチア、ボスニア・ヘルツェゴビナ、モンテネグロ、北マケドニアの6つの国家が誕生した。

　旧ユーゴ地域は、オスマントルコ、オーストリア＝ハンガリー帝国など交替する支配の下で、多数の民族・宗教・言語の人々が共存してきた。第1次世界大戦発端のサラエボ事件が起こった地でもある。この地域は、1918年にユーゴスラビア王国として独立し、第2次世界大戦後は、他の東欧諸国と同様に社会主義国として、「6つの共和国、5つの民族、4つの言語、3つの宗教、2つの文字、1つの国家」と呼ばれる複雑な連邦共和国となった。そして、冷戦終結と東欧の民主化の流れの中で、1990年以降、それぞれの共和国が旧ユーゴからの独立を求めて解体していく。その中で、旧ユーゴ政府と独立した諸国の間で、独立した国同士で、さらにはそれぞれの国の内部で民族の多数派と少数派がその地位をめぐって、武力紛争が繰り返されることとなった。敵対する民族の排除を目指す紛争は、民族浄化 (ethnic cleansing) とも呼ばれた。

　最も悲惨だったのは、1992年に独立したボスニア・ヘルツェゴビナの紛争である。独立を支持するイスラム系の住民に対して、旧ユーゴ政府に支援されたセルビア人勢力は、優勢な武器を備えた民兵勢力となって、さまざまな残虐な事件を繰り返した。ムスリム系住民の男性を全員集めて別の場所に移送して処刑・集団埋葬する、都市を包囲して生活する住民への狙撃を続ける、女性を収容所に集めて監禁し強制的に妊娠させるなどということが繰り返された。スレブレニツァという都市では、1993年以降セルビア系民兵組織が都市を包囲し、住民の追放・殺害・物資搬入妨害が繰り返したため、国連が安全地帯に指定して国連保護軍を駐留させていた。しかし、1995年に民兵組織が都市を制圧し、処刑・性暴力・破壊を行った後に、推定8000名を超える男性を中心とする市民を連行し殺害した。オランダ軍を中心とする国連保護軍は、なすすべもなかった。

　大量の犠牲者や難民を生み出した旧ユーゴスラビア紛争は、その多くが1995年のデイトン合意などにより次第に収束した。他方で、セルビアの自治州であったコソボの独立をめぐっては、1996年から1999年までの間にNATOも参加しての紛争が継続し、セルビアはいまでもコソボの独立を認めていない。

　旧ユーゴスラビア紛争に対しては、国連安保理が1993年に旧ユーゴスラビア国際刑事法廷 (ICTY) を設置し、この紛争における戦争犯罪、人道に対する犯罪、ジェノサイド犯罪に関わった多くの個人を裁いた（コラム「タジッチ事件」参照）。他にも、国家同士の紛争を扱う国際司法裁判所 (ICJ) が、ボスニア・ヘルツェゴビナでのジェノサイドに対する、セルビア政府の関与について同国がボスニアでのジェノサイド防止を怠った責任を認めている。

2.2　非国際的武力紛争

2.2.1　非国際的武力紛争と伝統的国際法

　すでに述べたように、伝統的な国際法の下では、国の領域内で発生する内戦、内乱、反逆などは、国家主権が承認されている下での国内問題と考えられ、政府はそれらの内戦などを鎮圧し、参加者を国内刑法によって処罰する権利を持っている。外国はそれに介入する権利を持たず、国際法としての武力紛争法の適用も認められていなかった。もちろん、イギリス植民地でのアメリカ独立戦争の際のフランスの承認や参戦などのように、一国内で内戦が発生した場合に反乱軍を他国が紛争当事者として承認する場合には、反乱軍と承認国との間での国際法上の関係や、反乱軍を紛争当事者として承認できる場合の要件などが国際法の下で議論されてきた。しかし、そうした場合はあくまで例外であり、国家は、反乱などに交戦当事者としての国際法上の地位を認めてその正当性を承認することには、きわめて消極的であった。そのため、戦争法規に関する条約の中で、内戦が、正面から取り上げられることはなかった。

　他方ですでに述べた占領下でのレジスタンスと同じように、第2次世界大戦に先立つスペイン戦争（共和国軍対フランコ軍）の経験は、内戦においても一定のルールを適用すべき必要性を生み出した。そのような必要性の中で、内戦においても、反乱軍の国際法上の地位を棚上げにしたまま、一定の戦争法規の適用をはかるという妥協的解決策が求められるようになった（藤田：214頁）。そして第2次世界大戦後に、ジュネーブ諸条約や追加議定書において、非国際的武力紛争（non-international armed conflicts: NIAC）に適用されるルールが生み出されて、拡大していった。しかし、多様な規模や形態を持つ内戦に武力紛争法を適用する場合に生じる内戦の定義という法技術的な問題、さらに、内戦の当事者を紛争当事者として承認することに対する国家の消極性により、そのルールは限定的なものにとどまっている。

2.2.2　ジュネーブ諸条約共通 3 条

　ジュネーブ諸条約は、すでに述べたように、その適用の対象として国際的

武力紛争を想定している。その一方で、ジュネーブ諸条約は、国際的武力紛争以外にも適用されるルールわずかに一カ条であるが、共通3条を定めるにいたった。このようにわずか一カ条に止まった背景には、国内紛争への武力紛争法の適用やそのことが反乱軍の正当性の承認につながることも含めて、ジュネーブ諸条約に非国際的武力紛争に関する規定をおくことに、少なからぬ国家が消極的であったことがある（GCI 注釈：361、375、376 項）。加えて、同条の適用は「紛争当事者の法的地位に影響を及ぼすものではない」とする一文も加えられ、非国際的武力紛争を含めることと反乱軍の法的地位の問題とをあくまで区別し、反乱軍を制圧しようとする国家の権利が否定されるわけではないことが意図されている（GCI 注釈：861、864 項）。

　共通3条は、「締約国の一の領域内に生ずる国際的性質を有しない武力紛争の場合」として、数項目の規則を定めている。適用される規則の数がわずかである反面、それが適用される武力紛争の内容には、基本的に何らの限定も加えていない。その文言上は、国家と武装集団との間の内乱にとどまらず、小規模な暴動や私的団体の間の暴力的な争いなどあらゆる紛争に適用されると解釈することも可能である。そのように解釈する場合には、国内法で取り締まられるべき暴力的な事態と、武力紛争法を適用すべき事態との区別を行うことが困難となる。

　そのため、共通3条の適用される武力紛争については、紛争の烈度や継続性、紛争当事者の組織性などの点について、一定の要件を課すという解釈が行われている。すなわち、政府側が単に警察力だけでなく軍隊の利用を余儀なくされる程度の烈度を示していること、反乱が単体の集団ではない集合的な性格を持っていること、反乱が最低限の組織性を示し、責任ある指揮のもとに最低限の人道的要求を満たすことができることなどである（GCI 注釈：425 項）。さらに ICTY や ICTR の判断において注目されるのは、紛争の烈度と当事者の組織性であるとした上で、「紛争の烈度と当事者の組織性は、個別の証拠とケースバイケースで決定されるべき事実にかかわる問題である」と判断していることである（ICTY：リマジ事件公判部 2005 年 11 月 30 日判決 84 項など、GCI 注釈：427 項）。

　共通3条をめぐるもう一つの解釈問題としては、「締約国の一の領域内に生ずる」武力紛争が、一国内で生じた武力紛争に限られるのか、一つ以上の国家にわたって生じた武力紛争にも及ぶのかという点がある。この点は、後に触れるように武装集団が国境を越えて隣国の領域から出撃するなどして越境的な武力紛争になっている場合に、共通3条は適用されないのかという形で問題となる。この点については、共通3条の文言どおりに、同条が適用されるためには武力紛争が一国内の領域にとどまっていることを必要とするという解釈もある。しかし、非国際的武力紛争にも最低限度の保護を与えようとする共通3条の目的に照らせば、そのような限定を加えるべきではないという解釈が一般的である（GCI注釈：465-470項）。なお、後で述べる第2追加議定書の定義においては、「一の」という文言が省かれため、こうした解釈問題を生じることが回避されている。

2.2.3　第2追加議定書

　第2追加議定書は、その条約のタイトルに「非国際的な武力紛争の犠牲者の保護に関する」とあるように、非国際的武力紛争を対象としている。第2追加議定書は、ジュネーブ諸条約共通3条を補完するものとされ、同議定書が適用される非国際的武力紛争であるとないとにかかわらず、共通3条は引き続きすべての非国際的武力紛争に適用される。

　第2追加議定書は、共通3条に比べて、その適用対象を以下のように限定している（APII：1条）。

　　①第1追加議定書の対象とされない武力紛争であること。
　　②締約国の領域内の武力紛争であること。
　　③締約国の軍隊と反乱軍その他の組織された武装集団との間に生ずる武力紛争であること。
　　④国内の騒乱や緊張の事態は、武力紛争に該当せず、それらには適用されない。

以上のうち、③④の要件は、共通3条に比べて、適用される非国際的武力紛争の範囲をかなり限定している。

　まず③は、紛争の当事者となる武装集団が組織された集団であることを要求する。すなわち、その武装集団は、「持続的にかつ協同して軍事行動を行うこと及びこの議定書を実施することができるような支配を責任のある指揮の下で当該領域の一部に対して行うもの」という要件の下に（APII：1条）、継続的・組織的な軍事行動能力、議定書の義務の実施能力、領域の支配、そして責任ある指揮という性質を備えなければならない。加えて、その武力紛争は、国家と武装集団との間のものに限られ、同議定書は、武装集団同士の間で行われる紛争には適用されない。

　次に④は、この議定書が適用される武力紛争に一定の規模を要求し、騒乱や緊張といった程度の紛争には、同議定書は適用されない。

　その結果、第2追加議定書が適用される非国際的武力紛争は、あらゆる紛争ではなく、一定の組織的能力を備えた武装集団による国家との間の紛争にのみ適用され、騒乱・緊張の程度にとどまるものは除外されることになる。

　なお、①の要件は、第1追加議定書が対象とする国際的武力紛争を上限として、それに準ずるような武力紛争に適用の欠落が生じないようにしているという積極的な意味がある。また、②の要件では、共通3条に存在した「一の締約国」という記載が回避され、複数の締約国にまたがる越境的な武力紛争への適用に関する問題を回避している。

　このように共通3条に比較して、適用対象をかなり限定している第2追加議定書であるが、国家の側からは、国家主権と国内問題への十分な保証を行っていないのではないか、国内の紛争に適用するのは非現実的ではないかなどの懸念が表明された（APII注釈：4412項）。そのため、第2追加議定書は、国際的武力紛争に関する第1追加議定書が102カ条にのぼる規則を定めているのに対し、わずかに15カ条の規則を定めるにとどまった。また、第2追加議定書が国家主権への侵害や国際問題への介入の正当化といった国家の懸念に対応するために、議定書が、国家の主権や国内問題などへの介入を正当化するものでないことを確認する条文も含められている（APII：3条）。

2.3　複合的な性質を持つ武力紛争

　以上に述べたように武力紛争法は、武力紛争を国際的なものと非国際的なものとに区分するが、実際の、とりわけ最近の武力紛争には、そのような区分が簡単ではない、複合的な性質を持つものも存在する。そうした武力紛争のうち主要なものは、一国内の非国際的武力紛争であったものに他国政府が介入して国際化する場合(国際化された武力紛争)と、非国際的武力紛争が他国の領域にも影響を及ぼす場合(越境的な武力紛争)である。もちろんそれらが重なり合って、より複雑な性質を持つにいたるものもある。例えば、コンゴ民主共和国(DRC)の東部地域には、資源をめぐって政府軍と反政府武装集団との紛争が存在したが、1994 年以降、近隣のアンゴラ、ナミビア、ルワンダ、スーダン、ウガンダ、ジンバブエなど他国の政府軍が関与してきた。また、アフガニスタンでは、当初はタリバーン政権と反タリバーン勢力の国内紛争が存在した状況に、2001 年以降は、アメリカを中心とする多国籍軍が関与する紛争となり、さらにタリバーン勢力は、隣国パキスタンの北部に拠点を移して紛争を継続していた。こうした事態に対して、国際的なものと非国際的なものと、いずれの武力紛争法が適用されるのかが問題となる。

2.3.1　国際化された武力紛争

　国際化された武力紛争には、本来政府軍と反政府武装集団との間の非国際的武力紛争に、外国政府が軍事的な支援を行い、あるいは国内の武力紛争の一方当事者が、外国政府のために行動する場合などがある。

　このうち、外国政府が政府軍を支援したり、政府軍が外国政府のために行動したりしている場合には、二つ以上の国家の間での紛争は存在せず、武力紛争は非国際的なものにとどまると考えられる。

　しかし、外国政府が反政府武装集団を支援し、あるいは反政府武装集団が外国政府のために行動している場合には、それは二つ以上の国家の間での紛争と同視することができるのか、あるいは外国政府のどの程度の介入があれば国際的武力紛争と同視できるのか、といった問題が生じる。この問題について国際司法裁判所(ICJ)は、外国政府の内戦への介入が、介入を受けた

コラム③：シリア紛争

　シリア紛争は、2010年から北アフリカと中東地域において起こったアラブの春と同時期に始まった。紛争は、必ずしも政府・反政府という国内対立にとどまらず、政権を支持するロシアやイラン、反政府勢力を後押しするアメリカやトルコ、そしてISISの登場などによって、複雑かつ大規模な紛争へと発展した。この紛争は、膨大な数のシリア市民の犠牲者と難民を生み出している。

　シリア・アラブ共和国（シリア）は、第二次世界大戦直後の1946年に、フランスの委任統治領から独立した。数度のクーデターを経て1970年には、アサド（現アサド大統領の父）をリーダーとするバアス党が政権を掌握し、その体制が現在まで続いている。シリアは、建国後、他のアラブ諸国とともに、隣接するイスラエルとの間で数度の中東戦争を行い、その領土の一部であるゴラン高原をイスラエルに占領された。反面でシリアも、隣国のレバノンに進攻して長期にわたって駐留した時期もある。国内では、バアス党による独裁体制が続き、民主化を求める市民への弾圧や、政権の腐敗が横行していた。国民の大多数はイスラム教のスンニ派に属するが、政府はアサド大統領を含めて、イスラム教シーア派の一派とされるアラウィ派によって支配されてきた。

　2011年1月から始まった政権に対する抗議運動は、ダマスカスの春と呼ばれる。それに対して政府は治安部隊による暴力的弾圧で応え、反政府勢力の中から自由シリア軍やシリア国民評議会が結成された。紛争はほどなく武力による対立へと発展した。それに対し、反政権勢力の暫定政権へのアメリカの支援、政府軍による化学兵器使用疑惑と国際社会の介入、ISISの参入とイスラム国家樹立、それに対するアメリカの空爆、ロシアやイランによる政府軍への支援、クルド人民兵部隊の参入、トルコの軍事介入、アメリカによる政府軍基地攻撃、政府軍によるイスラエルやトルコとの交戦など、国外からの複雑な介入がかさなり、シリア紛争は多くの国々を巻き込む武力紛争となっていった。政権側の支配地域は、一時は国土の3割程度まで減少したが、2015年以降のロシアの支援の下で政権側が支配地域を回復し、現在は国土の大半を政府軍が掌握している。そのことは、紛争の中で都市への攻撃や空爆の恐怖にさらされた市民が、今度は、政府軍による報復という恐怖に直面することを意味する。

　シリア紛争で特徴的なのは、国連とりわけ国連安保理がほとんど機能しなかったことである。政権による弾圧や武力紛争を停止させるための行動を求める決議は、ロシアと中国の拒否権行使によって採択されなかった。国際社会による実効的な措置が取られない中で、紛争から逃れるために周辺諸国やヨーロッパなどへ逃れた難民の数は、2018年時点で世界最大の約665万人にのぼっている（UNHCR統計）。紛争が始まった時点で人口2100万であったシリアにとって、それはあまりにも大きすぎる数字である。シリア紛争では、化学兵器の使用、市民が密集する地域への空爆など、数多くの武力紛争法違反が報告されている。

国家に対する国家責任（後述）を発生させるかという文脈において、外国政府が武装集団に対して「実効的支配」(effective control) が存在したかどうかという基準を採用している (ICJ：ニカラグア対アメリカ事件 1986 年 6 月 27 日判決 115 項、ボスニア・ヘルツェゴビナ対セルビア・モンテネグロ事件 2007 年 2 月 26 日判決 399-400 項)。これに対して ICTY は、戦争犯罪を適用する前提として、国際的か非国際的かという武力紛争の性質を決定する文脈において、武装集団の行為の責任を外国政府に帰属させるために、実効的支配よりも緩やかな「全般的支配」(overall control) の基準を採用している (タジッチ事件上訴裁判部 1999 年 7 月 15 日判決 120 項)。

2.3.2　越境的な武力紛争

　外国政府の軍事的介入や支援がない場合でも、一国の政府と武装集団との武力紛争が、国境を超えて発生または拡大する場合がある。例えば、①武装集団が外国の領域に本拠を置いて出撃する場合、②実際の武力紛争が外国に広がる場合や主に外国領域で行われる場合、③アメリカの「対テロ戦争」など武装集団に対する作戦が各国に広がっていく場合などである。

　このように複数の国家の領域にわたる紛争は、国境を越える紛争 (cross-border conflicts)、流出紛争 (spillover conflicts)、越境武力紛争 (transnational armed conflicts)、グローバル非国際的武力紛争などと呼ばれるが、他の国家が武力紛争に介入せず、あるいは、武装集団が他の国家のために行動するものでない限りは、二つ以上の国家の間での紛争は存在せず、非国際的武力紛争にとどまる (GCI 注釈：471-482 項)。ただし、そのような場合にどこまでの地理的範囲に武力紛争法が適用されるのかには議論がある。

3. 武力紛争法の法源

3.1　条約法と慣習国際法

　国際法の一部である武力紛争法において、その法の存在形式である主要な法源は、条約法と慣習国際法である。

　条約法は、1969年の条約法に関するウィーン条約（条約法条約）が確認しているように、条約、協定、議定書などの名称にかかわらず、国家に対して明示的な義務を設定するものであり、条約が効力を発生した場合に、その条約を批准などの手続によって受け入れた国家を拘束する。ただし、武力紛争法においては、相手国が条約上の義務に違反した場合であっても、多くの場合に復仇が禁止され、あるいは条約の終了、運用停止、廃棄などが制限される。また、後に触れるように非国際的武力紛争において、紛争当事者の国家が条約を受け入れた場合に他方の当事者である武装集団を拘束する理由は何か、また、国家が条約を受け入れていない場合でも武装集団が受け入れを宣言する場合にはその条約が適用されるのか、などの問題が存在する。

　慣習国際法は、諸国間の国家実行と法的確信を要件として成立するものとされている。慣習国際法は、ひとたび成立していると認められれば、各国家の受け入れの有無にかかわらず、すべての国家を法的に拘束する。そのため武力紛争法においては、条約化されていない欠落部分、あるいは条約の受け入れを拒否する国家を拘束するために、重要な役割を持つ。しかし、ある規範が慣習国際法として成立しているか、あるいはその規範が対象としている権利や義務の具体的な範囲は何か、などをめぐって争いが生じることが少なくない。

　その他にも、条約法や慣習国際法として国家を拘束する効力は認められないものの、各国の軍隊の実務において重要な役割を果たしている、いわゆるソフトローが数多く存在する。国際機関の宣言や決議、国際的に取りまとめられたガイドラインや指導原則などは、それ自体は法的拘束力を持つものではないが、各国の実行において標準的な規範となる場合がある。

3.2　国際的武力紛争に適用される武力紛争法

　すでに見てきたように、武力紛争法においては数多くの多国間条約が存在する。その主要なものは、まず、1949年ジュネーブ諸条約であり、傷病者、難船者、捕虜、文民など武力紛争の犠牲者を保護するための中核的な条約である。ジュネーブ諸条約は、現在までに国連加盟国を上回る全国家によって

受け入れられた普遍的な条約となっている。また、1977年第1追加議定書
は、害敵手段の規制と武力紛争の犠牲者の保護を包括的に規定するものであ
り、大半の国家が受け入れているものの、民族解放闘争を交戦当事者として
受け入れることなどに消極的な少なからぬ国家によって受け入れられていな
い。害敵手段の規制については、1907年ハーグ諸条約の規則、特にハーグ
陸戦条約とハーグ陸戦規則が、他の条約によって置き換えられていない場合
には、引き続き重要な役割を果たしている。ただ、ハーグ陸戦規則の内容は、
むしろ慣習国際法における武力紛争の法規及び慣例に再編されている。

　その他にも、特定の兵器の使用や制限や文化財の保護においては、個別の
条約が存在する。また、戦争犯罪の犯罪類型や定義を持つICC規程などの
国際刑事法の条約も、武力紛争法における禁止行為や個人の刑事責任につい
ての法源となる。

　慣習国際法については、今日では、1949年ジュネーブ諸条約や1977年追
加議定書のほとんどの規範が、慣習国際法の地位を持つに至っていると主張
されている。ICRCは、各国の軍隊マニュアルにおける規則や各種の国家実
行の研究を踏まえた慣習国際法を、「慣習的な国際人道法　第I巻：諸規則」
（2005年：ICRC慣習法）として、44章・161項目の規則に整理している。そう
した慣習国際法の規則には、ジュネーブ諸条約が対象としていない害敵手段
の規制について、ハーグ法その他のかつての条約法や国家の実行などによっ
て積み重ねられてきた規則が、武力紛争の「法規及び慣例」として含められ
ている。またICJは、管轄権が認められた事件への判決や法律問題への勧告
を通じて、慣習国際法についての有権的な解釈を示し、慣習国際法における
規則の確認に大きな役割を果たしている。

　他方で、武力紛争法における慣習国際法を認定する際には、慎重さが必要
であるとの指摘もある。その背景には、第2次世界大戦後において実際の武
力紛争に関わってきた国家は比較的少数であり、それらの国家の実行が他の
大半の国家の国家実行や法的確信を反映するものではない可能性があること
がある。また、慣習国際法を認定する根拠として諸国家の公式な表明や軍隊
マニュアルなどを用いる場合に、それらが実際に実施されているのかにも問

題があるという指摘もある。

　その他にもソフトローは、武力紛争法において、特に重要な役割を果たしている。新しい兵器や戦闘手段が次々と現れる中で、直ちに条約化することは困難であっても、各国の軍事活動に指針を与える文書が必要とされるからである。また、条約においてはきわめて抽象的にしか規定されていない規則を実際に解釈適用する際にも、国際的な標準を提供するソフトローが役割を果たしている。そして、文書の法的拘束力に関わりなく多くの国家の軍隊がそれに従って行動する場合には、それに従わない軍事活動は国際社会の中で非難の対象となることから、そうしたソフトローが事実上の法規範として機能することもある。

　そのような重要な役割を担うソフトローには、すでに触れた ICRC 慣習法を含めて、以下のようなものがある。

　　　1994 年　海上武力紛争に適用される国際法に関するサン・レモ・マニュアル

　　　2008 年　民間の軍事及び警備会社に関するモントレー文書

　　　2009 年　敵対行為への直接参加に関する ICRC 解釈指針

　　　2013 年　航空及びミサイル戦争に適用される国際法に関する HPCR（ハーバード大学）マニュアル

　　　2017 年　サイバー作戦に適用可能な国際法に関するタリン・マニュアル 2.0

3.3　非国際的武力紛争に適用される武力紛争法

　非国際的武力紛争に適用される条約法は、きわめて限定的である。

　ジュネーブ諸条約の場合、非国際的武力紛争に適用されるのは、共通 3 条の 1 カ条のみである。このことは、例えば、文民の保護に関するジュネーブ第 4 条約が、国際的武力紛争について手続に関する最終規定を除いた 149 カ条の実体的な規則を定めていることに比較すれば、その過少さは明らかである。それでも共通 3 条は、敵対行為に直接に参加しない者に対し、以下の保護を与えるべきこととしている。

①差別のない人道的待遇（暴行・人質・尊厳の侵害の禁止と裁判の保障を含む）

②傷者・病者・難船者の収容と看護

③人道的救援団体の活動の承認

　なお、共通 3 条の下で紛争当事者は、国際的武力紛争に適用される他の規定についても、特別の協定を結んで実施することが奨励されている（GC：3 条(2)）。

　1977 年第 2 追加議定書は、すでに触れたようにその適用対象となる武力紛争が共通 3 条よりも限定されるものの、18 カ条の実体的な規則を持っている。それでも、第 1 追加議定書が、91 カ条の実体的な規則を持っていることと対比すれば、やはり過少なものである。

　他方で、最近の特定兵器を禁止または規制する条約においては、武力紛争の性質に限定を設けず、非国際的武力紛争に適用されるものも少なくない。

　以上のように非国際的武力紛争に適用される条約法の対象や規則がきわめて限定的であることから、害敵手段の規制や戦争犠牲者の保護に関わるかなりの規則について、欠落が存在する。そのような欠落は、多くの場合、慣習国際法の適用によって補われるべきであると主張される（ICRC 慣習法：xvi 頁、ICTY：タジッチ事件上訴裁判部 1995 年 10 月 2 日決定 127 項）。

　そうした慣習国際法の主張によれば、まず、第 2 追加議定書の規則は、その内容が慣習国際法となっており、同議定書が限定するものだけではなく、すべての非国際的武力紛争に適用される。また、第 1 追加議定書のかなりの部分の規則は、慣習国際法となっており、非国際的武力紛争にも適用される。そのような主張の下では共通 3 条と第 2 追加議定書との適用対象の違い、規則の内容に関する第 1 追加議定書と第 2 追加議定書との違いは、かなりの程度で是正されることになる。

　さらに、すでに触れた武力紛争に関するソフトローは、その適用対象が条約や慣習国際法のように厳密ではないことから、非国際的武力紛争においてはより重要な役割を果たすことになる。

　なお非国際的武力紛争においては、武装集団などの非国家主体の国際法における地位に関連して、非国家主体の履行義務における理論的な問題が存在

する。条約の締結主体ではない武装集団になぜ条約上の義務が課されるのか、あるいは慣習国際法の成立に参加しない武装集団がなぜそれに拘束されるのかといった問題である。この問題は、単に法的拘束力という理論的なものだけではなく、武装集団に条約や慣習国際法上の義務を履行させることについてどのようなインセンティブがあるのかという実際上の問題も含む。この点については、「非国家主体の義務と履行確保」(第4章の4)で検討する。

4. 武力紛争法の適用範囲

　一般に武力紛争法は、武力紛争に適用される国際法であるとされる。しかし、武力紛争法が適用される武力紛争の性質、時期、場所、人に関しては、いくつかの特別な考慮が必要とされる。このうち、武力紛争の性質については、すでに述べたように国際的なものと非国際的なものがあって、それぞれに適用される法や規則の内容が異なることはすでに説明した。また、人に関しては、個人がいくつかの類型に区分され、それぞれの類型に適用される規則が存在することは、次項の「武力紛争法における個人の類型」で詳しく述べる。そのため、ここでは、武力紛争が適用される時期と場所について説明する。

　なお、武力紛争の性質、時期、場所、人において武力紛争法の適用範囲とされる場合にも、武力紛争法が実際に適用されるのは、武力紛争との関連性がある行為であることは言うまでもない。実際の軍事行動とは離れた地域で、武力紛争の当事者とは何らの関係を持たずに行われる行為などには、武力紛争法が適用されない場合もある。

4.1　武力紛争法が適用される時期：時間的適用範囲

　武力紛争法は、基本的に、武力紛争と評価されるような敵対行為が開始された時に始まり、軍事行動の終了まで適用される(API：3条など)。ただしそのことにはいくつかの例外や解釈上の問題が存在する。

　まず武力紛争法の適用開始時期については、実際の敵対行為が開始される

以前の平時において、国家に課されている義務がある。すなわちジュネーブ諸条約や第 1 追加議定書の下で、締約国は、平時においても条約による尊重や保護に関わる国内での立法化、軍隊や市民社会への普及、特殊標章の使用制限などを行わなければならない。この義務の内容は、「実施と履行の確保」（第 4 章）で詳しく触れる。

　また何らかの暴力的な事態が始まっても、それが武力紛争と評価できるかどうかについては、解釈上の問題が生じる。この点は、すでに触れたように、国際的武力紛争においては、「最初の一発」理論のように比較的緩やかに認められる傾向にあるが、非国際的武力紛争においては、一定の継続性や烈度を備える暴力的な事態に至った時に、武力紛争が適用される。

　武力紛争法の適用終了時期については、ジュネーブ諸条約や第 1 追加議定書が、軍事行動の終了後にも適用されるいくつかの例外を定めている。

　その第 1 は、戦地での傷病者で敵に捕らえられた者や捕虜についての例外である。それらの者は、軍事行動が終了した後も、解放されて送還されるまで、保護に関する規則の適用を受ける（GCI：5 条、GCIII：5 条）。

　その第 2 は、文民についての例外であり、文民が紛争当事国の領域内にある場合と、占領地域にある場合とで区別される。ジュネーブ第 4 条約では、その適用は、紛争当事国の領域内にある文民については軍事行動の全般的終了まで、占領地域の文民については原則として軍事行動の全般的終了から一年間とされていた（GCIV：6 条 (2) (3)）。しかしこれらの終了時期は、第 1 追加議定書によって整理拡大され、紛争当事国の領域内にある文民については軍事行動の全般的終了まで、占領地域における文民については占領の終了時までとされた。その上で、それぞれの終了後に最終的な解放・送還・居住地設定が行われる場合には、それが行われる時点まで、ジュネーブ諸条約と同議定書の利益を受けることとされた（API：3 条 (b)）。

　他にも戦争犯罪に関する規定は、その準備行為や指揮などについて実際の軍事行動が開始される前の行為にも適用されることがあり、また、実際の訴追手続は通常は軍事行動が終了した後に行われる点で、実際の武力紛争の開始時期や終了時期を超えて適用される。

4.2　武力紛争法が適用される場所：地理的適用範囲

　武力紛争法は、敵対行為が起こった場所にのみ適用されるだけでなく、紛争当事者が支配する全領域に適用される。ジュネーブ諸条約など武力紛争法に関する条約は、その紛争当事国の領域全体について拘束力を持つことは条約法の原則から導かれるが（条約法条約29条）、それに止まらず、その紛争当時国が関与する武力紛争のすべての場合ならびに占領地域（GC共通2条）に適用される。そのため、軍事行動や他国の領域や公海などに及ぶ場合にも、引き続き武力紛争法が適用される。

　しかしながら、非国際的武力紛争の場合は、実際の紛争が国内の一地方にとどまることが少なくないため、国内すべてに武力紛争法が適用されるのか、武力紛争法よりも平時の国際人権法によって規律されるべき地域は残らないのかという問題が生じる。この問題についての一方の立場は、実際の戦闘が起こっているかどうかに関わりなく一方当事者が支配する領域にはすべて武力紛争法が適用されるというものである（ICTY：タジッチ事件上訴裁判部1995年10月2日決定70項）。しかし、例えばロシアの西南のチェチェンで紛争が起こっている場合に、紛争とは関わりがない極東のウラジオストックにまで武力紛争法が拡張されるのかという問題もある。そのため、領域全体への適用を肯定しながらも、実際に武力紛争法が適用されるのはその紛争に「十分な連関性を持つ行為」に限られ、ウラジオストックの大半の問題では国際人権法の範囲内での国内法が優先するとされる（Sassòli：6.47項、GCI注釈：460項　武力紛争法と国際人権法との関係については、「武力紛争法と国際人権法」（第3章の5）で詳しく述べる）。

　近時において、さらに論争の対象となっているのは、ドローンの使用などとも相まって、国家が武力紛争とは無関係の国の領域にいる武装集団の構成員に対して武力を行使する場合、あるいはそうした構成員を抑留する場合などである。武力紛争法は、予期される軍事的利益との比較で巻き添えによる文民の傷害を過度に引き起こす攻撃を禁止しているが、過度と評価されない「付随的損害」を文民に与えることは違法とされない。あるい

─── コラム④：タジッチ事件 ───

　この事件を扱った旧ユーゴスラビア国際刑事法廷 (ICTY) は、旧ユーゴスラビア紛争 (旧ユーゴ紛争) における残虐行為を裁くために、国連安全保障理事会によって 1993 年にハーグ (オランダ) に設置された。裁判所の構成は第 1 審と上訴審の二審制である。ICTY は、2017 年まで活動を続け、161 人の容疑者を訴追した。

　この事件の被告人であるデュスコ・タジッチは、旧ユーゴ紛争の初期に、ボスニア・ヘルツェゴビナ国において地域のセルビア人政治組織の指導者であった。そして同国内のムスリムやクロアチア人に対して行った攻撃における殺害、重大な傷害、虐待などの行為について、1995 年に ICTY に訴追された。タジッチ自身は、セルビア系勢力の一地域指導者に過ぎず、後に訴追されることになるカラジッチ (セルビア系政治組織の指導者)、ムラジッチ (セルビア系軍事組織の指導者)、ミロチェビッチ (元セルビア国大統領) などに比べると、末端の容疑者 (small fish) に過ぎない。しかし、タジッチ事件が国際人道法の先例としてしばしば取り上げられるのは、この事件が公判手続に進んだ最初のものであり、その判決が、国際人道法の先例となる多くの判断を残したからである。

　ICTY の規程は、戦争犯罪、ジェノサイド犯罪、人道に対する犯罪を犯した個人を対象とする。タジッチは、このうち戦争犯罪と人道に対する犯罪で訴追された。ICTY は、1995 年から 2000 年までの間に、第 1 審と上訴審とで、管轄権の合法性、有罪・無罪、量刑について多数の決定や判決を行い、最終的に起訴の多くに対して有罪の判断を行い、20 年の拘禁刑を確定させた。タジッチ事件で ICTY が行った判断は以下のものを含んでいる。

【武力紛争の性質】ジュネーブ条約の重大な違反という戦争犯罪は、本来、国家間の国際的武力紛争に適用される。タジッチが指揮したのは、ボスニア国内の武装集団に過ぎないが、武装集団にセルビア国の「全般的支配」が認められる場合には、その武力紛争は、国際的武力紛争となる。

【武力紛争法の適用範囲】武力紛争法は、時間的には、紛争当事者が武力に訴えた時から、停戦があっても和平合意が結ばれるまで適用される。地理的には、国際的武力紛争では紛争当事国の全領域に、国内紛争の場合には紛争当事者が支配する全域に適用される。

【非国際的武力紛争と慣習国際法】非国際的武力紛争に適用される条約は限られている。しかし、文民や民用物の保護、敵対行為から離脱した者の保護、戦闘の方法及び手段については、慣習国際法によって国際的武力紛争と同様の禁止が適用される。

【人道に対する犯罪と武力紛争】ICTY の規程は、人道に対する犯罪が武力紛争下で行われるものと定めているのでそれを適用する。しかし慣習国際法では、人道に対する犯罪は、武力紛争ではない場合でも成立する。

は、武力紛争法の下で敵対勢力の構成員を抑留する場合には、抑留を正当化
する個別の理由や裁判などの手続が不要とされる。そのため武力紛争法の適
用は、国際人権法の下で認められた保護を低下させる可能性がある。こうし
た問題点に対し、武力紛争が存在するかや個別の軍事行動が武力紛争と関係
するのかは、ケースバイケースで評価されるべきである（GCI 注釈：480-482 項）、
武力紛争と強い連関を持たない軍事行動は国際人権法によって規律されるべ
きである（Sassòli：6.53 項）といった主張が行われている。

5. 武力紛争法における個人の類型

5.1　武力紛争法における個人の類型

　武力紛争法は、人種、皮膚の色、性、言語、宗教又は信条、政治的意見そ
の他の意見、国民的又は社会的出身、貧富、出生又は他の地位その他これら
に類する基準による不利な差別なしに、武力紛争によって影響を受けるすべ
ての者に適用される（API：9 条 (1)、APII：2 条 (1)）。

　他方で武力紛争法では、戦闘員という資格が設けられ、一般の文民とは異
なる、敵対行為に直接参加する権利を含む特権が認められる反面で、文民に
与えられる保護が否定されるという特別な地位が認められている。さらに、
戦闘員資格を基礎として、戦闘員及びそれに関連する者が一定の状況に置か
れた場合の、傷者・病者・難船者、あるいは捕虜という資格が設けられてきた。
そして、傷者・病者・難船者、捕虜、文民は、その類型に応じて武力紛争法
の下での尊重や保護が与えられている。戦闘員、傷者・病者・難船者、捕虜
の定義は、この後順次説明するが、ここでは、文民という類型について説明
しておく。

　文民（civilian）とは、最も整理された第 1 追加議定書の定義によれば、軍隊
の構成員ではなく、かつ捕虜としての資格も認められない者である（API：50
条 (1)）。ただし、従軍記者や軍用品供給業者など軍隊に随伴する者や商船・
民間航空機の乗組員などは、捕らえられれば捕虜の資格が認められるがそれ
でも文民とされる（API：50 条 (1)、GCIII：4 条 A）。また、文民の集合体とし

て文民たる住民 (civilian population) という概念も用いられるが、その扱いに文民との違いはない。

　以下の説明は、基本的に国際的武力紛争における個人の類型であり、非国際的武力紛争については、最後にまとめて説明する。

5.2　戦闘員の資格

5.2.1　戦闘員の特権

　戦闘員 (combatant) の資格とは、敵対行為に直接参加する権利を意味する。すなわち戦闘員は、敵対行為に直接参加して殺傷や破壊を行うことについて、犯罪として訴追されることなく免責されるという特権が認められる。また、傷者・病者・難船者となった者は傷者・病者・難船者としての尊重と保護を受け、敵の権力内に陥った場合には、捕虜としての資格を認められる。その反面で戦闘員は、敵対行為における正当な軍事目標となり、殺傷されることがある。加えて、敵によって個別の理由や手続なしに、抑留される。なお、戦闘員であっても武力紛争法に従った一定の行動を取らない場合には、免責や捕虜の資格を否定されることがある (API：44条 (2))。

　ジュネーブ諸条約や第1追加議定書には、このような戦闘員の資格や特権を包括的に規定した定めはない。しかし戦闘員の資格や特権は、時代によって呼称は異なるものの、早くから 1863 年リーバー法 (57条) や 1899 年ハーグ陸戦規則 (1条) などに規定され、慣習国際法の概念として存在してきた。第1追加議定書では、戦闘員は、紛争当事者の軍隊の構成員であり、敵対行為に直接参加する権利を持つ者として規定されている (API：43条 (2))。

　なお、戦闘員は、戦闘やその準備活動に従事する際に自らを文民たる住民から区別する義務を負い、それをしない場合には捕虜の資格を失うことになる (ICRC 慣習法：規則 106)。

　このような戦闘員の概念を基本としながらも、武力紛争法では、それに一定の限定や拡大が行われている。

5.2.2　戦闘員と非戦闘員

軍隊の構成員であっても、敵対行為に直接参加しない者は、非戦闘員 (non-combatant) とされ、敵対行為に直接参加する権利を認められないが、敵に捕らえられた場合には捕虜としての資格が認められる。このような非戦闘員の存在は、1899年ハーグ陸戦規則 (3条) においても認められていた。第1追加議定書においては、そのような非戦闘員として、衛生要員と宗教要員を挙げている (API：43条 (2))。

5.2.3　戦闘員資格が認められる不正規兵

逆に正規の軍隊の構成員でない場合でも、戦闘員資格を認められる場合がある。武力紛争法の歴史の中で、戦闘員資格は、国家の正規軍の構成員である正規兵と、それ以外の不正規軍の不正規兵とに区別されて考えられ、戦闘員の資格を認められる不正規兵の類型が拡大してきた。ただし、ジュネーブ諸条約では、戦闘員そのものの範囲を定める規定はなく、傷病難船者あるいは捕虜としての保護を受けることができる者の類型という形で定められている (GCI：13条 (1) (2)、GCII：13条 (1) (2)、GCIII：4条 A)。これに対して第1追加議定書は、一定の要件を満たす「軍隊」の構成員という形で、正規兵と不正規兵とを区別することなく一元化し、戦闘員の範囲を規定している (API：43条)。そのため第1追加議定書が適用される場合には、正規兵と不正規兵とを区別することに意味はなくなっているとも言える。しかし、同議定書は未だ国家による普遍的な受け入れを達成していないこと、正規兵以外の戦闘員のあり方を想定するためには不正規兵の歴史的な類型を見ることに意味があることから、以下では、正規兵と不正規兵とについてそれぞれ説明する。

まず、正規兵については、戦争法規の下で戦闘員としての権利義務が認められてきた (HR：1条など)。ジュネーブ諸条約においても正規兵は、傷病難船者あるいは捕虜としての保護を受けることができる者として掲げられている (GCI：13条 (1) (3)、GCII：13条 (1) (3)、GCIII：4条 A (1) (3))。第1追加議定書においては、前述のように正規兵を取り上げた規定はないが、構成員に戦闘員資格が認められる軍隊は、内部規律に関する制度、特に武力紛争法を遵

守させる制度を持つことが条件とされ、通常の正規軍はこれに該当する。

　不正規兵については、1899 年ハーグ陸戦規則も一定の条件の下に不正規兵に戦闘員資格を認めていた (HR：1 条、2 条)。ジュネーブ諸条約において、そうした不正規兵の最も包括的な類型を定めているのは、捕虜の資格に関する規定であり、以下の類型が含まれる (GCIII：4 条 A)。なお、捕虜の資格の類型には、他にも軍隊に随伴する者や商船・民間航空機の乗組員も含められているが (GCIII：4 条 A (4) (5))、それらの者は文民と見なされるため戦闘員には含まれないと考えられている (API：50 条 (1))。

　　①民兵隊や義勇隊で軍隊の一部をなすものの構成員

　　②それ以外の民兵隊や義勇隊で、一定の条件を満たすものの構成員

　　③敵の接近に際し抵抗のため自発的に武器を取る未占領領域の住民で、
　　　一定の条件を満たすもの (民衆蜂起)

　③の民兵隊や義勇隊に求められる条件は、組織された指揮の存在、遠方から認識可能な特殊標章の着用、武器の公然携行、そして戦争の法規及び慣例に従った行動の 4 つである。第 2 次世界大戦中においてパルチザンやレジスタンスが、敵対当事者に捕らえられても法的保護を受けることができず、略式処刑や強制収容所送りとなったことを考えれば、民兵隊や義勇隊を戦闘員として扱い、捕らえられた場合に捕虜の資格を与える意味は大きい。しかし、特殊標章の着用や武器の公然携行を条件とすることは、実際のパルチザンやレジスタンスの活動の実態にはそぐわない面もある。この点は、次に述べる第 1 追加議定書では、大きく緩和されている。

　④の民衆蜂起 (levée en masse) に求められる条件は、武器の公然携行と戦争の法規及び慣例に従った行動の 2 つであり、組織された指揮や特殊標章の着用は条件とされていない。

　こうした不正規兵は、すでに触れたように、第 1 追加議定書においては、一つの「軍隊」及びその構成員の概念の下に統一されている (API：43 条 (1))。まず、軍隊とは、国家の正規軍だけではなく、一定の条件を満たす「武装したすべての兵力、集団及び部隊」であり、敵対当事者によって承認されているか否かを問わないものとされた。軍隊に要求される条件とは、部下の行動

について責任を負う司令部の下に組織されていること、及び武力紛争法を遵守させることを含む内部規律に関する制度を持っていることである。こうした軍隊の概念は、第1追加議定書が国際的武力紛争を、民族解放闘争にも拡大したことに対応している。

　その上で、そうした軍隊の構成員が、戦闘員の資格を保持するためには、軍事行動中は戦闘員が自らを文民と区別する義務を負う。ただし、ゲリラ戦など敵対行為の性質のために文民との区別ができない状況にある場合には、交戦中と攻撃に先立つ軍事展開中においてのみ、武器を公然と携行すればよいこととされる（API：44条（3））。このことは、すでに見たジュネーブ諸条約に存在した特殊標章着用件や武器の公然携行の条件を、民族解放闘争などの性質を考慮して、交戦中と攻撃に先立つ軍事展開中の場合のみへと緩和したものである。

5.3　戦闘員資格が否定される者

　武力紛争法において、一定の者は、戦闘員の資格を全部または一部において否定される。すなわち、実際に直接の敵対行為に参加して攻撃の対象となるにもかかわらず、あるいは軍隊の構成員であるにもかかわらず、戦闘員としての特権や捕虜の資格が認められない者である。第1追加議定書は、前述のように戦闘員資格が認められる不正規兵を拡大した反面で、一定のスパイ活動や傭兵を戦闘員資格から除外している。また、武力紛争法の条約に明示の規定はないが、敵対行為に直接参加する文民、そして最近増加している民間軍事・警備請負業者についても、戦闘員資格が否定される。

5.3.1　スパイ活動

　軍隊の構成員が、諜報活動を行っている間に敵に捕らえられた場合には、スパイ（間諜）とされ、原則として、戦闘員として免責や捕虜としての権利を受けられない（API：46条（1））。戦闘員ではない文民が諜報活動を行う場合に、戦闘員としての資格が認められないことは当然であるが、通常は戦闘員の資格が認められる軍隊の構成員であっても、諜報活動については、そのような

扱いを受ける。ただし、スパイ活動で有罪とするためには、裁判手続が必要とされる (ICRC 慣習法：規則 107)。

　しかし軍隊の構成員による情報収集活動自体は、武力紛争法で禁止されているわけではなく、軍隊の制服を着用して行う情報収集活動は、諜報活動と見なされない (API：46 条 (2))。また、占領地域の居住者である軍隊の構成員による占領軍に関する情報収集活動も、一定の不正な方法を用いない限り、諜報活動とは見なされない (API：46 条 (3))。さらに諜報活動を行っても、捕らえられることなく自軍に戻ることができれば、戦闘員の資格を回復する (API：46 条 (1) (4))。

5.3.2　傭　兵

　傭兵 (mercenaries) の禁止は、旧植民地での民族解放運動において、宗主国側が傭兵を用いて対抗したという問題を背景とするものであり、アフリカ統一機構 (OAU) などで傭兵を禁止する文書が採択されていった。第 1 追加議定書の採択過程では、傭兵に戦闘員資格を付与することに反対するアフリカ諸国などと、他の不正規兵と区別することに反対する西欧諸国とが対立し、その妥協の中で、きわめて限定された定義のもとでの傭兵が、戦闘員資格を否定されることになった。傭兵については、その後、1989 年に「傭兵の募集、使用、資金供与及び訓練を禁止する条約」が採択され、第 1 追加議定書とほぼ同じ傭兵概念を用いながら、禁止行為をさらに具体化している。

　傭兵とは、第 1 追加議定書の定義するところによれば、紛争当事国の国民、居住者、軍隊構成員ではないのに私的な利益のために高額の報酬を約束されて敵対行為に直接参加する者である (API：47 条)。傭兵は、敵対行為に直接参加するにもかかわらず、戦闘員及び捕虜としての権利を認められない (同前)。ただし、傭兵であることを理由に有罪とするためには、裁判手続が必要とされる (ICRC 慣習法：規則 108)。

　しかしこの定義の下では、高額の報酬 (軍隊の類似の階級・任務にある者が受ける額を相当上回る報酬) であることが証明されなければ傭兵とは認められず、また、紛争当事者の軍隊に編入された場合や、外国の軍事顧問など外国が公

の任務で派遣した場合には傭兵には該当しないことになる。

5.3.3　敵対行為に直接参加する文民

すでに述べたように、文民は戦闘員と区別され、戦闘員の扱いを受ける類型の者に該当しない限り、戦闘員や捕虜としての権利を認められない。そのことに加えて、文民が敵対行為に直接参加する場合には、後の文民に対する保護の項で述べる、文民としての地位も失い（API：51条(3)、APII：13条(3)）、攻撃対象にもなる。

「敵対行為に直接参加する」ことについては、ICTYの判決では、「その性質または目的において敵の軍隊の要員または設備に現実の害悪をもたらす戦争の行為」などと定義されている（ストルガル事件上訴裁判部2008年7月17日判決176-179項）。そして、敵対行為とは、文民が実際に武器を使用している時だけではなく、武器を携帯しあるいは武器を使用せずに敵対行為を行おうとする場合をも含む（API注釈：1943項）。他方で、何らかの形で戦争遂行活動に参加すること自体は、紛争当事者が文民たる住民全体に義務づけることもあるのであるから、「直接参加」は戦争遂行活動への参加とは明確に区別される必要がある（同：1945項）。この区別をめぐっては、引き続き多くの議論がある（参照 ICRC, "Interpretive Guidance on the Notion of Direct Participation in Hostilities under International Humanitarian Law," 2009: ICRC DPH Guidance）。

5.3.4　民間軍事・警備請負業者

民間軍事・警備請負業者（private military and security contractors: PMSCs）は、ジュネーブ諸条約や第1追加議定書など従来の武力紛争法には、その地位に関する規定はない。しかし、最近の武力紛争において民間軍事・警備請負業者は、軍事コストの削減などの目的で国家によって利用され、軍隊食堂の運営・清掃、用務員業務、管理機能などの非軍事的業務を担っている。民間軍事・警備請負業者の業務には、紛争地域での輸送、基地・職員の警備など、武装を必要とするものもある。

民間軍事・警備請負業者は、基本的に文民であり、軍隊の一部として組み

込まれない限り戦闘員の地位は取得しないし、敵対行為に直接参加しない限り文民としての保護も失わない。しかしその業務が、軍事目標となる要員や施設の警備など準軍事的業務を含む場合には、敵対する当事者にとって軍隊とそれらの業者を区別することは困難であり、しばしば軍事目標とともに攻撃の対象となる。

　この新しい問題については、未だ国家の義務を個別に定める条約はないが、いくつかの政府や国際機関によって、法的拘束力はないものの、「武力紛争における民間軍事・警備請負業者の行動に関連した国家のための適切な国際法的義務及び優良実践に関するモントルー文書」（モントルー文書：2008 年）が発表されている。

5.3.5　いわゆる「不法戦闘員」

　国家の中には、武力紛争において「不法戦闘員」(unlawful combatant) という概念を用いる例がある。例えば、アメリカでは、第 2 次世界大戦中に戦闘行為の刑事責任を追及するために「不法戦闘員」というカテゴリーを用いたことがある (ex parte Quirin, 317 US 1 (1942))。また、アフガニスタン・イラク戦争の後、アルカイダの戦闘員に対して武力紛争法上の権利を一切否定する理由として「不法戦闘員」という概念を用いた (Rasul v Bush 542 US 466 (2004), Boumedienne v Bush 553 US 723 (2008) など)。イスラエルも、パレスティナで捕らえた PFLP の戦士に「不法戦闘員」という類型を用いてきた (Military Prosecutor v Kassem and Others, Military Court 判決 (1969))。

　「不法戦闘員」という類型は、ジュネーブ諸条約や第 1 追加議定書をはじめ、武力紛争法には存在しない。すでに述べたように、国際的武力紛争において、軍隊の構成員は、非戦闘員も含めて捕虜としての権利を認められ、そこから除外されるのは、スパイと傭兵だけである。他方で、戦闘員や捕虜の資格を認められない者は、すべて文民であり (API：50 条 (1))、敵対行為に直接に参加しない限り、文民としての保護を受ける。それゆえ、敵対行為に直接参加する者には、戦闘員や捕虜の権利も文民としての保護も与えられることなく、正当な攻撃対象とされる場合は存在するが、そのことは敵対行為に直接参加

する文民と変わるところはない。そして、敵対行為が終了した場合には戦闘員でない場合には文民の資格を回復し、敵に捕らえられた場合には捕虜の資格を持たなければ文民としての保護を受ける。その意味で、すべての者は国際法の下で何らかの資格を有するのであり、いずれの保護も受けることができない中間的な資格は存在しない（GCIV 注釈：4条末尾段落）。なお、文民の被保護者が、紛争当事者の安全を害するような行為（スパイやサボタージュなど）を行う場合には一定の権利を失うことがあるが、その場合であっても人道的な待遇・公平正式の裁判・紛争当事者の安全が許す限りでの権利や特権が認められている（GCIV：5条）。また、非国際的武力紛争に関するジュネーブ諸条約共通3条も、戦闘員や文民を問わず、敵対行為に直接に参加せずまたは参加が終了した場合には、すべての者を、差別なく人道的に待遇すべきことを命じている。このような意味で、武力紛争法の下で「不法戦闘員」というカテゴリーは認められるべきではない。

5.4　捕虜の資格

　武力紛争法においては、敵に捕らえられた者を、降伏の場合も含めて、敵の権力内に陥ったものなどと表現するが、以下では便宜上、捕らえる、捕らえられるという表現を用いる。

　国際的武力紛争において敵権力に捕らえられた軍隊の構成員が、捕虜（prisoner of war: POW）として人道的待遇をはじめとする一定の待遇を受けるべきことは、1899年・1907年ハーグ陸戦規則において確認され（HR：3条、4条）、また、すでに述べたように戦闘員の権利義務は、一定の不正規兵にも認められていた。現在の武力紛争法においては、1949年ジュネーブ第3条約が、捕虜の資格や待遇についての詳細に定めている。捕虜の待遇については、後の「捕虜の待遇」（第3章の2）で説明することとし、ここでは、捕虜の資格を認められる者について説明する。

　第3条約のもとで、捕虜の資格が認められるのは、まず、すでに述べた戦闘員の資格に対応する者である。具体的には、軍隊の構成員（非戦闘員を含む）と、民兵隊や義勇隊の構成員や民衆蜂起の参加者で一定の条件を満たす場合

などがある (GCIII：4 条 A (1) - (3) (6))。それに加えて、軍隊の構成員ではないが軍隊に随伴する者や商船や民間航空機の乗組員など文民の類型に該当する一定の者も、敵に捕らえられた場合には、捕虜の資格を持つ (GCIII：4 条 A (4) (5))。軍隊に随伴する者として例示されているのは、従軍記者、需品供給者、労務隊員、軍隊福利機関の構成員などである。これらの者は、敵に捕らえられた時から、解放されて送還を受けるまで、捕虜としての資格が認められる (GCIII：5 条)。なお、捕虜の資格を持つかどうかについて疑いが生じた場合には、権限ある裁判所が決定するまでの間は、捕虜としての権利が認められるものとされている (同条)。

　捕虜の資格について第 1 追加議定書は、前述したように軍隊や戦闘員の概念を、民族解放闘争を含めて一元化したが、それに伴い、より広い概念の下での軍隊の構成員に、基本的に捕虜の資格を認めている (API：44 条 (1))。また、第 3 条約が一定の文民にも捕虜の資格を認めていることも、そのまま適用されることを確認している (API：44 条 (6))。

　さらに第 1 追加議定書は、捕虜の地位に疑義がある場合の手続について定めている (API：45 条)。すなわち、敵の権力内に陥った者、さらに捕虜でないとして敵対行為に係る犯罪に関する裁判を受ける者は、自らが捕虜の地位を持つことを主張して権限ある裁判所の決定を求めることができる。そして裁判所の決定で捕虜の地位を否定されるまでは、捕虜の地位を認められる。

5.5　非国際的武力紛争と戦闘員や捕虜の資格

　以上に述べてきた戦闘員や捕虜の資格に関する規則は、いずれも国際的武力紛争において適用されるものである。他方で、非国際的武力紛争においては、ジュネーブ諸条約共通 3 条にも第 2 追加議定書にも、戦闘員や捕虜の資格を認める規定はない。しかも共通 3 条においては、同条の規定の適用が「紛争当事者の法的地位に影響を及ぼすものではない」とされていることから、国家側の軍隊については、引き続き戦闘員や捕虜の資格が適用される。そのため、非国際的武力紛争においては、国家側の軍隊が戦闘員や捕虜の利益を受けるのに対し、非国家主体である武装集団の側は、戦闘員や捕虜の資格に

基づく権利は一切享受できないことになる。すなわち、武装集団の構成員は、敵対する政府軍に捕らえられた場合には、敵対行為に直接参加したという事実のみで処罰を受けることになり、捕虜としてではなく犯罪者として自由を奪われることになる。

それでも共通3条は、武装集団の構成員であっても敵対行為に直接参加せず、また参加を終了した者には、文民同様に差別のない人道的待遇や傷病者としての収容・看護を受けることを求めている。第2追加議定書も、同様の立場に立った人道的待遇や傷病者としての収容・看護に加えて、武力紛争に関連する理由で自由を奪われた者への尊重を、より詳細に定めている（APII：4条-7条）。

すでに触れた近時の事例として、アメリカがアフガニスタンやイラクで、タリバーンやアルカイダの構成員とされる者を拘束した際に、アメリカ政府は、それらの組織とアメリカとの間にあったのは、ジュネーブ第3条約の適用される国際的武力紛争ではないとして、捕虜の資格を認めず、また一切の権利を否定しようとした。しかし、武力紛争の性質に争いがある場合には、捕虜の地位について裁判所の決定がなされるまでは捕虜と見なされるという規定が適用されるべきであり（GCIII：5条）、また、後に連邦最高裁判所が判断したように、国際的武力紛争でないとしても、非国際的武力紛争のための共通3条は適用されるべきものであった（Hamdan v Rumsfeld 548 US 557（2006））。

6. 武力紛争法の基本原則

武力紛争法には、それを構成する条約法と慣習国際法を通じて確認されるいくつかの基本原則が存在する。区別原則、軍事的必要性の原則、均衡の原則、人道の原則などがそれである。ただし、それらの原則がどこまでの具体性を持ち、あるいは拘束力を持つかについては、必ずしも一様ではない。

6.1　区別原則

区別原則（principle of distinction）とは、一方で戦闘員・軍用物、他方で文民・

民用物とを区別することである (ICRC 慣習法：1 章、2 章参照)。この原則は、紛争当事者にとって、①文民・民用物を攻撃対象としてはならない義務、②戦闘員には、制服その他目に見える標章を用いて文民と区別させる義務などに具体化される。第 1 追加議定書においては、攻撃における区別原則 (API：48 条) 及びそれを具体化する諸規定に加えて、防御においても、軍事目標や軍事行動を掩護するために文民を利用することを禁止し (API：51 条 (7))、また、人口集中地域周辺に軍事目標を設けることを避けるように求めている (API：58 条 (b))。

　区別原則から派生する原則として、差別原則 (principle of discrimination) があり (ICRC 慣習法 3 章参照)、差別原則は、戦闘員・軍用物と文民・民用物とを区別しない、あるいはできない無差別な攻撃を禁止する (API：51 条 (4) (5))。

6.2　軍事的必要性の原則

　軍事的必要性の原則 (principle of military necessity) とは、軍事行動の目的を、敵を弱体化させてその降伏を達成することに限定し、その目的を超えて敵の軍隊や財産を全面的に破壊することを否定することである。この原則は、ジュネーブ諸条約や第 1 追加議定書には具体的に明記されていないが、武力紛争の慣習国際法の一つであると考えられている (ICRC 慣習法：規則 50 参照)。そのため、ICC 規程は、戦争の絶対的必要性に基づかない財産の破壊や押収を、法規及び慣例の重大な違反である戦争犯罪の一つに挙げている (ICC：8 条 2 (b) (xiii))。

6.3　均衡の原則

　均衡の原則 (principle of proportionality) とは、軍事行動において文民や民用物に与える損害の予測を求め、その損害予測を上回る軍事的利益が予測されない軍事的手段を、均衡の取れないものとして禁止するものである (ICRC 慣習法：規則 14 参照)。そのような均衡性を欠いた軍事的手段や攻撃は、第 1 追加議定書においては、無差別攻撃の一つとして禁止されている (API：51 条 (5) (b))。

　均衡の原則は、次に述べる人道の原則と同様に、19世紀までに通用していた、軍事的勝利の必要性がすべての他の法や慣習に優先するという戦時無法主義を否定するものである。そして均衡の原則は、文民や民用物への損害の回避につながるという点で、すでに述べた区別原則や軍事的必要性の原則と密接に関係している。他方で、そのような均衡が認められる限り、文民の死傷や民用物の損傷は、付随的損害として禁止されていないことにも留意する必要がある。

6.4　人道の原則

　人道の原則(principle of humanity)は、武力紛争法が「人道の法」の支配を受けるということである。そのことは、すでに触れたように、1899年・1907年ハーグ陸戦条約前文のマルテンス条項に存在し、ジュネーブ諸条約(廃棄条項)や追加議定書(API：1条(2)、APII前文)にも引き継がれている。こうした原則が置かれるのは、数々の法典化を経てもそれを完全なものとすることは不可能であり、状況や技術の変化にかかわらず人道の原則が適用されることを宣言するためであるとされる(API注釈：55項)。

　その反面で、人道の原則の意味するところは抽象的であり、その対象は広い。それでも、人道の原則には、無用の苦痛及び過度の傷害を与えることの禁止や、戦闘外に置かれた者を攻撃対象とすることの禁止などの規則が含まれていると考えられている。

　無用の苦痛及び過度の傷害を与えることの禁止は、サンクト・ペテルブルク宣言の前文、ハーグ陸戦規則(23条(e))、第1追加議定書(35条(2))などの害敵手段の規制に関する規定において、繰り返し確認されている。戦闘外に置かれた者を攻撃対象とすることの禁止も、傷病者や捕虜に対する保護という形でジュネーブ諸条約に定められている(GCI：12条、GCII：12条、GCIII：13条)。

第2章　害敵手段の規制

　戦争あるいは武力紛争の目的は、究極的には軍事的勝利を得ることによって敵に自らの意思を強制することである (藤田：82頁)。その目的のためには、「戦争の必要性が戦争の規則に優先する」、あるいはいわゆる戦時無法主義 (Kriegsraison) の理論が主張され、また、第2次世界大戦においても依然行われていた (API 注釈：1386 項)。

　しかし、19世紀以降に発展した戦争法規あるいは武力紛争法は、そうした主張を否定することからはじまった。サンクト・ペテルブルク宣言は、「国家が戦争中に達成しようと試みるべき唯一の正当な目的は、敵の軍隊を弱体化させることであり」、その目的にとって過剰となる武器の使用を禁止した。さらにハーグ陸戦規則は、「交戦者は害敵手段の選択に付、無制限の権利を有するものに非ず」(22条) と定めて、戦時無法主義の主張を正面から否定した。戦闘の方法及び手段を選ぶ権利が無制限ではないことは、第1追加議定書においても再確認されている (API：35条(1))。

　このようにして今日までに武力紛争法は、紛争当事者の軍事行動における害敵手段に対し、数多くの制限を設けるに至っている。その内容は、大別すると攻撃対象に関する規制と、戦闘の方法及び手段に関するに分かれる。また戦闘の手段に含まれる各種の武器の使用については、今日、多くの種類の兵器を禁止・制限する条約が存在することから、特定の兵器の禁止については、別項を設けて説明する。さらに最後に、非国際的武力紛争における害敵手段の規制をまとめて説明する。

1. 攻撃対象

1.1 攻撃対象に関する武力紛争法

攻撃対象 (targeting) に関する法や規則は、武力紛争法の核心であり、すでに説明した区別原則、軍事的必要性の原則、均衡性の原則、人道性の原則などの諸原則を具体化するものである。

しかしそのように攻撃対象に制限があるという考え方は、はじめから一般に受け入れていたものではない。戦争に勝利するためには、敵の軍隊のみならず、それを物理的及び道徳的に支える文民たる住民を屈服させることが必要であって、そのためには、あらゆる人や物を攻撃対象とすることが最も効果的であるという考え方は、有力な軍事思想であり得た。そのような中でも、一定の人や物は、戦時に攻撃対象とされてはならないという考え方は、ハーグ陸戦規則をはじめとする、いわゆるハーグ法の中で発展していった。

最大の転機は、戦闘員の数を超える数千万の市民が犠牲となった第2次世界大戦の経験であり、その直後に採択されたジュネーブ諸条約において、攻撃対象に制限はないとする考え方、とりわけ文民を攻撃対象とすることができるという考え方は、明確に拒否された。ただしジュネーブ諸条約は、武力紛争の犠牲者を保護するための規則が中心であって、攻撃対象を制限する規則は十分に含まれていなかった。そのためハーグ法とジュネーブ法を統合した第1追加議定書は、武力紛争の犠牲者の保護と対応する形で、攻撃対象に関する詳細な規則を持つに至った。

現代の武力紛争においては、攻撃対象とすることが許されるのは、軍事目標となる人や物のみである。しかし、軍事目標とそれ以外のものの区別をどのように行うことができるのか、あるいは、軍事目標を攻撃対象としてもそれに巻き込まれる付随的損害をどう考えるのかなどをめぐって複雑な問題が引き続き残っている。

1.2 基本的な規則——攻撃対象としての軍事目標

攻撃対象に関する基本的な規則は、文民たる住民や民用物を尊重・保護す

るために、①文民たる住民と戦闘員、民用物と軍事目標とを常に区別し、②軍事目標のみを軍事行動(攻撃)の対象としなければならないことである(API: 48 条)。こうした区別の実施は、後に述べる攻撃の際の予防措置の規定(API: 57 条(2))によって補強されている。この基本的な規則の内容は、現在では慣習国際法の一部となっていると考えられている (ICRC 慣習法：規則 1)。

　文民とは、すでに触れたように、軍隊の構成員ではなくかつ捕虜としての資格も認められない者であり (API：50 条(1))、集団としての文民たる住民も個々の文民も、攻撃や復仇の対象とされてはならない (API：51 条(2)(6))。また、民用物とは、軍事目標以外のすべての物であり、攻撃や復仇の対象とされてはならない (API：52 条(1))。第 1 追加議定書によれば、結局のところ攻撃の対象とすることが認められるのは、軍事目標のみである (API：48 条、52 条(2))。

　このようにして、攻撃対象とすることが許されるかどうかを判断するためには、何が軍事目標にあたるのかという評価が重要となる。そして、次に詳しく見るように、軍事活動に使用される軍用物 (military objects) が常に軍事目標 (military objectives) となるわけではなく、逆に通常は民生用に使用される物や施設が、場合によっては、軍事目標となる場合があるということである。

　軍事目標は、第 1 追加議定書によれば、物自体の軍事的効用と明確な軍事的利益という 2 つの加重的な要件によって定義される (API：52 条(2))。すなわち、①その性質、位置、用途又は使用が軍事活動に効果的に資する物であること (軍事的効用) と、かつ②全面的又は部分的な破壊、奪取又は無効化がその時点における状況において明確な軍事的利益をもたらすもの (明確な軍事的利益) である。

　第 1 の要件である軍事的効用の有無は、物や施設の性質、位置、用途、使用によって判断される。性質 (nature) とは、物や施設の性質が軍用 (戦車や兵舎など) かどうかである。位置 (location) とは、物や施設の設置場所の軍事的重要性 (軍事行動のための飛行場や橋など) に関わるものである。用途 (purpose) とは、物や施設の使用目的に関するものであり、建設途中の軍事基地などを含む。使用 (use) とは、実際に軍事行動に使用されているかどうかに関するものであり、商業的な車両やインフラなども、実際の軍事活動に用いられれ

ば、軍事的効用を持つ。軍事的な使用の場合には、民間用の施設 (配電網、電話通信、高速道路、橋、放送局) が軍事活動にも同時に使用されているという二重使用 (dual use) がなされている場合の攻撃が問題となる。軍事的な使用が可能であれば、民用物であっても軍事的効用が認められる可能性は否定できない。しかし、軍事的効用の可能性を理由とする安易な攻撃によってもたらされる乱用を防ぐためには、次に述べる明確な軍事的利益の有無を含めた厳格な判断が必要となる。そのために第1追加議定書は、礼拝所・家屋その他の住居・学校など、通常民生の目的のために供される物について、軍事的効用を持つ使用がなされているかどうかの判断に疑義がある場合には、そのような使用はないと推定すべきこととしている (API：52条 (3))。

　第2の要件は、対象となる物や施設の全部または一部を破壊すること (destruction)、奪取すること (capture) または無効化すること (neutralization) が、明確な (definite) 軍事的利益をもたらすかどうかによって判断される。その軍事的利益は、明確なものでなければならないことから、軍事的利益をもたらす可能性が想定できるとしても、それが確実なものではない状況では、攻撃は正当化されない。例えば、渡河のために一般に使用されている橋を破壊することが敵の進軍を妨げる可能性はあるとしても、渡河の方法が橋だけではないなどの場合には、軍事的利益の明確性が否定される場合がある。また、戦争継続を支える民間の軍需工場への攻撃についても、軍需品の生産が他の工場で代替できる場合には、軍事的利益の明確性が否定される場合がある。

　なお、明確な軍事的利益の有無の判断、つまり攻撃の合法性の判断は、すべての事情が判明した後の事後的な判断ではなく、「その時点における状況」、すなわち攻撃当時に攻撃する者が持っていた情報によって判断される。そのため、例えば、実際には民間人しか存在しないことが攻撃後に判明した施設への攻撃であっても、攻撃当時に、軍事行動に使用されているとの情報に基づいて軍事目標と誤って判断していた場合には、攻撃が合法であったと評価される場合がある。ただし、そのようなできるだけ誤認を防ぐために、攻撃を行う場合には、後に述べる予防措置が義務づけられている (API：57条)。

1.3　無差別攻撃の禁止

　たとえ軍事目標に打撃を与えることを目的とした攻撃であっても、安易に文民や民用物を巻き込むことを許容するのであれば、攻撃対象を区別するという基本原則を実施することは困難である。そのため第 1 追加議定書は、軍事目標と文民・民用物とを区別しないでこれらに打撃を与える性質を有するものを無差別な攻撃として、無差別な攻撃を一般的に禁止している（API：51条(4)）。区別原則と併せて無差別な攻撃の禁止は、ICJ の核兵器に関する勧告的意見においても確認されており（1996 年 7 月 8 日 78 項）、慣習国際法の一つであると考えられている（ICRC 慣習法：規則 11）。

　この一般的な禁止に加えて第 1 追加議定書は、無差別攻撃の類型と具体例も規定している。

　無差別攻撃の類型には、次の 3 つが含まれる（API：51 条(4)）。

(a) 特定の軍事目標のみを対象としない攻撃

(b) 特定の軍事目標のみを対象とすることのできない戦闘の方法及び手段を用いる攻撃

(c) この議定書で定める限度を超える影響を及ぼす戦闘の方法及び手段を用いる攻撃

　(a) と (b) の類型は、区別の基本原則に由来する。その上で、たとえ文民や民用物を対象とすることを意図していない場合であっても、区別することができないような無謀な攻撃をも無差別攻撃に含めて禁止する点で、区別の基本原則をさらに強化するものである。これらの類型に関して、第 1 追加議定書は、さらに、文民や民用物が集中している地域において、多数の軍事目標が明確に分離されているにもかかわらず、単一の軍事目標として行う砲撃や爆撃を具体例として挙げている（API:51 条(5)）。特定の軍事目標のみを対象としない攻撃には、第 2 次世界大戦中にしばしば行われた都市への空襲や、地域全体をくまなく爆撃する絨毯爆撃などが該当する。また、特定の軍事目標のみを対象とすることのできない戦闘の方法及び手段には、後に特定兵器の規制の項で触れるクラス

ター爆弾や生物化学兵器などの使用がそれに該当する。

　他方で (c) の類型は、必ずしも攻撃対象における区別の基本原則に直接関わるものではなく、むしろ、軍事的必要性のない攻撃や無用で過度な攻撃を抑制する、軍事的必要性の原則や均衡の原則に関わるものである。この類型に関して第1追加議定書が挙げている具体例は、巻き添えによる文民・民用物の被害が、予期される軍事的利益との比較において、過度なものとなることが予測される攻撃である (API：51条 (5))。この点に関しては、「基本原則から派生する義務」(本章の 2.3) で再度説明する。

1.4　予防措置

　文民や民用物を区別し、それらを攻撃対象としないという基本原則をより確実なものとするために、第1追加議定書は、そうした攻撃を予防するための措置を、紛争当事者に義務づけている。予防措置は、攻撃を行う場合に取るべき措置と、防御を行う場合に取るべき措置との両方がある。

　攻撃を行う場合に取るべき予防措置として、第1追加議定書は、文民・民用物に対する攻撃をしないための不断の注意を払うという一般的な義務を課した上で、以下のような具体的な措置を要求している (API：57条)。

　自制：攻撃の決定に際して、文民・民用物、特別の保護対象に対する攻撃
　　　　とならないように、攻撃目標を確認し、巻き添えを最小限とするた
　　　　めの予防措置を取り、過度な被害を引き起こすことが予測される攻
　　　　撃の決定を行わないこと (57条 (2) (a))。

　中止：文民・民用物、特別の保護対象が攻撃対象となり、あるいは文民・
　　　　民用物に過度の被害を与えるという予測が明白となった場合には攻
　　　　撃を中止・停止すること (57条 (2) (b))。

　警告：文民に影響を及ぼす攻撃については、事情の許す限り効果的な事
　　　　前の警告を与えること (57条 (2) (c))。なお、「効果的な」という点は、
　　　　警告を受け取る文民の範囲、理解可能性、対応可能な十分な時間、
　　　　避難を可能にする情報などに照らして判断されると考えられている。

　選択：同様の軍事的利益を得るために選択可能である場合には、文民・民

用物にもたらす危険が最小であると予測される軍事目標を選択すべきことである (57 条 (3))。

　また、海上・空中の軍事行動においても、文民・民用物の被害を防止するための合理的な予防措置を取ることが要求される (57 条 (4))。

　防御を行う場合に取るべき予防措置として、第 1 追加議定書は、自国の支配下の文民・民用物について、実行可能な限度でという条件はあるが、以下の予防措置を行うこととされている (API：58 条)。自国の支配下には、自国内だけでなく、占領地域も含まれる。

移動：文民・民用物を軍事目標の近くから移動させること (58 条 (a))。ただし、占領地域から文民を追放することを原則として禁止するジュネーブ第 4 条約 (49 条) に違反しないことが前提である。

回避：軍事目標を人口集中地域・その付近に設けないようにすること (58 条 (b))。関連して、軍事目標を攻撃から掩護するために文民を利用することは、文民の保護の観点から禁止されている (51 条 (7)、GCIV：28 条)。いわゆる「人間の盾」と呼ばれる行為である。

予防：文民・民用物を軍事行動による危険から保護するための、必要な予防措置を取ること (58 条 (c))。

1.5　攻撃の対象に関する特別の規則

　攻撃対象において文民・民用物を区別することに加えて、第 1 追加議定書及びその他の関連条約は、一定の物、影響、施設、活動、地域について、攻撃対象とすることを禁止または制限している。それらの対象には、①文化財、②自然環境、③医療施設、④危険な力を内蔵する工作物・施設、⑤文民たる住民の生存に不可欠な物、⑥文民保護活動、⑦無防備地区・非武装地帯などが含まれる。

1.5.1　文化財

　第 1 追加議定書は、文化財・礼拝所を保護する保護の規定を持つが (API：53 条)、文化財の保護に関する規則は、1863 年リーバー法 (35 条) や 1899 年

文化財の特殊標章（紺青色と白色）

・1907年ハーグ陸戦規則（27条、56条）にすでに存在した。

　加えて、二度の世界大戦においてヨーロッパ占領地域で無数の文化財が略奪・破壊・損傷された経験を経て、戦後に文化財の保護に特化した「武力紛争の際の文化財の保護のための条約」（1954年ハーグ条約）も採択された。1954年ハーグ条約は、軍事上の絶対的な要請がある場合を除いて文化財を尊重する義務、盗取・略奪・横領・破壊の禁止、復仇の対象とすることの禁止などを定め（4条）、また特別保護のための国際登録制度と特殊標章による識別制度（8条-11条）などを定めた。この文化財尊重義務は、「武力紛争の際」に締約国に課されるものとされ、国際的・非国際的いずれの武力紛争にも適用される。

　第1追加議定書は、1954年ハーグ条約が引き続き適用されることを前提とした上で、「国民の文化的又は精神的遺産を構成する歴史的建造物、芸術品又は礼拝所」を攻撃や復仇の対象とすることや、軍事上の利用を禁止した（API：53条）。ここで「礼拝所」は新たに加えられたものである。

　文化財・礼拝所に対する攻撃の禁止は、慣習国際法の一部であると考えられている（ICRC慣習法：規則38）。

1.5.2　自然環境

　武力紛争における自然環境の保護は、武力紛争法の歴史の中では比較的新しいものである。1960年代から70年代にかけてのベトナム戦争におけるアメリカ軍による枯れ葉剤の使用などが国際的な懸念を呼び起こし、第1追加議定書の規定や、同時期に採択された1976年の「環境改変技術の軍事的使用その他の敵対的使用の禁止に関する条約」（1976年ENMOD条約）につながっ

ている。後に触れる 1976 年 ENMOD 条約は、「長期的な又は深刻な効果を
もたらすような環境改変技術の軍事的使用その他の敵対的使用」しない義務
を締約国に課している (1 条)。

　第 1 追加議定書は、「自然環境に対して広範、長期的かつ深刻な損害を与
えることを」目的とし、またはそれが予測される戦闘の方法及び手段や復仇
を禁止し、戦闘において、自然環境を「広範、長期的かつ深刻な損害」から
保護するための注意義務を課している (API：35 条 (3)、55 条)。「自然環境」は
特に定義されていない。

　武力紛争において自然環境が保護されるべきことは、ICJ 核兵器に関する
勧告的意見 (1996 年 7 月 8 日 30 項) でも確認され、また、絶対的な軍事的必要
性のない場合の自然環境の破壊や広範、長期的かつ深刻な損害を与える戦闘
の方法及び手段の使用は、慣習国際法によって禁止されると考えられている
(ICRC 慣習法：規則 43、45)。

1.5.3　医療施設

　医療要員、医療施設、医療物資、医療上の輸送手段は尊重・保護され、攻
撃の対象としてはならない (GCI：19 条、20 条、24 条 -26 条、33 条、35 条、GCII：
22 条 -28 条、36 条、37 条、39 条、40 条、API：12 条、15 条、21 条 -24 条、APII：9 条
-11 条)。この点は、「医療活動の保護」(第 3 章の 1.3) で、再度取り上げる。

　ジュネーブ諸条約の定める特殊標章を示した医療・宗教のための要員や物
資に対する攻撃の禁止は、慣習国際法の一部であると考えられている (ICRC
慣習法：規則 30)。

1.5.4　危険な力を内蔵する工作物・施設

　第 1 追加議定書は、「ダム、堤防及び原子力発電所」を「危険な力を内蔵す
る工作物及び施設」(危険内蔵施設) とし、危険内蔵施設が軍事目標に該当する
場合でも、攻撃の結果、文民たる住民の間に重大な損失をもたらす場合には、
①危険内蔵施設、②危険内蔵施設の場所や近傍に位置する他の軍事目標につ
いて、攻撃の対象とすることを禁止している (API：56 条 (1))。また、危険内

危険内蔵物の国際的な特殊標章（オレンジ色の3つの円）

蔵施設には、識別のための特殊標章をつけなければならない（API：56条(7)）。

　ただし、これらの攻撃禁止には、例外が認められている（API：56条(2)）。それらは、これらのダム・堤防、原子力発電所、施設の場所や近傍が、常時軍事行動の重要かつ直接の支援に利用されており、その支援を終了させるために攻撃が唯一の実行可能な方法である場合である。こうした場合には、例外的ではあるが、軍事的必要性が文民たる住民への重大な損失に優先されることになる。

　後に見るように第2追加議定書でも、危険内蔵施設自体への攻撃は禁止されているが、施設の場所や近傍への攻撃禁止は定められていない（APII：15条）。

　慣習国際法の下では、民用物への攻撃はそれ自体が禁止されているが（ICRC慣習法：規則7）、危険内蔵施設を軍事目標として攻撃する場合にも、文民たる住民への被害を避けるために特別の注意が行われなければならない（ICRC慣習法：規則42）。

1.5.5　文民たる住民の生存に不可欠な物

　後に取り上げる文民の保護に加えて、第1追加議定書は、文民たる住民の生存に不可欠な物に関する戦闘方法や攻撃を禁止している。具体的に禁止されているのは、①戦闘の方法として文民を飢餓の状態に置くこと、②文民たる住民の生存に不可欠な物を攻撃・破壊・移動・利用させないこと、③住民の生存に不可欠な物を復仇の対象とすることである（API：54条(1)(2)(4)）。②については、食糧、食糧生産のための農業地域、作物、家畜、飲料水の施設及び供給設備、かんがい設備が、生存に不可欠な物として例示されており、それらへの攻撃等は、文民たる住民や敵対紛争当事者の生命維持を断つという目的のために行われる場合に、禁止の対象となる（API：54条(2)）。

　なおこれらの禁止は、それらの物が敵国軍隊構成員の生命維持手段や軍事行動を直接支援する手段として利用される場合 (軍事利用) や、自国領域を防衛するための絶対的な軍事上の必要がある場合 (焦土作戦など) には、禁止の例外が認められている (API：54 条 (3) (5))。

　後に見るように第 2 追加議定書でも、同様の禁止行為が、表現を変えて規定されている (APII：14 条)。また、文民たる住民の生存に不可欠な物を攻撃・破壊・移動・利用させないことの禁止は、慣習国際法の一部であると考えられている (ICRC 慣習法：規則 54)。

1.5.6　文民保護活動

　第 1 追加議定書は、文民保護活動に関する詳細な規定を持ち、それらは攻撃対象の問題にとどまらない保護を受ける (API：61 条 -67 条)。慣習国際法の下では、人道的救援のための要員と物資は、尊重され、保護されるべきものとされる (ICRC 慣習法：規則 31、32)。

(1)　文民保護を行う主体と識別

　第 1 追加議定書は、まず、「文民保護」、「文民保護組織」、文民保護組織の「要員」と「物品」を定義する (API：61 条)。

　「文民保護」とは、文民たる住民を敵対行為や災害の危険から保護し、その直接的な影響から回復することを援助し、文民たる住民の生存のために必要な条件を整えるための人道的任務を遂行することである。第 1 追加議定書は、14 種類の活動を列挙しているが、それらを補完する活動も含まれており限定的なリストであるとは考えられない (API：61 条 (a))。

　それらの文民保護の任務を遂行するために、権限のある当局によって組織・認可され、専らその任務に従事する組織が「文民保護組織」であり、その任務の遂行に充てられる者が「要員」、任務遂行のために使用する機材・需品・輸送手段が「物品」とされる (API：61 条 (b) - (d))。

　このように文民保護の活動を行う者は、権限のある当局が組織・認可する文民保護組織 (国内文民保護組織) が基本とされる。しかし、そのような国内文

民保護組織以外にも、権限のある当局の要請に応じて文民保護を行う文民（要請に応じた文民、API：62条(2)）、また、紛争当事国ではない外国の文民保護組織（軍の組織を除く）や、文民保護活動の国際的調整を行う団体（外国・国際文民保護組織）も、文民保護活動の主体として認められている（API：64条）。外国・国際文民保護組織としては、各国の赤十字社や ICRC などが想定されている。

　なお、外国・国際文民保護組織の活動は、活動領域の紛争当事国の同意と監督が必要とされ、また占領地域の場合、占領国は、自らの資源で文民保護活動を確保できる場合には外国・国際文民保護組織の活動を拒否・制限することが許されている（API：64条(1)(3)）。

　文民保護組織、その要員・建物・物品は、文民保護の任務を遂行する間、特殊標章や身分証明で他から識別できるようにしなければならない（API：66条、67(1)(c)）。

(2) 文民保護活動の保護と消滅

　文民保護活動は、軍の文民保護組織とそれ以外について異なる規定がおかれている。

　軍の文民保護組織以外の文民保護活動には次の保護が認められる。文民保護組織とその要員は、尊重・保護され、絶対的な軍事上の必要がある場合を除いて文民保護任務を遂行する権利が認められる（API：62条(1)）。また、文民保護のために使用される建物・物品・避難所は、民用物に認められる一般的保護（API：52条）を受ける（API：62条(3)）。

　占領地域において文民保護組織は、任務遂行に必要な便益を与えられ、任務遂行の妨害を受けない、文民たる住民の利益を害するような任務の強制や徴発などを受けないなどの保護を受ける（API：63条）。

　要請に応じた文民も、その文民保護活動を尊重・保護され（API：62条(2)）、外国・国際文民保護組織も、文民保護活動の尊重・保護や、占領地域での保護を受ける（API：64条）。

　以上の軍の文民保護組織以外の文民保護活動に認められる尊重と保護は、本来の任務から逸脱して敵に有害な行為を行うために使用される場合には、

合理的な期限の警告の後に消滅させることができる（API：65 条）。

　以上に対して、軍の文民保護組織、すなわち民保護組織に配属される軍隊の構成員や部隊の場合は、文民保護活動を尊重・保護されるための条件、捕らえた場合の捕虜の扱い、特殊標章、建物・物品が敵の権力内に陥った場合の扱いなどについて、別の定めがおかれている（API：67 条）。

1.5.7　無防備地区・非武装地帯

　第 1 追加議定書は、攻撃が禁止される 2 つの種類の地域を定めている。占領を受け入れることを一方的に宣言する無防備地区と、紛争当事者が合意によって設定する非武装地帯である。

(1)　無防備地区

　無防備地区（non-defended localities）は、紛争当事者の一方が相手の占領を受け入れることを宣言し、あるいは紛争当事者の合意によって設定されるものであり、そのような無防備地区への攻撃は、手段のいかんを問わず禁止される（API：59 条 (1)）。無防備地区への攻撃禁止は、慣習国際法に存在したものであり、第 1 追加議定書によって明文化された。

　無防備地区を有効に宣言するためには、(a) 戦闘員の撤退・移動可能な兵器・軍用設備の撤去、(b) 固定された軍事施設が敵対的に使用されないこと、(c) 住民を含めて敵対行為が行われないこと、(d) 軍事行動の支援が行われないこと、という非軍事化するための 4 つの条件が満たされなければならない（API：59 条 (2)）。ただし、警察が存在することは、これらの条件に反するものではない（API：59 条 (3)）。無防備地区宣言の方法については、対象となる地区の境界の明示や相手方による確認などの手続が必要とされる（API：59 条 (3) (4)）。

　また紛争当事者は、それらの条件を満たさない場合でも、無防備地区の設定に合意することができ、その場合には、合意する標章によって無防備地区を表示することとされる（API：59 条 (5) (6)）。

　無防備地区に対する攻撃の禁止は、慣習国際法の一つと考えられている（ICRC 慣習法：規則 37）。

(2) 非武装地帯

非武装地帯 (demilitarized zones: DMZ) は、紛争当事者の合意によって設定され、その地帯への軍事行動の拡大は禁止される (API：60条(1))。

非武装地帯合意の対象となる地帯は、通常は無防備地区と同様の4つの条件を満たすものであるが、それらの条件とは異なる合意も可能である (API：60条(3))。合意に際しては、合意する標章によって非武装地帯を表示することとされる (API：60条(5))。

いったん合意が成立すれば、戦闘が非武装地帯付近に迫っても、非武装地帯の軍事利用や一方的取消しは認められない (API：60条(6))。一方に重大な違反があれば、他方は合意による義務は免除され、非武装地帯はその地位を失う (API：60条(7))。

紛争当事者の合意に基づく非武装地帯に対する攻撃の禁止は、慣習国際法の一つと考えられている (ICRC慣習法：規則36)。

1.6 攻撃対象に関わる戦争犯罪

以上の攻撃対象に関する規制は、一定の場合には、戦争犯罪という形で禁止されている場合がある。ICC規程は、一定の対象に対する故意の攻撃を、国際的武力紛争に適用される法規及び慣例に違反する戦争犯罪としている。

その対象には、文民、軍事目標以外の物(民用物)、人道的援助・平和維持活動、防衛されていない地域や建物、宗教・教育・芸術・科学・慈善のための建物、歴史的建造物、病院、傷病者収容所、「人間の盾」としての文民等の利用、特殊標章を使用する建物・物品・医療活動への攻撃などが含まれる (ICC規程：8条(2)(b)(i)-(iii)(v)(ix)(xxiii)(xxiv))。また、自然環境に対して広範、長期的かつ深刻な損害を与える攻撃は、軍事的利益に比して明らかに過度となることを認識してなされた場合に戦争犯罪となる (ICC規程：8条(2)(b)(iv))。

1.7 非国際的武力紛争における攻撃対象

非国際的武力紛争に関するジュネーブ諸条約共通3条や第2追加議定書に

おける攻撃対象の規制は、国際的武力紛争に関する第 1 追加議定書に比べれ
ば、はるかに部分的なものである。共通 3 条には、攻撃対象に関する規制は
ない。第 2 追加議定書においては、攻撃対象とすることが禁止されるものと
して、医療活動（APII：11 条(1)）、文民たる住民と個々の文民（APII：13 条(2)）、
文民たる住民の生存に不可欠な物（APII：14 条）、危険な力を内蔵する工作物・
施設（APII：15 条）、文化財・礼拝所（APII：16 条）についての比較的簡単な規
定がおかれている。

　また、ICC 規程は、一定の対象に対する故意の攻撃を、非国際的武力紛争
に適用される法規及び慣例に違反する戦争犯罪としている。その対象には、
文民、特殊標章を用いた建物・物品・医療活動、人道的援助・平和維持活動、
宗教・教育・芸術・科学・慈善のための建物、歴史的建造物、病院、傷病者
収容所などへの攻撃などが含まれる（ICC 規程：8 条(2)(e)(i)-(iv)）。

　ICTY や ICTR の判断や研究者の見解によれば、攻撃対象に関して国際的
武力紛争に適用される法と非国際的武力紛争に適用される法との間の格差は
縮まっているとされ、区別原則や均衡原則、無差別攻撃の禁止や予防などの
基本的な原則は、共通 3 条や第 2 追加議定書に明文はなくとも、慣習国際法
として同様に適用されると考えられるようになっている。

　例えば、文民たる住民や民用物（ICRC 慣習法：規則 1）、無差別攻撃（同：規
則 11）、文化財・礼拝所（同：規則 38）、特殊標章を示した医療・宗教のため
の要員や物資（同：規則 30）、文民たる住民の生存に不可欠な物（同：規則 54）、
無防備地区（同：規則 37）、合意に基づく非武装地帯（同：規則 36）に対する攻
撃は、非国際的武力紛争においても禁止される。また、非国際的武力紛争に
おいても、絶対的な軍事的必要性のない場合の自然環境の破壊は禁止され
（同：規則 43）、危険な力を内蔵する工作物・施設は、軍事目標として攻撃さ
れる場合にも、文民たる住民への被害を避けるために特別の注意が払われな
ければならず（同：規則 42）、

　人道的救援のための要員と物資は、尊重され、保護されるべきものとされ
る（同：規則 31、32）。

2. 戦闘の方法及び手段

2.1　戦闘の方法及び手段に関する武力紛争法

　戦闘の方法及び手段に関する規則も、攻撃対象の場合と並んで武力紛争法の核心であり、均衡性や人道性など武力紛争法の諸原則を体現するものである。攻撃対象の場合と同様に、かつては敵を屈服させるためにその方法や手段を選ばないことが最も効果的であるという考え方は、有力な軍事思想であった。しかし、すでに触れたようにサンクト・ペテルブルク宣言やハーグ諸条約を通じて、「能力を失った者の苦痛を無用に増大させまたはその志望を不可避なものとする武器の使用によって過剰なものとなる」(同宣言前文)や「不必要の苦痛を与ふへき兵器、投射物其の他の物質を使用」を禁止する(HR：23条(e))という考え方が、武力紛争法において支配的となっていった。

　戦闘の方法及び手段という概念は、第1追加議定書において用いられているが、戦闘の「方法」(means)とは、一般に戦闘に用いられる兵器や兵器システムを意味し、戦闘の「手段」(methods)とは、そうした兵器が用いられる方法や敵対行為を行う戦術や戦略を意味している。戦闘の方法に対する規制は、数多くの個別兵器に対する規制も含んでいるが、個別兵器の問題は、「特定の兵器の禁止」(本章の3)で扱う。

2.2　戦闘の方法及び手段における基本原則

　第1追加議定書が戦闘の方法及び手段における基本原則として規定するのは、次の3つである(API：35条)。

　　①いかなる武力紛争においても、戦闘の方法及び手段を選ぶ権利は無制限ではないこと。

　　②過度の傷害や無用の苦痛を与える兵器等や戦闘の方法を用いることは禁止されること。

　　③自然環境に対して広範、長期的かつ深刻な損害を与えることを目的とし、また与えることが予測される戦闘の方法及び手段は禁止されること。

　過度の傷害や無用の苦痛を与える兵器等や戦闘の方法の禁止は、ICJ の

核兵器に関する勧告的意見においても確認されており (1996 年 7 月 8 日 78 項)、慣習国際法の一つであると考えられている (ICRC 慣習法：規則 70)。特に②の過度の傷害や無用の苦痛の禁止は、後に述べる兵器に関する多くの条約の核心となっている。

2.3 基本原則から派生する義務

第 1 追加議定書は、以上の基本原則から発生する、戦闘の方法及び手段に関するいくつかの義務を定めている。それらは、すでに攻撃対象において説明した無差別攻撃の禁止と予防措置、そして新たな兵器、方法・手段を採用する際の義務である。

第 1 に、すでに触れた攻撃対象に関する無差別攻撃の禁止の中に、戦闘の方法・手段に関わるものも含まれている。それは、特定の軍事目標のみを対象とすることのできない戦闘の方法・手段と、第 1 追加議定書が定める限度を超える影響を及ぼす戦闘の方法・手段が、無差別攻撃として禁止されていることである (API：51 条 (4) (b) (c))。また、同じく無差別攻撃の禁止の具体例の一つとして挙げられている、予期される具体的かつ直接的な軍事的利益との比較において、巻き添えによる文民の死亡・傷害、民用物の損傷、それらの複合した事態を過度に引き起こすことが予測される攻撃も禁止されている (API：51 条 (5) (b))。

なお、基本原則を含む以上の規則の中で、均衡の原則に関する規制には、過度 (superfluous)、無用 (unnecessary)、限度を超える (excessive) といった、評価に関わる概念が用いられている。そうした評価は、特定の兵器や戦闘手段によって被る被害や苦痛が人や状況によって異なる以上、特定の戦闘の方法・手段がもたらす被害や苦痛の医学的評価のみによって、一律に行うことは困難である (API 注釈：1428 項、1429 項参照)。そのためそうした評価は、無差別攻撃の禁止の具体例の一つに示されているように、達成しようとする軍事的利益との関係で判断される、相対的な均衡性の判断によることになる。そうした判断において考慮されるのは、文民の所在場所 (軍事目標の中または近辺)、地勢 (山崩れや洪水の可能性)、使用兵器の正確性、気象条件 (視界や風など)、

軍事目標の性質（弾薬庫、燃料貯蔵庫など）、戦闘員の熟練度などである（API 注釈：2212 項）。

　第2に、これも攻撃対象の項で触れたように、攻撃の手段・方法の選択においては、文民・民用物への被害を防止し、または最小限に留めるための予防措置を取ることが義務づけられている（API：57 条 (2) (a) (ii)）。

　第3に、第1追加議定書は、新たな兵器や戦闘の手段・方法を研究・開発・取得・採用するに際して、締約国に、同議定書や他の国際法により課せられた義務によって禁止されたものであるかどうかを決定する義務を課している（API：36 条）。決定を行う義務は、その前提として、新たな兵器や戦闘の手段・方法がもたらす効果を評価して、国際法上の義務に違反するものであるかどうかを検討する義務を含んでいる。その国際法上の義務とは、区別原則や無差別攻撃の禁止、軍事的必要性、均衡性、人道性などの諸原則などである。その場合に求められる評価と決定は、新たな兵器や戦闘の手段・方法が濫用されうるすべての可能性を予見すべきことを求めているわけではなく、想定された通常の使用に基づいて予測される効果についてなされるべきものと考えられている（API 注釈：1469 項）。

　この評価・決定の義務は、それ自体は、特定の兵器や戦闘の方法・手段を禁止するものではない。しかしこの義務は、締約国に責任ある評価と決定を促すことになり、それによって、既存の国際法によって禁止されていないという理由のみによる新たな兵器や戦闘の手段・方法を用いることを、抑制することになる。

2.4　戦闘の手段に関する特別の規則

　第1追加議定書では、いくつかの戦闘手段を具体的に禁止している。それらの戦闘手段には、「助命なし」、背信行為、包囲戦等、略奪その他がある。

2.4.1　「助命なし」

　戦闘の手段としての「助命なし」（no quarter）は、敵に降伏の機会を与えることを拒否するもので、ハーグ陸戦規則（23 条 (d)）において早くから禁止さ

れていた。第 1 追加議定書は、生存者を残さないよう命令すること、そのような命令で敵を威嚇すること、そのような方針で敵対行為を行うことを禁止している。(API：40条)。この禁止は、慣習国際法の一つと考えられている(ICRC 慣習法：規則 46)。

　同様に降伏の機会を保障するためのものとして、遭難航空機から降下中の落下傘降下者を攻撃目標とすることは禁止され(API：42条(1))、この禁止も慣習国際法の一つと考えられている (ICRC 慣習法：規則 48)。この規定は、1923 年空戦のハーグ規則 (20条) に由来するものであり、降下中は「戦闘外に置かれた者」となることがその理由である。そのため、ひとたび着地すれば、敵対行為が可能となるため攻撃の対象となる。しかし、敵対行為を行っていることが明白でない限り、攻撃の対象とされる前に投降の機会を与えなければならない(API：42条(2))。他方で攻撃のために戦闘員を航空機から降下させる空挺部隊の場合には、その降下自体が戦闘行為の一環である。そのため、空挺部隊の場合には、この禁止と保護は、たとえ航空機が遭難する場合でも適用されない(API：42条(3))。

2.4.2　背信行為

　背信行為(perfidy) による敵の殺傷は、ハーグ陸戦規則 (23条(b)) において、早くから禁止されていた。背信行為とは、第 1 追加議定書において、保護を受ける権利や保護を与える義務について敵の誤信を誘い、敵の信頼を裏切る意図をもって行われる行為と定義される。そして、敵を背信行為により殺傷し、また捕らえることは禁止される (API：37条(1))。背信行為を用いて敵を殺傷・捕捉する行為の禁止は、慣習国際法の一つと考えられている(ICRC 慣習法：規則 65)。

　第 1 追加議定書は、背信行為の具体例として、(a) 休戦旗を掲げて交渉の意図・投降を装う、(b) 負傷・疾病による無能力を装う、(c) 文民・非戦闘員の地位を装う、(d) 国際連合・中立国などの国の標章・制服を使用して保護されている地位を装う、などの行為を挙げている (API：37条(1))。これらの具体例は限定的なものではなく、不正使用が禁止されている赤十字や文化

財の保護標章 (API：38条) や敵国の国旗等 (API：39条) についても背信行為が
成立すると考えられる。他方で戦闘員が、文民と区別することができない状
況にある場合には、武器を公然と携行すれば戦闘員としての地位を保持する
ことはすでに述べたとおりであり (API：44条(3))、背信行為にはあたらない。

　背信行為と区別された、敵を欺くことや敵に無謀な行動をさせることを意
図する奇計 (ruse) は、保護に関して敵の信頼を誘うことがないため、背信行
為とはされず、禁止されていない (API：37条(2)、HR：24条、ICRC慣習法：規
則57)。そのような奇計の例としては、偽装、囮、陽動作戦、虚偽情報の使
用などが挙げられている (API：37条(2))。

2.4.3　包囲戦と文民を飢餓の状態に置くこと

　包囲戦 (siege warfare) とは、支援や供給を断つために集結した敵軍、要塞そ
の他の場所を包囲する戦争手段である。ジュネーブ第4条約は、包囲戦を行
うこと自体を禁止していないが、包囲された地域から保護された人々を避難
させ、救援要員や救援品を通過させるための現地協定締結の努力を交戦当事
者に義務づけている (GCIV：17条)。

　第1追加議定書も、包囲戦そのものを禁止していないが、後に述べる文民
保護の一環として、すでに攻撃対象の項で述べた文民たる住民の生存に不可
欠な物への攻撃の禁止 (API：54条(2)) とあわせて、「戦闘の方法として文民
を飢餓の状態に置くこと」を禁止している (API：54条(1))。

　文民の飢餓を戦闘の手段として用いることの禁止は、慣習国際法の一つと
考えられている (ICRC慣習法：規則53)。

2.4.4　略　奪

　戦闘における略奪 (pillage) の禁止は、リーバー法以来武力紛争法において長
らく確立してきた慣習国際法の一つと考えられている (ICRC慣習法：規則52)。

　第1追加議定書には、略奪に関する規定はない。しかし他の武力紛争法に
は、いくつかの文脈で略奪からの保護や略奪の禁止を定める規定がある。例
えば、傷病者の略奪からの保護 (GCI：15条、GCII：18条、GCIV：16条)、被保

護者である文民に対する略奪の禁止 (GCIV：33 条 (2))、都市その他の地域での略奪の禁止 (HR：28 条、47 条、APII：4 条 (2) (g)) などである。

2.4.5　その他の戦闘手段

　武力紛争法には、その他にも禁止または制限を受ける戦闘手段があり、それらにはすでに戦闘員の地位で述べた傭兵とスパイ、復仇などがある。

　傭兵は、戦闘員や捕虜となる資格を否定されており (API：47 条)、戦闘手段としての利用が事実上禁止されている。

　スパイは、諜報活動を行っている間に捕らえられた者は、原則として戦闘員や捕虜となる資格を認められないが、軍隊の制服を着用していた場合の諜報活動や自軍に復帰したスパイはそうした資格を失わずまたは回復する (API：46 条)。その意味では、スパイの使用という戦闘手段自体が禁止されているわけではないが、軍服の着用という制限を受ける。

　復仇とは、相手国の違法行為に対する国家の自力救済の措置であり、対抗するための違法行為も含めて相手国に損害を与えて、相手国に国際法の遵守を迫るというものである。武力紛争法においても、交戦当事者間で、相手方の違法行為に対抗する復仇は、自力救済による武力紛争法の執行として許される場合があるが、現在では自衛以外の武力を用いた復仇は認められていない。そして復仇に関する慣習国際法は、復仇が合法とされるために、①復仇は、敵の武力紛争法遵守を確保するための抗議その他の試みであること (目的)、②復仇は、他に手段がない場合の最終手段であり、事前に警告されるべきこと (最終手段性)、③復仇の措置は、止めさせようとする違反行為に対して均衡していること (均衡性)、④復仇の決定は、個々の戦闘員ではなく政府の最高レベルの権力が行うこと (最高責任者の決定)、⑤復仇は、敵が法にしたがった場合には中止すべきこと (中止)、という 5 つの条件を必要としている (ICRC 慣習法：規則 145)。

　また、攻撃対象でも触れたように、武力紛争法においては、復仇という戦闘手段が許されない場合が数多く規定されている。復仇が禁止される対象には、傷病難船者 (GCI：46 条、GCII：47 条)、捕虜 (GCIII：13 条 (3))、文民

と文民たる住民 (GCIV：33条(3)、API：51条(6))、一定の民用物 (API：52条)、文化財 (API：53条(c)、1954年ハーグ条約：4条(4))、自然環境 (API：55条(2))、危険な力を内蔵する工作物・施設 (API：56条(4))、文民たる住民の生存に不可欠な物 (API：54条(4)) などがある。

2.5　戦闘の方法及び手段に関わる戦争犯罪

以上に述べた、戦闘の方法及び手段における禁止行為は、その多くが、戦争犯罪に該当する。ICC規程は、一定の戦闘の方法及び手段 (特定の兵器の使用は後述) を、国際的武力紛争に適用される法規及び慣例に違反する戦争犯罪としている。そのような方法及び手段には、明らかに過度となる文民・民用物・自然環境に対する故意の攻撃、投降した戦闘員の殺傷、一定の背信行為による殺傷、助命なしの宣言、都市等における略奪、過度の傷害や無用の苦痛を与える兵器・本質的に無差別な兵器や戦闘の方法の使用、「人間の盾」としての文民等の利用、文民の生存に不可欠な物品のはく奪による飢餓状態の利用が含まれる (ICC規程：8条(2)(b)(iv)(vi)(vii)(xi)(xii)(xvi)(xx)(xxiii)(xxv))。

2.6　非国際的武力紛争における戦闘の方法及び手段

非国際的武力紛争に関する共通3条や第2追加議定書が、戦闘の方法及び手段について禁止または規制する例は多くない。共通3条は、戦闘の方法及び手段について何らの規定も持たず、第2追加議定書が規定するのは、「助命なし」の命令の禁止 (4条(1))、略奪の禁止 (4条(2)(g))、生存に不可欠な物品のはく奪によって文民を飢餓状態に置くことの禁止 (14条) などである。

しかし、すでに各所で触れたように戦闘の方法及び手段について、国際的武力紛争に関する第1追加議定書の規定の内容は、非国際的武力紛争にも適用される慣習国際法となっていると考えられている。例えば、過度の傷害や無用の苦痛を与える兵器等や戦闘の方法の禁止 (ICRC慣習法：規則70)、「助命なし」命令や遭難航空機からの降下者の攻撃の禁止 (同：規則46、48)、背信行為を用いて敵を殺傷・捕捉する行為の禁止 (同：規則65)、文民の飢餓を戦闘の手段として用いることの禁止 (同：規則53)、略奪の禁止 (同：規則52) な

どである。

　また、ICC 規程は、一定の戦闘の方法及び手段を、非国際的武力紛争に適用される法規及び慣例に違反する戦争犯罪としている。そうした戦闘の方法及び手段には、都市等における略奪、敵対戦闘員の背信的殺傷、「助命なし」宣言が含まれる (ICC 規程：8 条 (2) (e) (v) (ix) (x))。

3. 特定の兵器の禁止

　戦闘の手段・方法の規制は、軍事的必要性、均衡性、人道性などを理由に、特定の兵器を禁止し、または規制することによっても行われる。特定の兵器を禁止することは、一定の投射物の使用を禁止した 1868 年サンクト・ペテルブルク宣言以降、いくつかの兵器に対して行われてきた。そのような禁止や規制の対象となった兵器には、①炸薬弾・ダムダム弾、②化学兵器、③生物兵器、④通常兵器、⑤地雷、⑥クラスター弾、⑦核兵器などが含まれる。

　なお、特定の兵器の規制については、必ずしも国際的武力紛争と非国際的武力紛争とで区別されていない場合が多いことから、この項では、両者を併せて説明する。加えて、規制の必要性が主張されているものの、いまだ条約による規制に至っていない兵器などについても、論争中の兵器や戦争手段として説明する。それには、劣化ウラン弾、白リン弾、ドローンによる標的殺害、サイバー攻撃が含まれる。

3.1　炸薬弾・ダムダム弾

　初期の兵器の禁止に関する条約は、投射物 (projectiles) に関するものであった。1868 年サンクト・ペテルブルク宣言は、陸戦・海戦において 400 グラム未満の爆発性・雷酸性・可燃性の投射物 (炸薬弾) を禁止するものであった。ただし、その後の慣習国際法のもとでは、そうした炸裂弾の対人の使用は禁止されているが、対物の使用は禁止されていない (ICRC 慣習法：規則 78)。

　また、1899 年の「外包硬固ナル弾丸ニシテ其ノ外包中心ノ全部ヲ蓋包セス若ハ其ノ外包ニ截刻ヲ施シタルモノノ如キ人体内ニ入テ容易ニ開展シ又ハ扁平

ト為ルヘキ弾丸ノ使用ヲ各自ニ禁止スル宣言書」(1899 年ハーグ・ダムダム弾宣言)
は、人体内で容易に展開し・扁平となる弾丸 (ダムダム弾) を禁止した。ダムダ
ム弾は、体外に出ることなく組織や骨に重大な損傷を与えるためである。

　ダムダム弾の禁止は、国際的・非国際的武力紛争における慣習国際法であ
ると考えられている (ICRC 慣習法：規則 77)。

3.2　化学兵器

　化学兵器については、はやくも 1899 年の「窒息性または有毒性ガスを散布
する投射物に関するハーグ宣言」(1899 年ハーグ・ガス宣言) が、もっぱら窒息
性・有害ガスの散布を目的とする投射物の使用を自制する義務を課していた。
1925 年には、「窒息性の、毒性又はその他のガス、及び細菌性の戦闘手段の
戦時の使用の禁止に関する議定書」(1925 年ジュネーブ・ガス議定書) が、有毒
ガスについて使用の禁止を含む包括的な規制を行った。

　近時になって、1993 年に「化学兵器の開発、生産、貯蔵及び使用の禁止並
びに廃棄に関する条約」(化学兵器禁止条約：CWC) が採択され、化学兵器の開発・
生産・貯蔵・使用・直接間接の移譲・援助・奨励・勧誘などを禁止し、自国
内・遺棄した他国内の化学兵器の廃棄を義務づけた (1 条)。対象となる武力
紛争に、国際的・非国際的武力紛争の区別はないが、国内の暴動鎮圧のため
の使用は禁止されていない (1 条 (5))。

　化学兵器の禁止は国際的・非国際的武力紛争を通じて慣習国際法と考えら
れている (ICRC 慣習法：規則 74)。

3.3　生物兵器

　細菌性の戦闘手段である生物兵器の使用は、前述の 1925 年ジュネーブ・
ガス議定書によって化学兵器と一緒に禁止されていた。しかし、次第に生物
兵器を化学兵器から区別して規制する必要性が認識されるようになり、1972
年に「細菌兵器 (生物兵器) 及び毒素兵器の開発 , 生産及び貯蔵の禁止並びに廃
棄に関する条約」(生物兵器禁止条約：BWC) が採択された。

　生物兵器禁止条約は、使用の禁止は所与のものとされた上で (前文)、生物

兵器の開発・生産・貯蔵・直接間接の移譲・援助・奨励・勧誘などを禁止し (1条、3条)、自国内の微生物剤等の廃棄や平和利用を義務づけている (2条)。国際的・非国際的武力紛争の区別はない。

　生物兵器の禁止は国際的・非国際的武力紛争を通じて慣習国際法と考えられている (ICRC 慣習法：規則 73)。

3.4　通常兵器

　非人道的な効果を有する特定の通常兵器の使用の禁止や制限については、1977 年追加議定書の採択過程においても検討されたが、結論が出なかった。その後、1980 年にいたって「特定の通常兵器に関する条約」(特定通常兵器使用禁止制限条約：CCW) が採択された。この条約本体は、通常兵器の規制の手続などの基本的事項を定めるにとどまり、個別の兵器は、5 つの附属する議定書によって規制されている。

　議定書にの対象とされているのは、①検出不可能な破片を利用する兵器 (議定書 I)、②地雷、ブービートラップ等 (議定書 II)、③焼夷兵器 (議定書 III)、④失明をもたらすレーザー兵器 (議定書 IV)、⑤爆発性戦争残存物 (議定書 V) である。

　この条約及び附属の議定書は、国際的・非国際的武力紛争のいずれにも適用される (1条)。

　①検出不可能な破片を利用する兵器 (議定書 I)

　　プラスチックやガラスなど、X 戦による検出不可能な破片によって傷害を与えることを第一義的な効果とする兵器は、効果的な医療措置を不可能とし、無用な苦痛を与える。そのため議定書 I は、そのような兵器の使用を、全面的に禁止している。

　　検出不可能な破片を利用する兵器の使用の禁止は、国際的・非国際的武力紛争を通じての慣習国際法とされている (ICRC 慣習法：規則 79)。

　②地雷、ブービートラップ等 (議定書 II)

　　議定書 II は、地雷、ブービートラップ (人が無害に見える物に接触・接近すると不意に作用して殺害・傷害するように作られた装置)、他の類似の装置

について、使用を一般的に禁止するわけではないが、文民に対する使用
や無差別な使用を禁止し、その他の制限を定めている。

　国際的・非国際的武力紛争を通じての慣習国際法は、国際人道法のも
とで特別の保護を受ける物や人に結びつけられた、または市民を引きつ
けやすいブービートラップを禁止している（ICRC慣習法：規則80）。他方
で地雷については、無差別な効果を減じるための注意などの条件が付さ
れているものの、それ自体の使用は禁止されていない（同：規則81-83）。

　なお、対人地雷については、後に述べる新しい条約が採択されている。

③焼夷兵器（議定書Ⅲ）

　議定書Ⅲは、ナパーム弾等の焼夷兵器（incendiary weapons）を用いて、文
民、民用物、人口周密地域にある軍事目標を攻撃対象とすることを禁止
しているが、戦闘員に対する使用を明示には禁止していない。

　国際的・非国際的武力紛争を通じての慣習国際法は、焼夷兵器につい
て対人使用の原則禁止や文民や民用物への被害を最小化する注意など条
件が付されているものの、それ自体の使用は禁止されていない（同：規
則84、85）。

④失明をもたらすレーザー兵器（議定書Ⅳ）

　議定書Ⅳは、永久に失明をもたらすように特に設計されたレーザー兵
器の使用及び移譲を禁止している。他方で、レーザー使用の副次的効果
で失明をもたらすもの（距離測定器や照準器）や、一時的な失明状態をも
たらすもの（閃光発音筒など）は禁止されていない。

　失明をもたらすレーザー兵器の使用禁止は、国際的・非国際的武力紛
争を通じて慣習国際法の一つであると考えられている（ICRC慣習法：規
則86）。

⑤爆発性戦争残存物（議定書Ⅴ）

　爆発性戦争残存物（Explosive Remnants of War: ERW）とは、爆発せずに残
存するクラスター弾や地雷などである。議定書は、それらの兵器の使用
を禁止するわけではなく、主に不発弾等の危険を最小化するために、紛
争後の対応措置や、不発弾の発生を最小化するための技術的予防措置を

規定している。

3.5　環境破壊兵器

　特定の兵器の使用が環境や生態系の破壊をもたらすことに対する規制の必要性は、ベトナム戦争での枯れ葉剤や雨期の長期化を目的とする人工降雨作戦などにより、国際世論の中で求められるようになった。そのため 1976 年の国連総会で、「環境改変技術の軍事的使用その他の敵対的使用の禁止に関する条約」(環境破壊兵器禁止条約：ENMOD) が採択された。

　環境破壊兵器禁止条約は、生物相・岩石圏・水圏・気圏を含む地球と宇宙空間の構造、組成又は運動に、自然の作用を意図的に操作することにより変更を加えるあらゆる技術を、環境改変技術と定義する (2 条)。その上でこの条約は、「広範な、長期的な又は深刻な効果をもたらすような」、環境改変技術の軍事的使用その他の敵対的使用を禁止した (1 条)。ただし、環境改変技術の開発や使用準備自体は禁止されていない。

　自然環境については、前述したように第 1 追加議定書も、自然環境に対する広範、長期的かつ深刻な損害について、注意義務を課し、戦闘の方法及び手段を規制している (API：35 条 (3)、55 条)。そして、第 1 追加議定書が主に自然環境に及ぼす結果の観点からの規制であるのに対し、環境破壊兵器禁止条約は、環境改変技術の軍事的使用という観点からの規制である。前者がすでに慣習国際法の一部であると考えられるのに対し、環境破壊兵器禁止条約の規制する内容が慣習国際法となっているかどうかは明らかではないとされる (ICRC 慣習法：規則 45 の注釈参照)。

3.6　地　雷

　対人地雷については、上記の CCW 議定書 II で一定の規制がなされていた。しかし、対人地雷は、内戦を含む武力紛争において紛争中のみならず紛争後においても、長期にわたって、子どもを含む多くの市民を殺傷し障害を負わせ、復興や経済発展を阻害し、避難民の帰還を妨げてきた。そのため国際社会においては、対人地雷の使用などを明確に禁止する条約の必要性が認識さ

れるようになった。その結果として採択されたのが、1997年の「対人地雷の使用、貯蔵、生産及び移譲の禁止並びに廃棄に関する条約」(対人地雷禁止条約：オタワ条約)である。

　この条約は、国際的・非国際的武力紛争に適用され、対人地雷の使用・開発・生産・取得・貯蔵・保有・移譲、それらの行為の援助・奨励・勧誘を包括的に禁止し、保有するすべての対人地雷を廃棄する義務が課される(1条)。他方でこの条約は、対人地雷のみを対象とし、対車地雷は、禁止や制限の対象としていない。

　対人地雷禁止条約は大多数の国連加盟国によって受け入れられているものの、アメリカ、ロシア、中国などいくつかの国は、この条約を批准せず、対人地雷を保持できるとの立場をとり、実際にも近時の紛争において使用している。そのため現時点では、対人地雷の禁止が慣習国際法の一つとなっているとは言えない状況にある(ICRC慣習法：規則81の注釈参照)。

3.7　クラスター弾

　クラスター弾は、その子弾が広範に渡って散布されるように設計された弾薬である。クラスター弾は、広範囲に点在する標的の攻撃に効果的であるとされるが、他方でクラスター弾は、広範囲の標的範囲のために、一般市民に重大な被害を及ぼしてきた。また、子弾は自動的破壊・解除の機能がないため、爆発せずに残存する場合には、対人地雷と同じような被害をもたらすことになる。クラスター弾は、CCWの議定書Vで対象とされたが、同議定書は、クラスター弾そのものを禁止しているわけではなかった。

　2008年に採択された「クラスター弾に関する条約」(オスロ条約)は、対人地雷禁止条約のように、その使用・開発・生産・取得・貯蔵・保有・移譲、それらの行為の援助・奨励・勧誘を禁止する(1条)。併せて、貯蔵されているクラスター弾の廃棄のための措置や国際的協力・援助が義務づけられる(3条、4条)。

　慣習国際法は無差別攻撃を禁止し、クラスター弾の使用はそうした効果を持つ兵器として議論されているが(ICRC慣習法：規則12、規則71の注釈参照)、クラスター弾使用自体の禁止は、慣習国際法として確認されていない。

3.8　核兵器

　核兵器は、核分裂兵器(原子爆弾)と核融合兵器(水素爆弾)とから成り、爆発すれば大量かつ瞬時にエネルギーを放出して、爆風・衝撃、熱放射、電磁波、放射線によって人と物に大量かつ重大な傷害と損害を与える。また、残存する放射能は、長期にわたって、人体や自然環境に重大な影響を与え続ける。

　現在国連のほぼすべての加盟国が参加する 1968 年の「核兵器の不拡散に関する条約」(核不拡散条約：NPT) は、国連常任理事国である 5 カ国を核兵器国として核兵器の保有を前提とし、それ以外の国への核兵器の拡散を防止することによって核兵器を管理するが、核兵器自体を禁止するものではなかった。他方で、ICJ の核兵器に関する勧告的意見(1996 年 7 月 8 日) は、核兵器についても国際人道法が適用されることを認めた上で、以下のように、核兵器の使用は一般的には武力紛争法に違反するが、自衛のための極端な状況での使用については、結論を出せないと判断した。

　　　「上記の諸要件から導き出されるのは、核兵器による威嚇またはその行使は、一般的に (generally)、武力紛争に適用される国際法の諸規則に、特に人道法の諸原則と諸規則に違反するであろうということである。

　　　しかしながら、国際法の現状と考慮可能な事実の諸要素とにかんがみて、裁判所は、国家の生存そのものが問題となるような極端な (extreme) 自衛の状況において、核兵器による威嚇またはその行使が合法であるか違法であるかについて、明確に結論を出すことはできない。」(105 項 (2) E)。

　その後、2017 年になって、「核兵器の禁止に関する条約」(核兵器禁止条約) が採択された。この条約は、核兵器その他の核爆発装置の開発・実験・生産・製造・取得・占有・貯蔵・保有・移譲・受領・使用・威嚇、それらの行為の援助・奨励・勧誘を全面的に禁止している (1 条)。核兵器禁止条約は、核保有国や先進国の多くが参加しない状況が続いているが、2020 年、効力発生に必要な参加国数(50 ヵ国) を達成し、2021 年に効力を発生した。

3.9　特定兵器の禁止に関わる戦争犯罪

　以上に述べた、個々の条約によってその使用が禁止された兵器の中には、

武力紛争における使用が戦争犯罪とされているものがある。ICC規程は、以下の兵器の使用を、国際的及び非国際的武力紛争における法規及び慣例違反の戦争犯罪としている。

- ダムダム弾 (ICC規程：8条 (2) (b) (xix)、8条 (2) (e) (xv) ─2010年改正)。
- 有毒兵器 (毒物・毒を施した兵器) 及びガス兵器 (窒息性ガス、毒ガス、それらに類するガス、類似の液体・物質・考案物) (同：8条 (2) (b) (xvii) (xviii)、8条 (2) (e) (xiii) (xiv) ─2010年改正)。
- 生物兵器 (微生物・生物・毒素を用いる兵器) (同：8条 (2) (b) (xxvii)、8条 (2) (e) (xvi) ─いずれも2017年改正)。
- 検出不可能な破片を利用する兵器 (同：8条 (2) (b) (xxviii)、8条 (2) (e) (xvii) ─いずれも2017年改正)。
- 失明をもたらすレーザー兵器 (同：8条 (2) (b) (xxix)、8条 (2) (e) (xviii) ─いずれも2017年改正)。

また、自然環境に関しては、「攻撃対象に関わる戦争犯罪」(1.6) で述べたように、均衡性を欠いて自然環境に対して広範、長期的かつ深刻な損害を与える攻撃は、国際的武力紛争における戦争犯罪とされている (同：8条 (2) (b) (iv))。

3.10　論争中の兵器や戦争手段

　一定の兵器や戦闘手段については、明確に禁止や制限をする条約が存在せず、あるいは武力紛争法の中でも引き続きその合法性について議論がなされているものがある。兵器については、①劣化ウラン弾、②白リン弾などであり、戦闘手段については、③ドローンによる標的殺害、④サイバー攻撃などである。

3.10.1　劣化ウラン弾

　劣化ウラン (depleted uranium) は、ウラン濃縮過程で生じる副産物であり、放射性は軽度だが、きわめて強固で耐久力に優れている。そのため、劣化ウランを用いた砲弾は装甲貫通力が高く、アメリカ軍やイギリス軍によって1990年台の湾岸戦争や旧ユーゴ紛争以来広く使用されるようになった。他

方で、劣化ウラン弾が用いられた地域やその地域に従軍した兵士の間に、ガン発生率の増加や虚脱症状が報告されるようになり、劣化ウラン弾によって放出された物質の放射能が原因ではないかとの主張がされている。

しかし、劣化ウラン弾が放出する放射能と被害症状との因果関係については争いがあり、核兵器や毒性兵器にも分類されず、それを個別に禁止する条約や規則は存在しない。

3.10.2　白リン弾

白リン (white phosphorus) は、燃焼性が高く、また燃焼により透過性の悪い煙を発生させることから、手榴弾、砲弾、爆弾、照明弾、煙幕弾などで利用される。兵器として使用される場合、広範な地域に白リンで覆われた物質をまき散らすが、人体に付着した場合には、燃焼は酸素供給がなくなる人体の深層に至るまで止まらず、また、吸入された場合の内部臓器にとっての有毒性が報告されている。

白リン弾は、対人使用など、その使用の方法と意図によっては、過度な傷害や無用の苦痛となり、あるいは無差別な効果を持つ場合もあるが、それを個別に禁止する条約や規則は存在しない。

3.10.3　ドローンによる標的殺害

ドローンあるいは無人航空機 (UAVs) は、操縦する者が攻撃対象とされることなく、攻撃現場から数千キロ離れた場所での操縦によって、上空から標的に対しミサイルを発射することを可能とする。ドローンは、これまでアメリカやイスラエルによって、標的殺害、すなわち必ずしも戦場ではない場所に存在する個人や集団を標的として殺傷する手段として用いられてきている。

標的殺害については、攻撃対象が敵対行為に参加しているのであれば、その殺害は武力紛争法に違反しないとの主張もある。しかし、実際に戦闘が行われていない遠方の場所を戦場と見なすことができず、あるいは区別することができない、操縦する者に危険が及ばない遠方からの操作は攻撃への心理的抵抗をなくしてしまう、標的やその範囲の決定には常に誤認の危険がある、

周囲にいる文民を区別できない点で本質的に無差別な攻撃である、などの反論がある。また、対テロリズムの作戦におけるドローンの使用は、軍隊の構成員ではない CIA 要員などによっても行われており、文民による攻撃は犯罪となる、逆に文民が敵対行為に直接参加すれば自らが攻撃の対象となるなどの問題も存在する。

3.10.4　サイバー攻撃

　現代においては、ほとんどのインフラが、コンピュータによって制御され、その制御は、インターネットを用いたサイバー空間を通じて行われている（サイバー行動）。そのサイバー行動が、敵の石油精製・パイプライン、航空管制、運輸・大都市電車運行、財務データ、配電網、軌道衛星などのインフラに対して、人の傷害や殺害、物の損壊を引き起こすことが合理的に予期される形で行われる場合、それはサイバー攻撃として武力紛争法に関わる行動となる。また、サイバー攻撃が通常攻撃との組合せで行われることもある。2007年にイスラエル軍の戦闘機がシリア国内の核施設を空爆によって破壊した際、イスラエル側がロシア製のシリア軍の防空システムを乗っ取っていたと報告されている（朝日新聞 2020 年 5 月 20 日）。

　そして武力紛争法を含む国際人道法は、「用いられる兵器にかかわらず、すべての武力の使用」に適用される（ICJ 核兵器勧告的意見 39 項）ことから、具体的なサイバー攻撃に対しては武力紛争法のもとでの可否が検討されることになる。

　サイバー攻撃については、国際法そのものではないが、「サイバー戦に適用可能な国際法に関するタリン・マニュアル　2.0」（2017 年）が公表されている。そのマニュアルによれば、サイバー攻撃は、上記のように人の傷害や殺害、物の損壊を引き起こすことが合理的に予期されるサイバー行動であると定義され、サイバー攻撃には、区別、均衡性、差別、過度の傷害・無用の苦痛の禁止、戦闘外に置かれた者・医療宗教要員・文化財・自然環境の保護に関する一般規則が適用されるとしている。他方で同マニュアルは、純粋にサイバー対サイバーの攻撃（デジタル資源への損害のみ）については、言及していない。

━━ コラム⑤：核兵器の違法性（国際司法裁判所1996年7月8日勧告的意見）

　1945年8月6日の広島への原爆投下の後、人類は、自らの滅亡という恐怖の下に置かれることとなった。東西冷戦下でのアメリカ・ソ連による核兵器の開発やミサイル配備の競争は、人類を数度にわたって消滅させることができる量の核兵器を地球上に生み出した。

　核兵器は、巨大な爆風と熱放射によって、人間を含めたすべてを無差別かつ広範囲に破壊する。さらには放射線が生物の細胞やDNAを破壊・損傷し、人体や環境に即時及び長期にわたる影響を及ぼす。核兵器の非人道性が明らかになっても、なお核兵器を持つ国が増え続けるのは、恐怖と相互不信に支えられた核抑止理論によるものである。すなわち核兵器の圧倒的な破壊力を保有すれば、他の国は報復を恐れて攻撃や核兵器の使用を思いとどまり、核戦争は回避されるという、逆転の論理である。しかし核抑止理論は、安全保障のジレンマ、自国の軍備増強は他国のさらなる軍備増強を促すという現実と競争の前で、際限のない核兵器を生み出していった。そうした競争にブレーキをかけるために、保有国の間で核兵器制限交渉や協定も行われてきた。1968年には、核拡散防止条約（NPT）が採択され、5大国（米・ソ・英・仏・中）以外の国々の核兵器保有を禁止し、核兵器流出を監視するシステムも設けられた。しかし、5大国の核兵器保有が前提とされている下で、核兵器競争は温存され、また闇ルートでの技術流出を止めることはできなかった。現在では、インド・パキスタン・イスラエル・北朝鮮なども公式・非公式に核兵器を保有する。

　核兵器はそもそも国際人道法に違反する兵器ではないかという問題意識は、1990年代に国際司法裁判所（ICJ）の判断を求める運動につながっていった。核兵器を持たない多数の国々の賛同の下で、世界保健機構（WHO）や国連総会は、ICJへの諮問を行う決議を採択した。ICJの審理では、日本政府も意見書を提出したが、それは核兵器の違法性を明言しないままNPTの拡充を求めるものにとどまった。他方で当時の広島市長や長崎市長は、ICJに証人として出廷し、被ばくの実態を含めた核兵器の違法性を訴えた。

　1996年に出されたICJの勧告的意見は、国連総会の諮問に対して、核兵器の合法性についての判断を示した。それは、核兵器の威嚇や行使が、国際人道法の諸原則（文民への無差別攻撃の禁止、過度の傷害や無用の苦痛を与える戦闘の方法手段の禁止、自然環境の保護など）に照らして、一般的に人道法の原則に違反すると述べた歴史的な判決であった。他方でICJは、国家の生存を危うくするような極限的な自衛の状況については、その違法性に対する明確な結論が出せないとして、その点の判断を留保した。

　核兵器に関するICJの勧告的意見は、国際社会では、核兵器廃絶に向けた大きな一歩として受け入れられた。そして、核兵器廃絶を求める声は、20年後の2017年に、核兵器禁止条約の採択へとつながった。日本政府は、この条約の交渉や採択には、参加しなかった。

第3章　武力紛争の犠牲者の保護

　武力紛争法は、すでに述べた一定の害敵手段を禁止し規制するというハーグ法に対して、1864年ジュネーブ条約以来、武力紛争の犠牲者を保護するための法としても発展してきた。その保護の対象は、陸戦の戦場において負傷し病を負った兵士の保護から始まり、次第に、海戦における傷病者や難船者、捕虜、そして文民とその対象を拡大してきた。そのことは、武力紛争における犠牲者の範囲が、戦闘員から一般住民に拡大化してきたことに対応するものである。

　それらの武力紛争の犠牲者の保護は、1949年ジュネーブ諸条約において体系的なものとなり、ハーグ法に対するジュネーブ法と称されるようになった。こうしたハーグ法とジュネーブ法は、同じ武力紛争の状況に攻撃する側と被害を受ける側からそれぞれアプローチするものであり、表裏の関係にある（藤田：127頁）。さらに、1977年の追加議定書は、害敵手段の規制を包括的に定めるとともに、武力紛争の犠牲者の保護についてもジュネーブ諸条約を補完する規定を定めている。

　以下では、ジュネーブ諸条約に従い、武力紛争の犠牲者を、傷病・難船者・医療活動、捕虜、文民の各類型と補充的な基本的保障に区別し、それぞれについて順次説明する。その上で、非国際的武力紛争における武力紛争の犠牲者の保護をまとめて説明する。

1. 傷病者・難船者・医療活動の保護

　武力紛争法の基本的な考え方は、戦闘に参加するものであっても、ひとたび戦闘外に置かれた者 (hors de combat) は、戦闘の恐怖から保護されるということである。武力紛争法の始まりと言うべき 1864 年ジュネーブ条約は、医療活動の中立性とそれへの尊重・保護を規定することを通じて、陸戦において傷ついた兵士の保護を目的していた。そのような保護は、海戦における難船者 (1899HCIII)、軍隊に附属する要員 (1906GC)、病者 (1929GC) などにも次第に拡大されていった。そして、傷者、病者及び難船者に関するジュネーブ諸条約 (GCI、GCII) を経て、第 1 追加議定書は、軍事であると文民であるとを問わず、すべての傷者、病者及び難船者に対する保護を規定するにいたった (API：8 条)。

　現在においてこれらの規定は、①傷者、病者及び難船者の看護、②死者・行方不明者の扱い、③医療活動の保護について定めている。その保護は、紛争当事国の間で結ばれる特別協定によって拡大することもできる (GCI：6 条、GCII：6 条)。また他のジュネーブ諸条約と同様に、傷病者・難船者・医療活動 (衛生要員・宗教要員) が自らに与えられる条約や協定上の権利を、放棄することはできない (GCI：7 条、GCII：7 条)。

1.1　傷者、病者及び難船者の看護

　傷者、病者及び難船者の意味するところについて、ジュネーブ諸条約に定義は存在しない。それは、いかなる定義も解釈が乱用されて制限的になることを怖れたためであった。ただし、傷病者の保護に関するジュネーブ第 1 条約と、海戦における傷病者・難船者に関するジュネーブ第 2 条約は、それらの条約が適用される者の類型を定めている (GCI：13 条、GCII：13 条)。それらの類型は、すでに戦闘員の資格や捕虜の資格の項で説明したように、軍隊の構成員 (非戦闘員を含む)、民兵隊や義勇隊の構成員や民衆蜂起の参加者で一定の条件を満たす場合と、軍隊の構成員ではないが軍隊に随伴する者や商船や民間航空機の乗組員などである。それらの傷者、病者及び難船者は、捕

虜の資格を得た時点で、次に述べる捕虜に関する保護が適用され（GCI：14条、GCII：16条）、また回復して戦闘員としての任務に戻った時点で、傷者、病者及び難船者としての保護を離れて再び攻撃対象となる。

　傷者、病者及び難船者に認められる保護や看護の内容について、ジュネーブ諸条約や第1追加議定書は、多くの規定を置いていない。ジュネーブ諸条約が定める保護の措置は、以下のようなものである。

　①保護及び看護（GCI：12条、GCII：12条）

　　　傷者、病者及び難船者はすべての場合において尊重・保護されるという原則の下に、差別のない人道的待遇と看護を受ける。生命・身体への暴行（特に殺害・みな殺し・拷問・生物学的実験）、治療・看護をしない故意の遺棄、伝染・感染の危険にさらすことは禁止される。女性に対しては、払われるべきすべての考慮をもった待遇を与える。治療順序の優先（トリアージ）は、緊急の医療上の理由がある場合に限られる。なお、陸戦の場合には、傷病者を敵側に遺棄する場合に原則として衛生要員や衛生材料を残すべきことが追加されている。

　②捕虜の身分（GCI：14条、GCII：16条）

　　　傷者、病者及び難船者は、敵の権力内に陥った場合には捕虜となり、捕虜としての待遇を受ける。

　③死傷者の捜索、収容（GCI：15条、GCII：18条）

　　　交戦後に、紛争当事国は、傷者、病者及び難船者の捜索と収容を行い、りゃく奪・虐待からの保護と十分な看護を提供する。

　④記録及び情報の送付（GCI：16条、GCII：19条）

　　　紛争当事国は、その権力内に陥った傷者、病者及び難船者の識別情報を記録する。その情報は、捕虜情報局に送られる（GCIII：122条）。

　第1追加議定書は、傷者、病者及び難船者の範囲を拡大し、文民を含めてそれらの者を尊重・保護するとの規定を設けた（API：10条(1)）。また、保護の対象となる傷者及び病者、そして難船者についての定義が定められ（API：8条(a)(b)）、それによれば、傷者及び病者とは、「身体的又は精神的な疾患

又は障害のために治療又は看護を必要とし、かつ、いかなる敵対行為も差し控える者」とされ、治療看護の必要性と敵対行為に参加していないことが要件とされている。それらの傷病者には、産婦、新生児及び直ちに治療又は看護を必要とする者も含められている。また難船者は、船舶・航空機の被った危難の結果として、「海その他の水域において危険にさらされており、かつ、いかなる敵対行為も差し控える者」とされ、船舶・航空機の危難の存在と敵対行為に参加していないことが要件とされている。

　しかしこうした区別のない、傷者、病者及び難船者という概念の下で、第1追加議定書は、①差別のない医療上の看護・手当 (API：10条(2))、②身体の保護に関する詳細な規定 (API：11条) を定めている。

　その他、傷者、病者及び難船者に対する復仇は禁止され (GCI：46条、GCII：47条、API：20条)、また、傷病者・難船者に対する暴力は、ジュネーブ諸条約や第1追加議定書に対する重大な違反となる (GCI：50条、GCII：51条、API：85条)。

　傷者、病者及び難船者が、差別されることなく紛争当事者による捜索・収容・避難の措置や医療上の看護などを受け、虐待や略奪から保護されるための措置を受けることは、慣習国際法であると考えられている (ICRC慣習法：規則109-111)。

1.2　死者・行方不明者の扱い

　戦闘による死者の保護の規定は、1907年ハーグ条約の一つである「ジェネヴァ条約の原則を海戦に応用する条約」(16条、17条) に遡る。死者の保護に関する規定は、1949ジュネーブ諸条約や追加議定書にも存在している (GCI：15条-17条、GCII：18条-20条、GCIV：16条(2)、API：33条、34条、APII：8条)。

　ジュネーブ諸条約は、死者の保護に関して、紛争当事者に、次のような義務を課している。

　①死者の捜索と記録 (GCI：15条、16条、GCII：18条、19条)
　　　交戦後に、死者を捜索し、死者への略奪防止のための措置を取る。死

者の識別情報を記録し、死亡に関する書類を作成して、各種情報局を通じて死者の所属国に情報を伝達する。

②死者の埋葬と墳墓登録機関（GCI：17 条、GCII：19 条、20 条）

死者を適切な方法で埋葬し、後の識別・発掘・輸送が可能となるように墳墓登録機関を設置する。海上の死者の場合には、水葬されずに陸に移された場合に適用される。

死者に加えて第 1 追加議定書は、行方不明者を死者と併せて規定し、生死が不明である行方不明者についても、敵対する紛争当事者の間、行方不明者の報告、捜索、関連情報の伝達などが義務づけている（API：33 条 (3)）。それに関わる報告、要請、伝達は、ICRC などの救援機関を通じて行うこともできる。

また、武力紛争や占領に関連して死亡した者の遺体の扱いや近親者の要望についても、詳しい規定を設けている（API：34 条）。これらの新しい規定では、国際的人道団体の活動の承認と、近親者の運命についての家族の知る権利の促進が、一般原則として規定されている（API：32 条）。

戦闘の後に紛争当事者が、死者の捜索・収容・避難や略奪防止のためのすべての可能な措置を差別なしに取ること、死体損壊を行わないこと、遺体・遺品を親族に返還する努力を行うこと、情報を記録すること、敬意を持った埋葬を行って墓地を維持しマークすることは、慣習国際法であると考えられている（ICRC 慣習法：規則 112-116）。また、行方不明者についても紛争当事者は、その行方を説明するためのすべての可能な措置を取り、持っている情報を家族に伝えるものとされる（同：規則 117）。

1.3　医療活動の保護

傷者、病者及び難船者の保護や看護は、実際には、その看護を行う医療要員が安全に活動できなければ、行うことができない。同じように、病院などの施設、医療品、運搬手段が保護されなければ、行うことができない。そのため、武力紛争法は、それらの医療活動の保護について、多くの規定を定めている。

　また、同様の保護は、軍に従事する宗教要員にも認められている。併せて、医療活動がそのような保護を受けるために、特殊標章を用いて識別できるようにすることが求められている。

　なお、ジュネーブ諸条約は medical personnel に「衛生要員」の訳語を用いるが、第1追加議定書の訳語にならい「医療要員」とする。また、ここでは、医療に関わる要員、組織、輸送と輸送手段などを総称して、医療活動として説明する。

　医療活動に関しては、ジュネーブ諸条約や追加議定書においてさまざまな規定があるが、医療活動の保護の概要は、以下のようなものである。

①医療活動の尊重・保護

　医療要員、医療施設、医療物資、医療上の輸送手段は尊重・保護され、攻撃の対象としてはならない（GCI：19条、20条、24条-26条、33条、35条、GCII：22条-28条、36条、37条、API：12条、15条、21条、24条、APII：9条-11条(1)）。以上のうち、医療用輸送手段である、病院船や医療用船舶(水路)、医療用航空機(空路)については、それぞれの輸送手段に特有の条件が課されている（GCI：36条、37条、GCII：38条-40条、API：22条-31条）。

②医療活動の主体

　保護を受ける医療活動の主体には、紛争当事者、紛争当事者ではない国、赤十字社その他の国内的・国際的救援団体・人道団体が含まれる（GCI：24条-27条、GCII：22条-25条、API：8条(c)、APII：18条(1)）。文民たる住民も、傷者、病者及び難船者の収容や看護を行うことが許されている（API：17条、GCI：18条、APII：18条(1)）。

③医療活動を尊重する措置

　医療活動を行ったことを理由に処罰されない（API：16条、17条、APII：10条）。医療上の倫理などに反する行為は強要されず、また傷病者に関する情報の提供も原則として強要されない（API：16条(2)(3)、APII：10条(2)(3)）。占領下において、軍以外の医療組織は、原則として徴発の対象とならない（GCI：34条、API：14条）。また、そうした保護を受ける活動を

　　復仇の対象とすることは禁止される（GCI：46条、GCII：47条、API：20条）。
④任務逸脱とされる場合

　　　医療活動に対する保護は、医療施設が本来の任務から逸脱して敵に有
　　害な行為を行うために使用された場合、合理的な期限を定めた警告が発
　　せられたにもかかわらず無視された後は、消滅する（GCI：21条、GCII：34条、
　　API：13条(1)、APII：11条(2)）。ただし傷病者の防護のための軽量の武
　　器の所持・使用など、保護を剥奪する理由としてはならない場合も定め
　　られている（GCI：22条、GCII：35条、API：13条(2)）。

　　医療活動は、それが保護されるための共通の条件として。医療要員、医療
施設、医療物資、医療上の輸送手段を含めて、特殊標章を用いて識別できる
ようにすることが、義務づけられまたは勤めるべきものとされる（GCI：38条
-43条、GCII：41条-43条、GCIV：21条、22条、API：18条、APII：12条）。
　　特殊標章は、1864年ジュネーブ条約においては、白地に赤い十字を記す、
いわゆる「赤十字」のみであった。この赤十字は、1906年ジュネーブ条約では、
宗教的意味はないとされた（敬意を表すべきスイス連邦の国旗を逆にしたもの）
が、当時のオスマン帝国をはじめ、キリスト教を連想させる赤十字には反発
もあり、イスラム国家では、「赤新月」・「赤のライオン及び太陽」などが実
際上使用されていた。そのため、1929年ジュネーブ条約においては、それ
らも特殊標章の一つとして認められ、1949年ジュネーブ諸条約（GCI：38条な
ど）や追加議定書（API：8条(1)など）でも踏襲された。このうち、赤のライオ
ン及び太陽は1980年以降使用されておらず、実際に各国で用いられている
のは、赤十字と赤新月である。さらにキリスト教・イスラム教以外の国（イ
スラエルなど）からは別の特殊標章の提案が繰り返されてきたが、2005年第3
追加議定書（APIII）において、宗教に中立的な特殊標章として、「赤のクリス
タル」が追加された。よって、現在用いられている特殊標章は、「赤十字」、「赤
新月」、「赤のクリスタル」の3種類となる。
　　特殊標章は、平時の各国赤十字社・赤新月社による使用を除いて、医療
活動以外への使用は認められず、その濫用は禁止される（GCI：44条、53条、

赤十字、赤新月、赤のライオン及び太陽、赤のクリスタル（白地に赤）

GCII：44条、45条、API：18条(6)-(8)、APII：12条、AP Ⅲ：2条(3)、6条）。特殊標章を濫用して敵の信頼を裏切る行為は、背信行為として禁止され（API：37条(1)）、第1追加議定書に対する重大な違反行為（API：85条(3)(f)）となる。

　慣習国際法については、すでに述べた特殊標章を用いた医療活動や宗教要員への攻撃の禁止（ICRC慣習法：規則30）に加えて、医療活動や宗教要員が人道的任務を超えて敵に害悪を与えない限りあらゆる状況で保護されること、医療倫理に合致する医療活動への処罰やその倫理に反する医療活動の強制が禁止されることが慣習国際法となっていると考えられている（同：規則25-29）。

1.4　傷病者・難船者・医療活動に関わる戦争犯罪

　傷病者・難船者・医療活動に関わるジュネーブ諸条約の重大な違反は、戦争犯罪とされることが多い。

　ICC規程において、傷病者・難船者を含めてジュネーブ諸条約によって保護される者に対する、殺人、拷問・非人道的な待遇（生物学的な実験を含む）、身体・健康に対し故意に重い苦痛を与え・重大な傷害を加えることは、ジュネーブ諸条約に対する重大な違反行為として、戦争犯罪となる（ICC規程：8条(2)(a)(i)-(iii)）。また、死者の遺体の損壊は、武力紛争の法規及び慣例違反である個人の尊厳の侵害となる場合がある（ICC規程：8条(2)(b)(xxi)、(c)(ii)）。

　医療活動の保護に関しては、その特殊標章を濫用して敵の信頼を裏切る行為は、武力紛争の法規及び慣例違反とされる背信行為として戦争犯罪（ICC規程：8条(2)(b)(vii)）となる。

2. 捕虜の待遇

捕虜の待遇に関する規定は、ハーグ陸戦規則(HR：第2章)、1929年ジュネーブ条約などを通じて拡充され、ジュネーブ第3条約において詳細な規則が定められるにいたった。第3条約は、総則(第1編)、捕虜の一般的保護(第2編)、捕虜たる身分(第3編)、捕虜たる身分の終了(第4編)の4つの分野からなっている。

捕虜とは、基本的には敵の権力内に陥った戦闘員のことであるが、武力紛争法の下で捕虜の資格が戦闘員以外の者にも拡張されていることは、すでに戦闘員や捕虜の資格の項で述べたとおりである(GCIII：4条)。

捕虜を捕らえる目的は、敵対行為に参加したことへの処罰ではなく、再び敵対行為に参加することを防止することにある。そのため捕虜は、抑留につながるような個別的な理由なしに、また、抑留のための裁判などの手続無しに、抑留することが許される。その反面で、捕虜として抑留する場合には、一定の待遇を与えることが、抑留国に義務づけられる。

ジュネーブ第3条約における捕虜の待遇に関する規定はきわめて詳細なものである。それらは強力な国内機構を備えた国家による武力紛争を想定しているものであるが、第1追加議定書が民族解放闘争を含めるようになった現代の武力紛争については、紛争当事者にすべての義務を履行させることの困難さも指摘されている(藤田：151頁)。

2.1　捕虜が享受する権利

捕虜には、ジュネーブ第3条約と第1追加議定書のもとで、次のような分野のさまざまな権利が認められている(GCIII：第3編及び第4編、API：11条)。その権利は、紛争当事国の間で結ばれる特別協定によって拡大することもできる(GCIII：6条)。また他のジュネーブ諸条約と同様に、捕虜が自らに与えられる条約や協定上の権利を、放棄することはできない(GCIII：7条)。

①人道的待遇などを受ける基本的な保障(GCIII：13条-20条)

生命身体への危害、身体切断、人体実験、移植用の皮膚・臓器の除去、侮辱、拷問、医療拒否、衛生・娯楽の長期のはく奪、危険地帯への留置、男女を分離しない寝室など、各種の非人道的行為が禁止される。身体の保護については、第 1 追加議定書が、医療上の基準に適合しない医療上の措置の禁止について詳しい規定を定めている (API：11 条)。

②抑留中の待遇に関する保障 (GCIII：21 条 -68 条)

営舎、食事、被服、衛生・医療、士気、労働の条件・賃金・形態など。

③外部と通信し、外部からの援助 (救援物資・救援機関) を受けること (GCIII：69 条 -77 条)

家族との定期的な通信の許容、情報局が捕虜に関する情報を管理し、外部の問合せに答える責任、救援団体や利益保護国への便宜など。

④苦情・要請の申立て、刑罰や懲戒における裁判などの手続的保障 (GCIII：78 条 -108 条)

苦情・要請の申立権、捕虜代表の選出、独立公平な裁判・防御・不服申立、刑の衛生的・人道的執行などの権利の保障。

また、以上の捕虜の待遇を支えるために、抑留国には、捕虜に関する情報局の設置などが義務づけられ (GCIII：122 条 -124 条)、また、捕虜に援助を与える宗教団体や救援団体の活動に必要な便益を与えることなどが義務づけられる (GCIII：125 条)。救援団体については、特に ICRC の特別の地位を認めてそれを尊重すべきこととされる。

以上に加えて、第 1 追加議定書は、武力紛争法に違反する行為を行った戦闘員や、攻撃・軍事行動を行っていない間に捕らえられた戦闘員が捕虜となる資格について明らかにした (API：44 条)。すなわち、それらの戦闘員は、敵に捕らえられた場合に、基本的に捕虜となる資格を失わない。軍事行動を行っている間に自己と文民とを区別する義務を果たしていなかった場合には、捕虜となる権利を否定されるが、捕虜と同等の保護は与えられる (API：44 条 (2) - (4))。

以上に述べた捕虜の待遇についての規則うち、捕虜に対する、殺人、拷問、

非人道的待遇（生物学的実験を含む。）、身体・健康に対して故意に重い苦痛を
与え・重大な傷害を加えること、捕虜を強制して敵国の軍隊で服務させる
こと、公正な正式の裁判を受ける権利を奪うことは、ジュネーブ第3条約に
対する重大な違反とされている（GCIII：130条）。

　なお敵の権力内に陥った者の捕虜の地位に争いがある場合には、すでに述
べたように、裁判所の決定があるまでは捕虜の地位が認められる（API：44条）。
捕虜となる権利が認められない者は、文民の保護に関するジュネーブ第4条
約の各類型に該当する場合には、次項で詳しく説明するようにそれぞれの類
型に認められる保護を受け、その保護も受けられない場合には、第1追加議
定書が定める基本的な保障による最低限の保護を受けることになる（API：75条）。

　ICRCの慣習法研究においては、捕虜の待遇は、「自由を奪われた者」と
いうカテゴリーの中で被抑留者一般の待遇として諸規則が確認されている
（ICRC慣習法：規則118-125、127、128）。

2.2　捕虜資格の終了と送還

　ジュネーブ第3条約において、捕虜の身分の終了には、①敵対行為継続中
の送還・中立国での入院（GCIII：109条-117条）、②敵対行為終了後の解放・
送還（GCIII：118条、119条）、③死亡（GCIII：120条、121条）の3つの場合がある。

　①の敵対行為継続中においては、紛争当事国は、一定の重病を抱える捕虜
を、本人の意思に反しない限り、直接に送還しなければならない（GCIII：109条、
110条）。また紛争当事国は、より軽症の捕虜を、中立国に送って入院させる
ことができる（同前）。

　②の敵対行為終了後においては、紛争当事国は、捕虜を遅滞なく解放し送
還しなければならない（GCIII：118条）。この規定の背景には、第2次世界大
戦において敗戦国の多くの捕虜が帰還できずに抑留されたままであったこと
がある。そのため、「実際の敵対行為が終了した後遅滞なく」解放・帰還さ
せるべきことや、紛争当事国間の合意がない場合でも「各抑留国は、前項に
定める原則に従って、遅滞なく送還の計画を自ら作成し、且つ、実施しなけ
ればならない。」と規定された。なお、刑事訴訟手続が進行中の捕虜は、そ

の手続と刑の執行が終わるまでは、抑留される（GCIII：119条(5)）。実際の敵対行為が終了した後に捕虜を遅滞なく解放・送還することは、慣習国際法の一つと考えられている（ICRC慣習法：規則128A）。

捕虜の送還を不当に遅延させることは、第1追加議定書において、重大な違反行為とされている（API：85条(4)(b)）。

③の捕虜が死亡した場合については、遺言書の作成、死亡証明書、埋葬、墳墓、原因不明の死亡についての調査などについて、詳しい内容が定められている（GCIII：120条、121条）。

2.3　捕虜に関わる戦争犯罪

すでに傷病者・難船者・医療活動の項で挙げた、殺人、拷問・非人道的な待遇、重い苦痛や重大な傷害に関する戦争犯罪は、捕虜に対して加えられるものも含んでいる。それに加えて、捕虜その他の被保護者に関し、敵国の軍隊への服務を強制することや公正・正式な裁判を受ける権利をはく奪することは、ジュネーブ諸条約に対する重大な違反行為として、戦争犯罪となる（ICC規程：8条(2)(a)(v)(vi)）。

3.　文　民

3.1　文民の保護と類型

文民（civilian）とは、すでに述べたように基本的に戦闘員や捕虜の資格を認められない者である（API：50条(1)）。ただ、軍隊に随伴する者や商船・民間航空機の乗組員など、捕虜の資格を認められるが文民に含まれる者もある。なお、すでに述べたように、「文民たる住民」は、「文民であるすべての者から成るもの」（API：50条(2)）として、集団としての文民を意味する場合に用いられる。

武力紛争法の下で文民は、文民であるがゆえの一定の保護を受ける。そうした保護には、武力紛争における、攻撃や敵対行為からの保護と、紛争当事者による恣意的な待遇からの保護という2種類に分けることができる。前者

の攻撃や敵対行為からの保護は、すでに攻撃対象や戦闘の方法及び手段の規制として説明した。この項では、後者の恣意的な待遇からの保護を中心に説明する。

　武力紛争法の下で保護される文民は、いくつかの類型に区別され、認められる保護の内容や種類が、類型ごとに異なる。これは、文民の保護に関する規定が、条約ごとにその制定当時に対象とする文民に類型を設けながらも、累積することを通じて保護が拡大していったことによるものである。

　文民の類型は、第1に、国際的武力紛争と非国際的武力紛争それぞれによって影響を受ける文民によって区別されるが、非国際的武力紛争における文民の保護については、最後にまとめて説明する。第2に、国際的武力紛争における文民の保護について、包括的な規則を初めて定めるにいたったのは、ジュネーブ第4条約であるが、この条約の下で文民は、被保護者とそれ以外の一般住民に区別されている。被保護者とは、後に詳しく述べるように、敵国の領域にある外国人と占領地域の文民を含むが、それらの被保護者は、ジュネーブ諸条約以前の国際法や戦争法規（ハーグ陸戦規則など）において、自分の国の保護を受けることができない者として、国際法によって保護する必要性が認められてきた。他方で第4条約は、そうした被保護者に該当しない文民、例えば紛争当事国である自国に居住する文民などについても、一般住民として簡単な保護の規定を設けるにいたった。第1追加議定書は、こうした第4条約の類型を前提としながら、その保護の内容や範囲を一部拡大している。第3に、第1追加議定書は、以上の第4条約の類型に含まれない文民について、補充的な基本的保障を設けている。これらによって国際的武力紛争における文民は、被保護者、それ以外の一般住民、そして補充的な基本的保障を受ける文民という3つの類型に区別されることになるので、それぞれの類型における保護の内容について説明していく。

　さらに文民の中でも、女性と子どもについては、武力紛争によってより強い影響を受けることから、特別の保護規定がおかれている。そのため、それらの特別の保護については、類型を横断して説明する。また、人としての文民とは区別された財産にについても、少なからぬ保護の規則がおかれている

ので、その点もまとめて説明する。

　以上の紛争当事者による文民の保護は、個人や集団の尊重や保護を目的とする国際人権法と多くの重なる部分を持つ。そのため武力紛争法と国際人権法との関係も検討しておく。また、文民に対する保護の一定の違反行為は、武力紛争における他の犠牲者と同様に、ジュネーブ諸条約の重大な違反または武力紛争法の法規慣例違反として、戦争犯罪に該当する。

3.2　被保護者

　国際的武力紛争における文民の保護に関して、最も包括的な規則を持っているのは1949年ジュネーブ第4条約である。第1追加議定書は、それらをさらに拡張する規定を持っているが、同議定書の文民に関する規定（第4編　文民たる住民：48条-79条）は、攻撃対象や文民保護の活動を主に扱っており、すでに攻撃対象や戦闘の方法及び手段の規制として説明した。

　ジュネーブ第4条約は、文民を「被保護者」とそれ以外の「紛争当事国の住民全体」とに区別し、特に被保護者について詳細な保護のための規定を置いている。この被保護者は、「紛争当事国又は占領国の権力内にある者でその紛争当事国又は占領国の国民でないもの」と定義される（GCIV：4条(1)）。すなわち、紛争当事国の領域にある外国人と、占領地域に存在する占領国にとっての外国人がそれに当たり、紛争当事国の保護を受けることができる自国民は含まれない。また、傷病者・難船者・捕虜などとして、他のジュネーブ諸条約による保護を受ける者や、第三国（中立国や共同交戦国）の国民として第三国の外交的保護を受けることができる場合なども除外される。なお、第1追加議定書により、この被保護者には、無国籍者や認定された難民も含まれることとされている（API：73条）。

　159カ条からなるジュネーブ第4条約の大半の規定（115カ条）は、この被保護者のみに適用される。さらにこれらの規定は、紛争当事国の領域及び占領地域に共通する規定（27-34条）、紛争当事国の領域にある外国人に関する規定（35-46条）、占領地域に関する規定（47-78条）、被抑留者の待遇に関する規定（79-135条）、被保護者情報局（136-141条）の5つの部分から構成されている。

3.2.1　被保護者全般に共通する保護

　被保護者は、すべての場合において、①身体、名誉、家族として有する権利、信仰・宗教上の行事・風俗・習慣を尊重され、②常に人道的待遇を受け、③暴行・脅迫・侮辱・公衆の好奇心から保護され（GCIV：27条(1)、API：75(2)）、そうした保護において差別を受けない（GCIV：27条(3)、API：75条(1)）。

　その上で、紛争当事者の具体的な行為として禁止されているのは、攻撃を回避するために被保護者を利用すること（GCIV：28条）、情報を得るための拷問などの強制（GCIV：31条、API：75条(2)）、肉体罰や集団罰（GCIV：32条、33条、API：75条(2)）、人質にとること（GCIV：34条、API：75条(2)）である。

　第1追加議定書は、逮捕や刑事司法手続について、被保護者に限定されない基本的な保障として、包括的な適正手続の規定を加えている（API：75条(3)(4)）。

　さらに、女性、子どもについては、特別の保護のための規定があるが、それについては「女性と子どもへの特別の保護」(3.5)で検討する。

3.2.2　紛争当事国の領域にある外国人

　紛争当事者の権力内にある文民とは、一般に、紛争当事国の領域内に存在する在留敵国民を想定している。そのような在留敵国民については、退去や在留継続の場合の扱いについて、従来さまざまな取扱いがされてきたが、ジュネーブ第4条約が詳細な規則を定めるに至った（GCIV：35条-46条）。

　まずそのような被保護者は、その紛争当事国の国家的利益に反しない限り、その国から退去する権利、退去を拒否された場合には再審査を受ける権利、満足すべき条件での送還方法が保障される（GCIV：35条、36条）。拘禁される場合には、人道的な待遇を受け、釈放された時にはその国から去ることを要求できる（GCIV：37条）。

　その国にとどまる場合には、平時と同様の外国人への保護が認められるが、とりわけ救済品の受領、医療や宗教上の援助を受けること、危険地域からの移転や子どもや母親の待遇についてその国の国民と同等の扱いを受けること、就業の機会または生活の保障、強制労働の禁止、一定の国への移送の禁止な

どが保障される (GCIV：38 条 -40 条、45 条)。移送が禁止される国とは、ジュネー
ブ第 4 条約の非締約国や、政治的意見や信仰のために迫害を受けるおそれの
ある国である (GCIV：45 条)。

　また、被保護者がその国にとどまる場合、その者の抑留や住居指定は、抑
留国の安全にとって絶対に必要な場合に限り行うことができるが、抑留や住
居指定の判断は、定期的に再審査されなければならない (GCIV：41 条 -43 条)。

　第 1 追加議定書は、占領地域以外の紛争当事者の支配の下にある文民につ
いて、人道的かつ公平な救援活動が実施されるための、その活動・救援要員・
救済品の保護や手続に関する規定を加えている (API：70 条、71 条)。

3.2.3　占領地域の文民

　武力紛争における占領は、かつて、占領国が占領地を領土として併合して
いく前段階であることが一般的であったため、被占領国の従来の政治体制を
保持する必要はないと考えられていた。しかし、19 世紀初頭のナポレオン
戦争を処理するウィーン会議 (1814-1815) 以降は、「占領は単なる一時的支配
の形態であり、被占領国の主権の行使を停止するが、主権の移転をもたらす
ものではない。」とする考え方が有力になっていった。そのような考え方の
もとに、1899 年・1907 年ハーグ陸戦規則では、占領においては現地の法制度
を尊重することを基本とする規則が作られていった (43 条)。占領が一時的な
支配にとどまるという理解は、1945 年の国連憲章において領土不可侵の原
則が承認されることにより (2 条 4 号)、確固としたものとなった。

　占領が開始するのは、領域の一部が占領国の軍の権力内に事実上帰属した
時であり、占領の範囲は、その権力が確立されて行使できる範囲である (HR：
42 条)。ジュネーブ諸条約共通 2 条は、そうした占領が武力抵抗の有無にか
かわらず成立することを明らかにしている。また、ジュネーブ第 4 条約の適
用 (占領下の文民の保護) は、原則として軍事行動の全般的終了の後 1 年を経
て終了するが、占領国が被占領地域での管理を継続している限り一定の規定
が適用され、また、解放・送還・居住地設定が継続している間は条約の下で
の利益が認められる (GCIV：6 条)。

　占領が一時的な支配にとどまるという理解の下で、占領国は被占領地域の法制度を尊重することが原則とされ、その例外とされるのは、既存の法令が占領国の安全を脅かし、あるいは第4条約の適用を妨げる場合に限られる（HR：43条、GCIV：64条）。他方で、占領国は、必要な場合には占領地域で一定の手続に従って、「租税、賦課金及通過税」を徴収し、徴発や課役、押収、刑罰権の行使を行うことも認められてきた（HR：48条-54条、GCIV：57条、64条-66条など）。

　第4条約は、占領地域の被保護者について、詳細な保護のための規則を定めている（GCIV：47条-78条）。そうした保護には、被保護者の強制移送・追放の禁止、占領地域への自国民の追放・移送の禁止（49条）、占領軍軍隊等での勤務強制の禁止（51条）、就職の機会制限の禁止（52条）、動産・不動産の破壊の禁止（53条）、公務員の身分変更等の禁止（54条）、食料・医薬品の供給（55条）、健康・衛生の維持確保（56条）、聖職者による宗教上の援助（58条）、救済品の分配（59条-62条）、赤十字による人道的救援活動の許容（63条）、死刑を含む刑罰を科す場合の制限（68条、75条）、刑事手続・裁判における権利保障（69条-74条、76条-77条）、住居指定・抑留の手続（78条）などがある。

　子どもについては特別の保護の規定があるが、後述する。

　以上のジュネーブ第4条約のもとで受ける利益は、占領地域における制度等の変更や併合などによって奪われることはないとされている（GCIV：47条）。また、被保護者が被占領国の国民でない場合には、その占領地域を退去する権利を有する（GCIV：48条）。

　第1追加議定書は、以上の保護のうち、食料・医薬品の供給と救済品の分配にかかる救援活動について、それらを補強する規定を定めている（API：69条）。

　また、ICRCの慣習国際法の研究は、占領地域について、文化財の不法な輸出の禁止とそれがあった場合の返還に関する義務、私的財産の原則没収禁止、文民の追放や強制移送の禁止など占領地域に特有な規則として確認しているが（ICRC慣習法：規則41、51、130）、その余については、後に触れるように、被保護者の地位や占領に関わらない、文民や戦闘外に置かれた者の基本的保

障という諸規則にまとめている (同：規則 87-105)。

　武力紛争法における占領は、前述したように、あくまで一時的なものであることを前提として現地の法制度の尊重が義務づけられている。しかし、実際には、占領が長期にわたって継続している場合があり、その場合に長期の占領の間に生じた社会の変化や必要性に対応する法制度を、占領国が設けることが許されるのかという問題が生じている。すでに 50 年以上にわたってイスラエルによる占領が続いているヨルダン川西岸地区やガザ地区がその例であり、占領地域のパレスティナ人の隔離や占領地域へのイスラエル人の入植が、被保護者の強制移送や自国民の移送を禁止する規定 (GCIV：49 条) との関係で、問題となってきた。ICJ は、イスラエルによる占領地域での壁の建設とそれに伴う入植管理体制は、国際人権法とともにジュネーブ第 4 条約 (49 条 (6)) などに違反するとの判断を行っている (ICJ 勧告的意見「パレスティナ占領地域における壁の建設の法的帰結」2004 年 7 月 9 日)。

3.2.4　被抑留者の待遇

　すでに触れたように、在留敵国民や占領地域の住民などの被保護者は、安全のための絶対的理由がある場合や、比較的軽微な犯罪に対して、一定の手続や定期的な再審査に従うことを条件に、抑留される場合がある (GCIV：41 条 -43 条、68 条、78 条)。

　その上で、抑留された被保護者の待遇について第 4 条約は、きわめて詳細な保護の規定を定めている (GCIV：79 条 -135 条)。それらは、被抑留者の私法上の行為能力 (80 条)、抑留における配置や抑留場所への配慮 (82 条 -88 条)、給養・食料・被服・医療の待遇 (81 条、89 条 -92 条)、宗教及び知的・肉体的活動の自由 (93 条、94 条)、強制労働の禁止と労働条件 (95 条、96 条)、個人財産の保持・使用の保障と定期的な手当の支給 (97 条、98 条)、収容所の管理と規律に関する諸条件 (99 条 -104 条)、外部との通信・面会や救済品受領 (105 条 -116 条)、刑罰や懲戒を課す場合の諸条件 (117 条 -126 条)、被抑留者に移動・死亡・解放がある場合の条件や取扱い (127 条 -135 条) などである。特に、抑留を必要とする理由がなくなった場合や敵対行為の終了後には、紛争当事国は被抑

━━ コラム⑥：パレスティナの壁事件（国際司法裁判所 2004 年 7 月 9 日勧告的意見）━━

　中東のパレスティナ地域では、1948 年にイスラエルがユダヤ人国家の独立を宣言した後、それを認めない周囲のアラブ諸国との間で数度にわたる中東戦争が繰り返されてきた。1949 年には、国連の仲介の下、いったんはイスラエルとヨルダンとの間で休戦境界線（グリーンライン）が定められたが、1967 年の第 3 次中東戦争でイスラエルはパレスティナ全地域を占領した。国連の撤退要請やパレスティナ解放機構 (PLO) が激しい抵抗運動を受けて、イスラエルは、ようやく 1993 年のオスロ合意によってパレスティナ暫定自治政府の成立を認め、同政府によるヨルダン川西岸地区とガザ地区の統治を受け入れた。

　しかしイスラエルはその後も、西岸地域において占領とユダヤ人の入植を続け、2002 年にはパレスティナ側からの自爆テロなどのテロ行為を抑止するなどの理由で、かつてのグリーンラインを超えて分離壁を構築するようになった。分離壁によって、パレスティナ人は壁を越えた往来にはイスラエル軍の検問を受けなければならず、また通過ゲートがほとんど存在しない地区も生じた。生活地区は分断され、移転を余儀なくされる人々も生じた。こうした状況に対し国連総会は、2003 年にその分離壁の設置を非難し、分離壁の建設がもたらす法的効果について、国際司法裁判所 (ICJ) に諮問を求める決議を行った。

　ICJ は、翌 2004 年に勧告的意見で、イスラエルによる各種の国際法違反と、分離壁の建設停止・解体・損害賠償などを行う義務を認めた。あわせて、その国際法違反の中には国際社会に対する対世的義務の違反もあることから、他の諸国に対しても、分離壁建設から生じる違法な事態を承認・援助しないことや、イスラエルに義務の履行させることを求めた。

　ICJ がイスラエルの違反を認めた国際法は、民族自決権、国際人道法、国際人権法など多岐の分野にわたる。国際人道法違反については、ハーグ陸戦規則とジュネーブ第 4 条約における占領に関する規定が取り上げられた。すなわち、分離壁の建設は、パレスティナ人に財産の破壊と徴発をもたらした点で私権の尊重などを命じるハーグ陸戦規則 (46 条、52 条) に違反する。また、分離壁によって住民の移動が制限されて人口統計的変化が生じていることは、ジュネーブ第 4 条約における文民の追放・移送の禁止 (49 条 6 項) に違反するというものである。

　国連総会は、同年の緊急特別国連総会においてこの勧告的意見を承認するとともに、イスラエルに対して義務の履行を求める決議を行った。しかしイスラエルは、それに従うことなく、分離壁を存続させている。ICJ の勧告的意見は、国連総会決議と同様に、国連加盟国に対する法的拘束力はない。拘束力のある決議を行うことができるのは国連安保理だけであるが、イスラエルに関する数々の決議案は、アメリカの拒否権行使によってその採択が妨げられてきた。

留者を解放すべきものとされている（132条、133条）。

　また、在留敵国民や占領地域の住民などその権力内にある被保護者につい
て紛争当事国は、被保護者に関する情報の受領・伝達のための公の情報局が
設置しなければならない。第4条約は、その情報局の任務や手続の詳細を定
めている（GCIV：136条-141条）。これらは、武力紛争によって離散を余儀な
くされた家族の再統合を促進するために、重要な意味を持っている。

　第1追加議定書は、被保護者に限定されない基本的な保障として、抑留に
おける保護の規則を追加している。そうした追加には、抑留・収容を正当化
するための理由が消滅した場合に直ちに釈放すべきこと、男女を分離して抑
留・収容し、また家族単位で抑留・収容すべきこと、武力紛争が終了した後
も解放・送還・居住地指定がなされるまで保護されるべきこと、それらの待
遇は戦争犯罪・人道に対する犯罪の責任を問われる者にも適用されることが
含まれる（API：75条(3)(5)-(7)）。すでに述べた女性や子どもへの特別な保護
については、後述する。

　また、ICRCの慣習国際法の研究は、被抑留者の待遇について、戦闘員、捕虜、
被保護者である文民とそれ以外の文民などの区別なく、「自由を奪われた
者」としてその待遇に関する諸規則をまとめている（ICRC慣習法：規則118-125、
127、128）。

3.3　被保護者以外の一般住民

　武力紛争における文民としては、以上に詳しく述べてきた被保護者以外
にも、紛争当時国の自国民など、武力紛争の影響を受ける文民が存在する。
そのような文民一般についてジュネーブ第4条約は、「戦争の影響に対する
住民の一般的保護」という標題のもとに、以下のような保護を定めている
（GCIV：13条-26条）。

　その保護の内容は、以下に挙げるように限定的なものであるが、戦争によっ
て生じる苦痛を軽減することを目的として、特に人種・国籍・宗教・政治的
意見による不利な差別なしに適用されることとされている（GCIV：13条）。

①病院地帯・中立地帯の設置（GCIV：14条、15条）

　　紛争当事国は、敵対行為に先立って、病院地帯や、傷病者や文民を避難させる中立地帯を設置することができる。

②傷病者等と医療活動の保護（GCIV：16条 -22条）

　　すでに述べた戦闘員などの傷者、病者及び難船者の保護と同様に、文民についても、傷病者や虚弱者・妊産婦、その者たちの避難、文民病院とその職員、輸送手段、衛生航空機について、尊重や保護が認められる。他方で、文民病院が有害な行為を行うために使用された場合に、警告の後に保護が消滅することも同様である（GCIV：19条）。

③救援品の自由通過（GCIV：23条）

　　文民にあてられた医療品を含む送付品は、自由な通過が認められる。

④子ども・離散家族（GCIV：24条 -26条）

　　戦争孤児や家族から離散した子どもは保護され、家族の消息についての通信や離散家族の相互連絡や捜索が確保される。

　以上の保護に加えて第1追加議定書は、①について、無防備地区や非武装地帯の設置に関する規定（API：59条、60条）、また、③について、文民保護活動の保護に関する詳細な規定（API：61条 -71条）を加えている。これらは、すでに「攻撃の対象に関する特別の規則」（第2章の1.5）で説明した。

3.4　補充的な基本的保障

　以上のジュネーブ第4条約が保護の対象とする被保護者と一般住民は、文民のすべてを含めた包括的なものではない。例えば、第4条約の非締約国の国民や、文民が所属する本国が通常の外交代表を駐在させている（その外交保護が可能な）中立国国民や共同交戦国国民（GCIV：4条(2)）は、第4条約の保護の対象には含まれない。こうした問題について第1追加議定書は、紛争当事者による恣意的な待遇から文民一般を保護するために、基本的な保障を定める規定を設けた（API：75条）。この基本的な保障は、紛争当事者の権力内にある者であって、国際的武力紛争の影響を受け、ジュネーブ諸条約や第

1追加議定書によってより有利な待遇を与えられていない、すべての者に適用される(同)。

　この基本的保障が定めている文民への保護は、以下のように多岐にわたるものである。

①人道的な取扱いと差別のない保護

　　差別を禁止する事由は、「人種、皮膚の色、性、言語、宗教又は信条、政治的意見その他の意見、国民的又は社会的出身、貧富、出生又は他の地位その他これらに類する基準」という多数の例示を含んでいる。また、尊重すべき内容として、身体・名誉・信条・宗教上の実践が挙げられている。

②文民に対する禁止行為

　　文民に対する一定の行為が、場合、場所、行為の主体(文民または軍人)を問わず禁止される。禁止される行為は、(a)生命・健康・心身の健全性に対する暴力(特に、殺人・拷問・身体刑・身体の切断)、(b)個人の尊厳に対する侵害(特に、侮辱的待遇・強制売春・わいせつ行為)、(c)人質、(d)集団罰、(e)以上の禁止行為を行うとの脅迫である。

③逮捕・抑留・収容される者の権利

　　武力紛争に関連する行為で逮捕・抑留・収容される者は、理解する言語での理由の告知、遅滞のない釈放が認められる。

④刑事事件の公正な裁判

　　武力紛争に関連する犯罪における司法手続の諸原則の尊重と公平・正規の裁判所の保障。その保障には、遅滞のない容疑の告知、防御のための権利・手段、自己の刑事責任以外の犯罪での有罪判決の禁止、遡及処罰・加重罰の禁止、無罪の推定、裁判への出席、不利益供述・自白の強要禁止、証人尋問権、二重処罰の禁止、公開の判決言い渡し、有罪判決に対する救済措置と期限の告知が含まれる。

⑤女性や家族の収容

　　武力紛争に関連する理由での収容において、家族単位で抑留される場

合を除き、女性には男性から分離された区画への収容と女性による直接
監視が要求される。

⑥武力紛争終了後の保護

　武力紛争に関連する行為で逮捕・抑留・収容される者は、武力紛争終
了後も最終的な解放・送還・居住地設定の時まで、保護を受ける。

⑦戦争犯罪等における原則

　戦争犯罪・人道に対する犯罪の責任を問われる者の訴追・裁判には、
国際法の諸規則が適用され、本条の基本的保障に基づく待遇が与えられ
る。

　ICRC の慣習国際法の研究は、すでに触れたように文民の類型の別なく、
文民や戦闘外に置かれた者の基本的保障や、自由を奪われた者の待遇に関す
る諸規則をまとめている（ICRC 慣習法：規則 87-105、118-128）。

3.5　女性と子どもへの特別の保護

　武力紛争において、女性と子どもは特にその影響を受ける。女性は、敵対
行為や占領下でしばしば性暴力の対象とされ、あるいは妊産婦・幼児の母親
として、特に過酷な状況に置かれることがある。また、子どもはその家族か
ら引き離され、発達を妨げられ、時には安価な兵士として敵対行為に巻き込
まれる。しかし、伝統的な戦争法規には、そうした女性と子どもを明示的に
保護する規則は存在しなかった。特に女性に対する保護は、ハーグ陸戦規則
においては、「家の名誉」の尊重（HR：46条）という家父長制的な規則の中で
保護するという解釈が取られていたにすぎない。しかし、第2次世界大戦に
おける女性や子どもに対する多大な影響は、文民を保護する規則の中に女性
や子どもを特別に保護する規則を設けることの必要性を認識させるにいたっ
た。そのため、ジュネーブ第4条約は、特に被保護者（紛争当事国の領域にあ
る外国人と占領地域の文民）について、女性と子どものための特別の保護を設
けるにいたった。さらに第1追加議定書においては、前述したように被保護
者に限定しない基本的な保障として、女性と子どものための特別の規定が設

けられている。

3.5.1　共通する特別の保護

　第 4 条約は、被保護者である女性と子どもに共通する特別な保護として、紛争当事国の領域にある外国人である子ども (15 歳未満)、妊産婦、幼児 (7 歳未満) の母が送還されないで残る場合には、居住し続ける国の国民と同等な待遇を享有することとしている (GCIV：38 条 (5))。また占領地域においては、同様の子ども、妊産婦、幼児の母は、占領前に適用されていた有利な措置の適用を受ける (GCIV：50 条 (5))。さらに、被保護者として抑留されている子ども、妊産婦、幼児・子どもの母に対しては、必要性に応じた食料の増配 (GCIV：89 条 (5)) を行い、また、傷病者や長期間抑留者と同様に、紛争当事国は、敵対行為が続いている間でも、抑留から解放するための協定締結に努める義務がある (GCIV：132 条 (2))。

　第 1 追加議定書は、被保護者に限定することなく、逮捕・抑留・収容に関して、妊婦と幼児の母の事案が優先して審理されるものとする (API：76 条 (2))。抑留される場合には、家族単位で抑留される場合を除き、女性には男性から分離された区画への収容と女性による直接監視、子どもには成人から分離された区画への収容が義務づけられている (API：75 条 (5)、77 条 (4))。また、武力紛争に関連する犯罪での死刑について、妊婦や幼児の母に対する死刑判決を避ける努力が義務づけられ、それらの女性と 18 歳未満での犯罪に対し死刑を執行することが禁止される (API：76 条 (3)、77 条 (5))。

　これらの特別の保護の規定は、幼児や子どもの保護者として母親のみを想定するなど、第 4 条約や第 1 追加議定書の制定当時に存在した社会的ステレオタイプに基づくものであり、男女の役割や家族形態の変化などの社会的変化に対応して、再構成される必要があるだろう。

　ICRC の慣習国際法の研究は、武力紛争の影響を受ける女性と子どもについて、女性は保護・健康・援助のための固有の必要性が尊重されなければならず、また、子どもが特別の尊重と保護を受ける権利を持つことを確認している (ICRC 慣習法：規則 134、135)。また、特別の尊重と保護を受ける権利を

持つ者として、武力紛争の影響を受ける高齢者・障がい者・虚弱者を加えている（同：規則138）。

3.5.2　女性に対する性暴力

　武力紛争においては、特に女性に対する、さまざまな形態の性暴力が存在し、敵対勢力の士気を封じるための戦闘手段としても用いられてきた。しかしすでに触れたように、一般的な戦争法規においてそうした性暴力を禁止する規則は第2次世界大戦まで存在しなかった。

　これに対してジュネーブ第4条約は、被保護者全般に関する待遇の中に1項を設け、「名誉に対する侵害」、特に「強かん、強制買春、あらゆる種類のわいせつ行為から保護される」ことを定めた（GCIV：27条（2））。

　第1追加議定書は、さらに被保護者に限定することなく、紛争当事者の権力内にある者の基本的な保障として、その保護の規定を拡充し、文民・軍人によるものを問わず、強制売春及びあらゆる形態のわいせつ行為を個人の尊厳に対する侵害として禁止するとともに（75条（2）（b））、保護の側面からは、女性が、特別の尊重を受け、特に強かん、強制売春その他のあらゆる形態のわいせつ行為から保護されることを定めた（76条（1））。

　このように禁止と保護の対象が拡大されてきた女性に対する性暴力に関する規則も、その運用においては、常に見直しが迫られる。性暴力の形態のさらなる多様化、武力紛争における性暴力の被害は女性のみに限定されたものではないこと、近時の武力紛争における少女や少年への性暴力の増加など、武力紛争における広範な形態の性暴力による被害やその影響が考慮されなければならないからである。ICRCの慣習国際法の研究は、文民への基本的な保障の一つとして、被害者の性別を問わずに、強かんその他の形態の性暴力が禁止されることを確認している（ICRC慣習法：規則93）。後に触れる戦争犯罪に関するICC規程において、性暴力は、被害者の性別を問わずに、強かん、性的な奴隷、強制売春、強いられた妊娠状態の継続、強制断種その他あらゆる形態の性的暴力でジュネーブ諸条約または共通3条の重大な違反を構成するものと定義され、国際的・非国際的武力紛争を問わない戦争犯罪とされて

いる (ICC 規程：8 条 (2) (b) (xxii)、(e) (vi))。

　また、武力紛争における女性は、従来は、脆弱な立場にある者として特別
の保護を与える対象に過ぎないというジェンダー偏見の下に議論されてきた。
しかし武力紛争における女性は、単に特別の保護を受けるという受動的な対
象としてではなく、「紛争の予防と解決、および平和構築における女性の重
要な役割を再確認し、平和と安全の維持と促進のためのあらゆる取り組みへ
の女性の平等な参加や全面的な関与と、紛争予防と解決に関わる意思決定に
おける女性の役割」(国連安保理決議 1235 号 (2000 年)) が認められる積極的なも
のと位置づけられつつある。その際、女性と武力紛争との関係性を、次のよ
うな認識の下に、女性の人権という観点から再構成することが必要となる。

　　　女性は均質の集団ではなく、紛争経験も、紛争後の状況における具
　　体的ニーズもさまざまである。女性は受け身の傍観者でもなけれ
　　ば、単なる犠牲者や標的でもない。女性は戦闘員、市民社会の一員、
　　人権活動家、抵抗運動のメンバー、公式及び非公式の平和構築・復興
　　プロセスにおける積極的主体としての役割を歴史的にも担ってきたし、
　　今後も担い続ける。締約国は、女性差別を撤廃するという本条約に基づ
　　く義務の、すべての側面と取り組まなければならないのである。(女
　　性差別撤廃委員会「一般勧告第 30 号 紛争予防・紛争中・紛争後の状況における
　　女性」(2013 年) 6 項)

3.5.3　子ども

　子どもについては、第 2 次世界大戦の後に多くの戦争孤児や家族から離散
した子どもが生じたことから、第 4 条約では、被保護者に関して、そうした
子どもの監護・教育などの児童福祉や子どもの識別登録を促進するための規
定がおかれるようになった (GCIV：24 条、50 条、94 条 (2) (3))。逆に占領地域
において被保護者である子どもの身分上の地位を変更し、占領国に従属する
団体や組織に編入することは禁止される (GCIV：50 条 (2))。

　第 1 追加議定書が採択されるまでには、子どもに対する性暴力の問題も認
識されるようになり、女性の場合と同様に、被保護者に限定することなく、

紛争当事者の権力内にある子どもについて、特別の尊重と併せて、「あらゆる形態のわいせつ行為」から保護されることが規定された（API：77条(1)）。

　さらに第1追加議定書で取り上げられ、現在まで引き続いている問題が、いわゆる子ども兵士の問題である。武力紛争において子どもを敵対行為に直接または間接に参加させることは、しばしば誘拐や監禁という犯罪行為を伴い、たとえ自発的な参加であっても子どもから家族の保護や教育の機会を奪い、攻撃対象として殺傷の危険にさらされることに加えて、健全な成長の機会を奪われて社会復帰が困難となるなどの多くの困難を子どもにもたらすことになる。

　第4条約は、成人も含めて占領地域の被保護者が軍事行動に参加するような労働を強制されないことを定めていたが、子どもと軍事行動に関する特別の規定を定めていなかった。第1議定書は、子ども兵士の問題を正面から取り上げ、紛争当事者の権力内にある者については、①15歳未満の子どもを敵対行為に直接参加させないためのすべての実行可能な措置を取ること、②15歳未満の子どもの採用は差し控え、15歳以上18歳未満の者から採用する場合には最年長者を優先するように努めること、③戦闘によって敵の権力内に陥った場合には捕虜の資格を認められるかどうかにかかわらず子どもに対する特別の保護を与えることなどを規定した（API：77条(2)(3)）。しかし、この規定は、子ども兵士の禁止という点では緩やかな規制に止まり、直接ではない間接の敵対行為(後方業務など)への従事は規制されず、また、自国民を子ども兵士として用いることまでをも規制するものではなかった。さらに、子どもを兵士として強制的に徴収すること、志願に基づき編入すること、さらに実際に敵対行為に直接参加させることなどが、十分区別されていなかった。

　自国民を含めた子ども兵士の禁止という面では、その後の国際人権法においてさらなる発展が見られている。1989年に採択された児童の権利に関する条約(子どもの権利条約：CRC)は、武力紛争において子どもの保護・擁護を確保するという一般的な義務に加えて、第1追加議定書における前述の①と②の規制を、国際的・非国際的武力紛争を問わず、占領地域など敵国の権力内にある場合という制限を設けず、すべての場合の締約国の義務として定め

るにいたった（CRC：38 条）。他方で、規制の枠組みが第 1 追加議定書と同じであるため、子ども兵士自体を効果的に禁止するものとはいえなかった。そのため、2000 年に採択された「武力紛争における子どもの関与に関する子どもの権利に関する条約の選択議定書」は、締約国に、① 18 歳未満の自国の軍隊の構成員を敵対行為に直接参加させない、② 18 歳未満の者を自国の軍隊に強制的に徴集しない、③志願兵についても、15 歳以上 18 歳未満の最低年齢を年単位で引き上げる、ことなどを義務づけている（1 条 -3 条）。

　後に触れる戦争犯罪に関する ICC 規程は、これらの国際人権法とは異なり、引き続き 15 歳未満の子どものみを対象としているが、自国の軍隊に強制的に徴集すること、志願に基づいて編入すること、敵対行為に積極的に参加させるために使用することを、国際的・非国際的武力紛争を問わない戦争犯罪としている（ICC 規程：8 条 (2) (b) (xxvi)、(e) (vii)）。

　また、ICRC の慣習国際法の研究は、最低年齢を特定せず、子どもが軍隊や武装集団に徴募されてはならず、また敵対行為への参加を許されてはならないことを確認している（ICRC 慣習法：規則 136、137）。

3.6　財産の保護

　戦争において敵国やその文民の財産を没収することに対して、19 世紀以降は、敵の国有財産は没収できるが、敵国民の私有財産は没収できないという原則が確立するようになった。そうした原則を明文化したものが、ハーグ陸戦規則である。ハーグ陸戦規則は、占領地域において、その住民の私有財産を尊重するものとし、没収を禁止した（HR：46 条）。他方で、敵国の国有財産については、作戦に用いることができる動産の没収、公共建物などの不動産の用益・管理を可能としていた（HR：53 条 -55 条。ただし、自治体の財産や宗教・慈善・教育・技芸・学術に用いられる国有財産は私有財産と同様に尊重される。HR：56 条）。

　ジュネーブ諸条約においては、財産の保護については、ほとんど規定を持っていない。その例外は、第 4 条約が、被保護者について略奪と財産に対する報復を禁止し（GCIV：33 条 (2) (3)）、占領地域において、私有・国有を問わず

財産（動産・不動産）の破壊を、軍事的な絶対的必要性がある場合を除いて禁止するという規定である（GCIV：53条）。しかし、この規定は、被保護者または占領地域における財産の破壊というきわめて限定された対象や状況を扱うもので、占領地域以外の武力紛争の状況や、略奪や破壊以外の没収などの問題を扱っていない。そのため、武力紛争法においては、国有財産と私有財産を区別するハーグ陸戦規則の枠組みが、引き続き適用されると考えられている。

　第1追加議定書においては、財産の没収などに関する規定はないが、むしろすでに説明した攻撃対象における民用物の尊重という形でいくつかの規定を定めている。すなわち、民用物は、尊重・保護され、軍事目標と区別され攻撃や復仇の対象とはならない（API：48条、51条、52条）。その原則のもとに、文化財・礼拝所、文民たる住民の生存に不可欠な物、自然環境、危険な力を内蔵する工作物・施設が保護され、攻撃の対象とすることが禁止される（API：53条-56条）。

　ICRCの慣習国際法の研究は、財産に関して、①紛争当事者は敵に属した軍事装備を押収できるが、その他の敵財産の破壊や押収は絶対的な軍事的必要性がない場合には禁止される、②占領地においては、絶対的な軍事的必要性によって破壊・押収する場合を除き、公の動産は軍事利用のために没収でき、公の不動産は用益権に従い管理され、私有財産は没収が禁止される、③略奪は禁止される、という諸規則にまとめている（ICRC慣習法：規則49-52）。

3.7　各種の文民組織による活動の保護

　武力紛争においては、各種の文民組織が医療、救援、報道、停戦監視などのために活動している。そうした活動やそれを行う要員の保護についても、武力紛争法はいくつかの規定をおいている場合がある。

　以上のうち医療活動は、紛争当事者によって行われるものとそれとは独立した民間団体によって行われるものがあるが、それらは区別されることなく、一定の保護を受けることはすでに説明した（本章の1.3「医療活動の保護」）。そのうち民間団体は、医療活動に限らず、生活物資の支援など広範な人道的救援活動を行っている。そして、ジュネーブ諸条約や追加議定書は、ICRCそ

の他の人道的救援団体が行う、傷病・難船者、捕虜、文民の保護のための活動を保護・尊重し、便宜を与えるべきことを規定している（API：81 条など）。その詳しい内容については、後の「人道的救援団体」（第 4 章の 2.3）で説明する。

　以上に加えて、第 1 追加議定書は、報道関係者（ジャーナリスト）の保護措置の規定を置いている（API：79 条）。この規定の下で報道関係者は、文民として認められ、文民として保護される。また、報道関係者としての地位を、所属する国の政府が発行する一定の形式の身分証明書を取得して、その地位を証明することができる。ただし、そうした保護は、文民としての地位に不利な影響を及ぼす活動を行わないことが条件とされる。

　ICRC の慣習国際法の研究は、すでに述べた医療活動の保護に関する規則に加えて、人道的救援団体、報道関係者、そしてジュネーブ諸条約や追加議定書にはない平和維持使節団に関する規則を確認している。すなわち、人道的救援の要員とそれに使用される物資は、尊重及び保護される（ICRC 慣習法：規則 31, 32）。武力紛争地域での専門的任務に従事する民間の報道関係者は、敵対行為に直接参加しない限り、尊重及び保護される（同：規則 34）。また、国連憲章に従った平和維持使節団の要員と物資は、それが平和維持軍であっても敵対行為に直接参加しない限り、文民や民用物に認められる保護を受け、それらへの攻撃は禁止される（同：規則 33）。

3.8　文民の保護に関わる戦争犯罪

　攻撃対象や戦闘の方法及び手段に関して、文民に関わる一定の行為が戦争犯罪となることはすでに述べたとおりである。

　また、すでに傷病者・難船者・医療活動・捕虜の項で触れた、殺人、拷問・非人道的な待遇、重い苦痛や重大な傷害を加える行為は、文民に対する行為も、ジュネーブ諸条約に対する重大な違反行為として戦争犯罪となる（ICC 規程：8 条 (2) (i) - (iii)）。

　さらに文民の保護に関わるものとしては、不法かつ恣意的に行う財産の広範な破壊や徴発、被保護者に敵国の軍隊への服務を強制すること、被保護者から公正・正式の裁判を受ける権利をはく奪すること、不法な追放・移送・

拘禁が、ジュネーブ諸条約に対する重大な違反行為として戦争犯罪となる（ICC 規程：8条 (2) (a) (iv) - (vii)）。

　また、武力紛争の法規慣例違反として、絶対的必要性のない紛争当事国の財産の破壊・押収、敵対する国民の権利・訴権を否定する宣言、都市等での略奪、個人の尊厳の侵害、すでに触れたあらゆる形態の性的暴力、すでに触れた子ども兵士の徴集・編入・使用が、戦争犯罪となる（ICC 規程：8条 (2) (b)（xiii）（xiv）（xvi）（xxi）（xxii）（xxvi））。

4. 非国際的武力紛争における犠牲者の保護

4.1　非国際的武力紛争における犠牲者

　非国際的武力紛争において、武力紛争の犠牲者の保護について包括的に定める条約は、ジュネーブ諸条約共通3条と第2追加議定書のみであり、国際的武力紛争に比べてきわめて限定的な規則しか持たないことは、すでに述べたとおりである。加えて、戦闘員や捕虜の資格は国際的武力紛争について設けられた資格であり、非国際的武力紛争においては、国家側の軍隊が戦闘員や捕虜の利益を受けるのに対し、非国家主体である武装集団の側は、戦闘員や捕虜の資格に基づく権利は一切享受できないことになる。また、文民の保護についても、非国際的武力紛争においては、占領という状況は想定されていない。政府側が自国の領域を占領することはできず、また武装集団による領域の一部支配も、国際法においては占領とは評価されないからである。また非国際的武力紛争は、同一の国家の政府や国民の間で行われることが基本であるため、敵国に居住する外国人という概念も意味を持たない。そのため、非国際的武力紛争における文民は、国際的武力紛争の場合のように被保護者とそれ以外の一般住民といった区別も設けられていない。そうした事情から、非国際的武力紛争においては、保護される犠牲者の類型による区別はあまり意味を持たず、保護を必要とする状況に応じた規定が設けられている。

　以下では、非国際的武力紛争における基本的な保障であるジュネーブ諸条約共通3条を概観した後、第2追加議定書の編立てに従って、人道的待遇（4

条 -6 条)、傷者・病者及び難船者 (7 条 -12 条)、文民たる住民と救援団体 (13 条 -18 条) の 3 つの状況に関する武力紛争法を検討する。

　なお、すでに詳しく述べたように、共通 3 条が適用される非国際的武力紛争には特に限定が存在しないが、第 2 追加議定書の適用される非国際的武力紛争には限定が設けられて適用範囲は限られたものとなっている (第 1 章の 2.2 「非国際的武力紛争」)。他方で、第 2 追加議定書は、共通 3 条に比べて多数の規則を持っており、また、同議定書のすべての保護が、人種・皮膚の色・性・言語・宗教・信条・政治的その他の意見・国民的または社会的出身・貧富・出生・その他の類する基準による不利な差別なしに、武力紛争によって影響を受けるすべての者に適用されることを定めている (APII：2 条 (1))。

　加えて犠牲者の保護に関しては、大半の分野で、国際的武力紛争に関する諸規則が、非国際的武力紛争にも適用される慣習国際法となっていると考えられているが、その内容は、それぞれの状況において説明する。

4.2　共通 3 条が求める保護

　ジュネーブ諸条約共通 3 条は、非国際的武力紛争において、敵対行為に直接に参加しない者すべてに適用され、そうした者には、武器を放棄した軍隊の構成員・傷病者・被抑留者、そして言うまでもなく文民が含まれる。

　共通 3 条が定める保護は、次のとおりである。

　①差別のない人道的待遇

　　差別が禁止される事由としては、人種・(皮膚の)色・宗教・信条・性別・門地・貧富が例示されている。また人道的待遇の一部として、暴行 (殺人・傷害・虐待・拷問を含む)、人質にとること、個人の尊厳の侵害 (侮辱的で体面を汚す待遇を含む) が禁止される。また、判決の言い渡しや刑の執行には、正規の裁判所による文明国に不可欠な手続保障に基づく裁判を経ることが必要とされる。

　②傷者・病者・難船者の収容と看護

　　軍隊の構成員や文民を問わず、傷者・病者・難船者は、収容され、看護されるという保護を受ける。

③人道的救援団体の活動の承認

　ICRC その他の人道的救援団体が、その役務を紛争当事者に提供することが承認される。

　共通3条が定める保護は、以上のみであるが、紛争当事者は、国際的武力紛争に適用される他の規定についても、特別の協定を結んで実施することが奨励されている（GC：3条(2)）。

4.3　人道的待遇

4.3.1　第2追加議定書

　第2追加議定書の人道的待遇の規定は、基本的な保障(4条)、自由を制限されている者(5条)、刑事訴追(6条)から成っており、それぞれの規定が数多くの保障を含んでいる。これらの規定は、文民に限らず、すべての者に適用される。また、自由を奪われ、制限されている者に対する保護は、武力紛争が終了した後でも、自由のはく奪や制限が終了する時まで適用される(2条(2))。

(1) 基本的な保障

　基本的な保障は、以下のものを含んでいる(4条)。

①尊重と「助命なし」の禁止

　敵対行為に直接参加しない者や参加を終了した者はすべて、その自由が制限されているか否かにかかわらず、身体、名誉、信条及・宗教上の実践を尊重される権利を有し、差別なしに人道的に取り扱われる。その関連で、生存者を残さないよう命令することは、禁止される。

②禁止行為

　以下の行為は、状況や場所を問わず禁止される。(a) 暴力行為(殺人、拷問・身体切断・身体刑などの虐待を含む)、(b) 集団罰、(c) 人質を取る行為、(d) テロ行為、(e) 個人の尊厳に対する侵害(侮辱的で体面を汚す待遇・強姦・強制売春・わいせつ行為を含む)、(f) 奴隷制度・奴隷取引、(g) 略奪、(f) 以上に掲げた禁止行為を行うとの脅迫。

③児童への保護と援助

児童には必要とする保護と援助が与えられ、以下のものが含まれる。(a)
父母その他の保護者の希望に添った教育、(b) 離散家族との再開のための措置、(c) 15 歳未満の児童を軍隊・武装集団に採用することや敵対行為に参加させることの禁止、(d) 15 歳未満の児童が敵対行為に直接参加し捕らえられた場合の保護の継続、(e) 一定の条件の下に児童を安全地域に移動させる措置。

(2) 自由を制限されている者

次に、自由を制限されている者とは、拘束の名目を問わず、武力紛争に関連する理由で、自由を奪われた者(被抑留者)と、その他の方法で自由が制限された者(被制限者)である。非国際的武力紛争には捕虜の待遇に関する規則はないが、戦闘によって拘束された者も含めて、自由を制限されている者に認められる保護を受ける(5 条)。被抑留者については、傷病者の扱い、食料・飲料水・保健衛生・気候・危険からの保護、救済品の受領、宗教の実践と援助、労働条件の保護における尊重が定められている。また、被抑留者の収容・抑留においては、可能な範囲内で、女性の男性区画からの分離と女性による監視(家族を除く)、手紙の発受信、戦闘の危険の回避、健康診断、健康・健全を脅かさないことなどの尊重が求められる。被抑留者が解放される場合には、安全を確保する措置が取られる。被抑留者ではない被制限者は、自宅軟禁などを含むが、傷病者の扱い、救済品の受領、宗教の実践と援助、手紙の発受信が尊重される。

(3) 刑事訴追

刑事訴追の規定(6 条)は、武力紛争に関連する犯罪の訴追・処罰に適用される。そこで保障されているのは、まず、有罪や刑の執行の前提としての独立・公平な裁判所の判決の必要性、遅滞のない容疑の告知、防御のための権利・手段、自己の刑事責任以外の犯罪での有罪判決の禁止、遡及処罰・加重罰の禁止、無罪の推定、裁判への出席、不利益供述・自白の強要禁止、有罪判決に対する救済措置と期限の告知などの基本的な刑事手続上の権利であ

る。この権利のリストは、第1追加議定書の基本的な保障に規定されたもの（API：75条(4)）に類似するが、それよりはわずかに少ない。また、犯行時18歳未満の者に対する死刑判決と妊婦・幼児の母に対する死刑執行は禁止される。さらに、武力紛争に参加した者や武力紛争に関連する理由で自由を奪われた者については、権限ある当局が敵対行為終了の際に広範な恩赦を与えるよう努力すべきことが規定されている。

4.3.3　慣習国際法

(1) 基本的保障と特別な保護を享受する者

　ICRC の慣習国際法の研究は、基本的保障としてまとめられた諸規則が、非国際的武力紛争にも適用されることを確認している（ICRC 慣習法：32章）。その適用を受けるのは、敵対行為に直接参加していないすべての文民と戦闘外に置かれたすべての者である。その基本的保障には、刑事訴追に関する規則も含まれている。

　その基本的保障では、人道的待遇と各種の事由による差別の禁止という一般的規則の下に、禁止される行為として、殺害・拷問等・身体刑・身体切断や人体実験等・強かんその他の性暴力・奴隷制や奴隷取引・強制労働・人質を取ること・人間の盾・強制失踪・恣意的な自由のはく奪を挙げ、また、信念や宗教的実践・家族生活の尊重を確認している（ICRC 慣習法：規則 87-99、104、105）。また、刑事訴追については、公正な裁判の保障・罪刑法定主義・個人責任原則や集団罰の禁止を確認している（同：規則 100-103）。

　また、特別な保護を享受する者に関する規則も非国際的武力紛争に適用される（同：39章）。具体的には、女性は保護・健康・援助のための固有の必要性が尊重されなければならず、子どもは特別の尊重と保護を受ける権利を持つこと（同：規則 134、135）、また、武力紛争の影響を受ける高齢者・障がい者・虚弱者も特別の尊重と保護を受ける権利を持つことが（同：規則 138）確認されている。さらに子どもについては、子どもが軍隊や武装集団に徴募され、あるいは敵対行為への参加を許されてはならないことを確認している（同：規則 136、137）。

　なお、個人の財産について第2追加議定書は、略奪の禁止を基本的保障の一つとして規定するのみであるが、ICRC の慣習国際法の研究では、非国際的武力紛争においても、略奪に加えて、敵対者の財産への絶対的な軍事的必要性のない破壊や押収を禁止している（同：規則 50、52）。

(2) 自由を奪われた者

　ICRC の慣習国際法の研究は、自由を奪われた者に関する諸規則が、非国際的武力紛争においても、敵対行為に直接参加して敵に捕らえられた者や犯罪容疑や安全保障の理由で抑留された者に適用されることを確認している（ICRC 慣習法：37 章）。すなわち非国際的武力紛争には捕虜という概念はないものの、敵対行為に直接参加して敵に捕らえられた者にも一定の待遇を保障すべきことが確認されている。

　自由を奪われた者に関しては、十分な食料・水・衣服・避難所・医療上の配慮の提供、女性の男性区画からの分離と女性による監視や子どもの成人からの分離（家族を除く）、戦闘や健康・衛生上の危険からの回避、略奪の禁止、抑留者の情報の記録、家族との通信、親族をはじめとする訪問者との面会、信念や宗教的実践の尊重、抑留理由がなくなった場合の早期の釈放に関する規則が挙げられている（同：規則 118-123、125-127、128C）。また、自由を奪われた者に関して ICRC が、抑留状態の確認や家族との通信のために、訪問に関するサービスを紛争当事者に申し出ることができることが認められている（同：規則 124B）。

4.4　傷者、病者及び難船者

4.4.1　第2追加議定書

　第2追加議定書における傷病者・難船者の保護の規定は、武力紛争に参加したか否かを問わず、文民を含めたすべての者に適用される（7 条(1)）。他方で、傷病者・難船者に関わる規定は、一般的で簡単なものにとどまり、この編の規定の多くは医療活動に関するものである。

　傷病者・難船者は、すべての場合において人道的に取り扱われ、実行可能

である限り、できるだけ速やかに必要とされる医療上の看護・手当を受け、また、医療上の理由以外での差別は禁止される（7条(2)）。さらに、事情が許す場合という緩やかな義務ではあるが、紛争当事者は、交戦の後に傷病者・難船者を捜索・収容し、略奪・虐待から保護し、十分な看護を確保しなければならない（8条）。死者について紛争当事者は、死者を捜索し、はく奪を防止し、死体を丁寧に処理するために遅滞なくすべての可能な措置をとらなければならない（同前）。

　傷病者・難船者に関する第2追加議定書のその余の規定は、医療活動の保護に関するものである。

　医療要員・宗教要員は、尊重・保護され、すべての利用可能な援助を与えられ、その反面で、人道的使命と両立しない任務を強要されず、また医療要員は医療上の理由以外で特定の者への優先を求められない（9条）。医療上の任務については、医療上の倫理に合致した医療活動は処罰されず、医療上の倫理規則・議定書に反する行為の強要や逆にそれらが求める行為への制限は禁止され、傷病者に関する守秘義務は尊重されて情報を提供しないことを理由に処罰されない（10条）。医療組織・医療用輸送手段は、常に尊重・保護されて攻撃対象とすることは禁止されるが、その保護は、人道的任務から逸脱して敵対行為を行うために使用される場合には、合理的な期限を定める警告が無視された後に消滅する（11条）。以上の医療要員・宗教要員や医療組織・医療用輸送手段は、特殊標章を表示するものとされ、特殊標章はすべての場合において尊重される（12条）。

　これらの医療活動の保護に関する規定は、簡単ではあるが第1追加議定書における保護と同趣旨である。ただし、医療活動に対する復仇や報復を禁止する定めはない。

4.4.2　慣習国際法

　ICRCの慣習国際法の研究は、すでに国際的武力紛争において触れた傷者、病者及び難船者や死者・行方不明者、医療活動の保護に関する諸規則が、非国際的武力紛争にも適用されることを確認している（ICRC慣習法：7章、34-36章）。

　傷者、病者及び難船者は、差別されることなく紛争当事者による捜索・収容・避難の措置や医療上の看護などを受け、虐待や略奪から保護されるための措置を受ける (ICRC 慣習法：規則 109-111)。

　戦闘の後に紛争当事者は、死者について、その捜索・収容・避難や略奪防止のためのすべての可能な措置を差別なしに取ること、死体損壊を行わないこと、遺体・遺品を親族に返還する努力を行うこと、情報を記録すること、敬意を持った埋葬を行って墓地を維持しマークすることとされる (同：規則 112-116)。なお、遺体・遺品の返還の規則について、ICRC の慣習国際法の研究は、非国際的武力紛争にも適用される傾向にはあり、適用すべきだとしながらも、断定はしていない (同：規則 114)。

　行方不明者について紛争当事者は、その行方を説明するためのすべての可能な措置を取り、持っている情報を家族に伝えるものとされる (同：規則 117)。

　医療活動については、医療活動や宗教要員が人道的任務を超えて敵に害悪を与えない限りあらゆる状況で保護され、医療倫理に合致する医療活動への処罰やその倫理に反する医療活動の強制が禁止される (同：規則 25-29)。

4.5　文民たる住民と救援団体

4.5.1　第2追加議定書

　これまで述べた第2追加議定書における非国際的武力紛争の犠牲者の保護の規定には、個人の類型に基づく区別はないが、それに加えて文民たる住民のみを対象とする規定も置かれている (13-18 条)。文民は、それらの規定による保護を、敵対行為に直接参加していない限り受けることができる (13 条 (1))。

　ただし、そこで定められた規定のいくつかは、文民等を攻撃対象とすることや恐怖を広める目的で暴力行為やその威嚇をすることの禁止 (13 条 (2))、文民を飢餓の状態に置くことの禁止 (14 条)、危険な力を内蔵する工作物及び施設を攻撃対象とすることの禁止 (15 条)、文化財・礼拝所を敵対行為の対象とし軍事利用することの禁止 (16 条) など、攻撃対象や戦闘の方法及び手段に関わるものであり、すでに害敵手段の項で触れたとおりである (第2章の 1.7「非国際的武力紛争における攻撃対象」、2.6「非国際的武力紛争における戦闘の

方法及び手段」)。

　文民自体の保護としては、個々の文民とその集団としての文民たる住民は、軍事行動から生じる危険から一般的な保護を受ける (13条(1))。また、紛争に関連する理由での文民たる住民に対する移動命令は、原則として禁止される (17条)。例外は、文民の安全・絶対的な軍事上の理由で必要とされる場合であるが、その場合にも、住民に受け入れられるための住居・衛生・保健・安全・栄養に関する可能な措置をとらなければならない。

　また、文民たる住民に関わるものとして第2追加議定書は、救援団体や文民たる住民による救援活動に関する規定を置き、関係締約国の同意を条件として、武力紛争の犠牲者の収容・看護、食料・医療用品など住民の生存に不可欠な物資に関する救援活動を認めている (18条)。一見奇妙なのは、本条が述べる救援団体は、各国の赤十字社や赤新月社などの「締約国の領域にある救済団体」であり、共通3条や第1追加議定書 (9条) にあるような ICRC には言及されていないことである。これは第2追加議定書の制定過程で、非国際的武力紛争に国際的な外部の救援団体による直接介入に強い懸念が表明されたためであるとされる (藤田:239頁)。それにもかかわらず第2追加議定書は、共通3条の適用条件を「変更することなく発展させかつ補完するもの」(1条(1)) であることから、共通3条が認める ICRC を含む人道的救援団体による救援活動が妨げられるとは考えられない。

4.5.2　慣習国際法

　ICRC の慣習国際法の研究は、非国際的武力紛争における文民の保護について、すでに触れたように、他の個人の類型と区別することなく基本的保障その他の保護の規則を確認している (ICRC 慣習法:32章、34-37章、39章)。

　それに加えて、文民の移動について、紛争当事者は、文民の安全・絶対的な軍事上の理由で必要とされる場合を除き文民たる住民に移動を命じることはできず (同:規則129B)、移動させる場合には家族を分離することなく、住民に受け入れられるための住居・衛生・保健・安全・栄養に関するすべての可能な措置を取らなければならない (同:規則131)。そして移動させられた

文民は、移動を必要とする理由がなくなった場合に安全かつ速やかに帰還できる権利を有し（同：規則 132）、その財産権を尊重されなければならない（同：規則 133）。

　さらに ICRC の慣習国際法の研究は、文民を救援するための人道的救援活動に関する規則を確認している。紛争当事者は、困窮する文民のために速やかで障害のない人道的救援が通過できることを認め、かつ促進しなければならない（同：規則 55）。ただしその救済は、公平で区別のないものでなければならない。また紛争当事者は、絶対的な軍事的必要性による一時的な制限を除き、許可を受けた人道的救援の任務に必要な要員が移動する自由を、確保しなければならない（同：規則 56）。

4.6　犠牲者の保護に関する戦争犯罪

　非国際的武力紛争においては、国際的武力紛争に比べて限定的ではあるが、犠牲者の保護に関する違反行為が戦争犯罪とされている。ICC 規程では、すでに害敵手段の規制で触れた戦争犯罪に加えて、生命・身体に対する加害（特に殺人、身体の切断、虐待、拷問）、死者の遺体の損壊を含むと考えられる個人の尊厳の侵害、人質を取ること、裁判上の保障と正規の裁判所の判決によらない刑の言い渡しや執行は、ジュネーブ諸条約共通 3 条の著しい違反として戦争犯罪とされている（ICC 規程：8 条 (2) (c) (i) - (iv)）。また、都市等での略奪、あらゆる形態の性的暴力で共通 3 条の重大な違反を構成する行為、15 歳未満の子どもの軍隊・武装集団への強制的徴集や志願に基づく編入、敵対行為に積極的に参加させるための使用、正当な理由のない文民たる住民の移動は、非国際的武力紛争の法規慣例違反として戦争犯罪とされている（ICC 規程：8 条 (2) (e) (v) - (viii)）。

5.　武力紛争法と国際人権法

5.1　両者の抵触の可能性

　武力紛争において紛争当事者となる国家にとって、文民や文民たる住民に

相当する個人やその集団に対しては、国際人権法の下での義務も存在する。特に国際人権法の下での国家の義務は、一般にその国家の領域かつまたは管轄下にある個人に対して負う義務である。そのため国家は、その領域内にある個人（自国民、外国人、無国籍者）だけではなく、占領地域や軍事行動の過程で抑留した個人に対しても、国際人権法に基づく義務を負っている。その場合に理論上問題となるのは、武力紛争の場合に国家が個人に対して負うことになる武力紛争法上の義務と国際人権法上の義務とはどのような関係に立つのか、言いかえればそれぞれの法が国家に求める義務の内容が異なり抵触する場合に、いずれが優先して適用されるのかということである。

　武力紛争法と国際人権法との抵触が端的に表れるのは、戦闘員や捕虜の地位についてである。戦闘員は、国家等の軍隊の構成員として敵対的行為に参加して犯罪に問われることなく人を殺傷する特権を持つ反面で、敵の敵対的行為によって合法的に殺傷される立場にある。その場合に、国際人権法が個人に認める生命への権利は保障されるということができるのか。あるいは、戦闘員を含んで捕虜の地位にある者は、犯罪の嫌疑などの個別の理由がなくとも、また、裁判などの手続を経ることなしに、敵対行為が終了するまで無期限に拘束される。そのことは恣意的な拘禁を禁止し、司法手続を保障する国際人権法に違反することにはならないのか。もちろん国際人権法の側も、1966年の市民的及び政治的権利に関する国際規約（自由権規約：ICCPR）など、緊急事態において一定の人権を保障する国家の義務に逸脱を許容している場合もある（ICCPR：4条）。しかし、そのような逸脱を認めることは国際人権法にとってきわめて例外的なものであって、また、生命への権利は逸脱の対象とされていない。

5.2　伝統的な理解：特別法優位説

　武力紛争法と国際人権法との関係に関する従来の多数の考え方は、武力紛争法、特にその中での人権に関わる規則を、武力紛争という特殊な状況に適用される、国際人権法の特別法（lex specialis）とするものである。それによって、特別法は一般法に優先するという法の一般規則に基づいて、武力紛争法を国

際人権法に優先して適用することになる。この考え方は理論的にも明快であり、実際に武力紛争の状況において、国家に国際人権法上の義務のすべての履行を求めることが、現実的ではないこともある。他方で、武力紛争法と国際人権法とはその目的も射程も異なり、国際人権法が特定の権利や特定の集団についてより詳細な規定を持っていることも多い。そして武力紛争法の規則に定めが存在しない、あるいは一般的な定めしかない場合には、詳しい規定を持つ国際人権法の適用がまったく排除されてしまうのか、そのことに合理性はあるのかという問題も生じてくる。

　なお、ICJ は、かつて武力紛争においても自由権規約が適用され続けることを認めながらも、同規約の保障内容を判断するために武力紛争法が特別法として適用されるとの考え方を次のように示したことがある（核兵器勧告的意見 1996 年 7 月 8 日 25 項）。

　　　裁判所は、市民的及び政治的権利に関する国際規約は、一定の条項が国家の非常事態において逸脱する（derogate）措置をとることができる第 4 条の作用を除き、戦時において停止することはない。また生命への権利の尊重は、そうした逸脱できる条項ではない。人の生命が恣意的に奪われない権利は、原則として、敵対状況においても適用される。しかしながら、何が生命を恣意的に奪うことなのかは、さらに適用可能な特別法、すなわち敵対行為を規制するための、武力紛争に適用される法によって決定される。それゆえ、一定の戦闘兵器の使用による特定の生命の喪失が、規約 6 条に違反する生命の恣意的なはく奪と考えられるかどうかは、武力紛争に適用可能な法を参照してのみ決定できるのであり、規約それ自身の文言から推論されるわけではない。

　しかし ICJ は、その後、「裁判所に付託された問題に答えるためには、裁判所は、国際法のこうした分野の両方、すなわち人権法と特別法としての国際人道法を考慮することになる。」との見解を示し（イスラエルの壁事件 2004 年 7 月 9 日勧告的意見 106 項）、さらにその見解を再論した上で、「国際人権文書は、『国家がそれ自身の領域の外でその管轄権を行使した行為に関して』、すなわ

ち特に占領地において適用可能である。」との見解を示した（コンゴ民主共和国対ウガンダ 2005 年 12 月 19 日判決 218 項）。こうした ICJ の見解は、国際人道法が特別法として国際人権法の適用を排除するというよりも、むしろ両者が同時に適用されるとの立場に立っていると考えられる。

5.3　現在における支配的な理解：相互補完説

　現在では、特別法の規則などによって一方の適用を排除するのではなく、国際法全体の枠組みを考慮しながら、適用される状況に応じて最も適切と考えられる規則や規定を適用することが適切であるという考え方が支配的である。このような考え方は、第 1 追加議定書が、紛争当事者の権力内にある者の待遇に関する規定は「国際的な武力紛争の際に基本的人権の保護に関して適用される他の国際法の諸規則に追加される」ものであるとし（API：72 条）、「この条のいかなる規定も、適用される国際法の諸規則に基づき…一層厚い保護を与える他の一層有利な規定を制限し又は侵害するものと解してはならない。」（API：75 条 (8)）と定めていることに整合する。ここでいう「国際法の諸規則」が国際人権法を含むことは言うまでもない。

　この点について、自由権規約の条約機関である自由権規約委員会は、その一般的意見の中で、次のように述べている（一般的意見 31 号「規約締約国の一般的法的義務の性質」(2004 年) 11 項）。

　　　規約は、国際人道法の規則が適用される武力紛争下の状況においても適用される。いくつかの規約の権利に関しては、その解釈の目的にとって国際人道法のより詳細な規則が特別に関連するものもあろうが、両法分野は、相互補完的であって、互いに排他的なものではない。

　こうした考え方に立てば、特に文民の保護については、武力紛争法の規則のみならず、個々の状況に応じて国際人権法の関係する規定によって、紛争当事者の義務と文民に認められる権利が検討される必要がある。とりわけ今日の国際人権法の中には、武力紛争の状況を想定してより詳細で包括的な保護を提供することは少なくない。そのことは、特にすでに触れた女性や子ど

もの保護について当てはまる。

　子どもの保護に関しては、すでに触れたように、子どもの権利条約が、武力紛争の性質(国際的・非国際的)にかかわらず、子どもに保障されるべき保護・擁護を定める規定を持ち(CRC:38 条)、さらには、その武力紛争選択議定書が、子ども兵士に関わる禁止や規制を詳細に定めるにいたっている。

　女性の保護に関して女性差別撤廃条約は、武力紛争を対象とする特別の規定を持っていないが、その条約機関である女性差別撤廃委員会は、その一般的勧告において、武力紛争の性質、烈度、あるいは時期(紛争予防・紛争中・紛争後)を問わずに、武力紛争に関連した状況からの女性に対する保護を詳細に検討し、勧告している(一般的勧告 30 号「紛争予防・紛争中・紛争後の状況における女性」(2013 年))。この一般的勧告において女性差別撤廃委員会は、先の自由権規約委員会と同様に、国際人権法である女性差別撤廃条約と国際人道法(武力紛争法)とは、「同時に適用されるものであり、両者の異なる保護は相互補完的であって、相互に排他的ではない」という理解を示している(20 項)。そして武力紛争に関連する女性の権利は、女性差別撤廃条約と「国際人道法、難民法、刑事法に基づく相互補完的な保護で構成される国際法体系」によって保障されることを指摘している(19 項)。

　以上のような考え方に立てば、武力紛争下における文民の保護については、文民がおかれた状況に応じて、武力紛争法における保護のみならず、国際人権法をはじめとする他の国際法分野による権利や保障も併せて検討されるべきことになるだろう(GCI 注釈:39-41 項)。

　この点について、ICRC の慣習国際法の研究は、国連総会が武力紛争の状況下での人権法違反を非難する決議を繰り返してきたことなどを指摘して、武力紛争下でも人権法が適用されなければならないとする、広範な国家実行が存在するとしている(ICRC 慣習法:32 章注釈[303 頁])。

第4章　実施と履行の確保

　慣習国際法と条約法からなる武力紛争法の実施と履行確保、すなわち武力紛争法をどのように各国家に守らせていくのかという問題は、基本的には、国際法をどのように守らせていくのかという国際法一般に共通する問題である。そのため、武力紛争法の履行は、まず各種の自力救済や違反した場合の国家責任など国際法に共通する履行確保の手段に委ねられることになるが、個々の条約においてそれらの手段が制限または拡張されている場合がある。また、国家やその軍隊による履行を確実にするために、条約によって、追加的な義務が締約国に課され、紛争当事者以外の関与を認め、特別の履行監視システムを設けるなどの特別の措置が設けられている。加えて、武力紛争法に対する重大な違反に対しては、それを戦争犯罪として個人の刑事責任を追及することによって、違反を抑止しようとしている。

　さらに、武力紛争法には、他の国際法には見られない特有の問題も存在する。すなわち武力紛争法は、国際的武力紛争と非国際的武力紛争の両方において、紛争当事者が国家ではない非国家主体の軍事活動も対象としている。しかし、そのことは、慣習国際法や条約法の形成に参加せず、また条約の当事者でもない民族解放運動や武装集団に対して、武力紛争法をどのように守らせるのかという困難な問題も抱えることになる。

　以下では、以上の問題を、国際法に共通した履行確保の手段、武力紛争法で追加された措置、個人の刑事責任としての戦争犯罪、そして、非国家主体の義務と履行確保に分けて説明する。

1. 国際法に共通した履行確保の手段

国際法一般において、国家による国際法上の義務の履行を確保する手段としては、大きく分けて相互主義や復仇などによる自力救済と、違反行為に対する事後的な国家責任の追及がある。

1.1　相互主義

相互主義とは、一方の国家に条約などの国際法の効力が及ばない場合には他方の国家もそれに拘束されない、あるいは一方の国家が重大な違反を行う場合には他方の国家はその義務を停止・終了できるという運用である。相互主義は、ハーグ陸戦条約などかつての多くの戦争法規が、そこでの規則は紛争当事者がすべて条約の当事国である場合にのみ適用されるという総加入条項を持っていたなど、武力紛争法においても広範に用いられていた。しかし、次第に総加入条項は用いられなくなり、むしろ武力紛争法が武力紛争によって影響を受ける者を保護するための人道法としての側面を強める中で、相互主義が持つ役割は小さくなっている。例えばジュネーブ諸条約共通1条も第1追加議定書（1条1項）も、それらの条約が定める規則を締約国は、相手国の対応にかかわらず、「すべての場合に」尊重すべきものとしている。それでも武力紛争法の尊重を相手国に促すためには、相互主義は、一定の意味を持っている。

ICRCの慣習国際法の研究は、国際的・非国際的武力紛争に共通する規則として、武力紛争法を尊重し遵守する紛争当事者の義務が相互主義に依存しないとして、相互主義からは区別された義務を確認している（ICRC慣習法：規則140）。

1.2　復　仇

復仇とは、双方の国家が国際法の義務のもとにあることを前提として、一方の国家がその国際法に違反する場合には、他方の国家がその違反に対抗して義務の履行を停止しても、その違法性が阻却されるというものである。復

仇は、武力紛争法においても、本来は違法となる形態の武力行使も含めて、かつては広範に用いられてきた。他方で、そうした復仇には、相手国の戦闘員や文民に対して非人道的な損害を与える可能性、また、武力による復仇に対しては相手国による再復仇を招く可能性があることから、安易な復仇に対する問題点も指摘されてきた。そのため、武力紛争における復仇については、敵国による違法行為の存在と復仇に訴えることの事前の通告、敵国による違法行為を止めさせるために他に手段がないこと、復仇措置は敵国の違法行為との関係で均衡を失するものではないこと、などの厳格な要件が課されるようになっていた。さらにジュネーブ諸条約や第1追加議定書は、すでに各所で触れてきたように多くの場合に復仇そのものを禁止している。例えば、第1条約や第2条約によって保護される傷病者・難船者・要員・建物・船舶・材料などについては、報復措置が禁止される（GCI：46条、GCII：47条）。捕虜についても報復措置が禁止される（GCIII：13条）。第4条約も、占領地域を含めて、同条約の被保護者である文民やその財産に対する報復を禁止する（GCIV：33条）。第1追加議定書はさらに進んで、傷病者・難船者に関係して保護される人や物（API：20条）、文民たる住民や文民（API：51条(6)）、攻撃対象とすることが禁止された物や施設（API：52条(1)、53条(c)、54条(4)、55条(2)、56条(4)）など、広範な対象について復仇を禁止している。

　他方で、それ以外の復仇は、明示的に禁止されてはおらず、例えば、違法な戦闘の方法及び手段、その中で禁止された兵器の使用について、復仇を禁止する規定はない。そのため例えば、化学兵器、生物兵器、核兵器などの大量破壊兵器を復仇の手段として使用することの是非が問題となる。敵国のそれ以外の武力紛争法の違反に対する復仇として大量破壊兵器を用いることは、均衡性を欠くことから許容されないであろうが、敵国の大量破壊兵器の使用に対して同様の兵器を用いた復仇（同種復仇）を行うことについては、いまだ世界では趨勢である核抑止論などを含めて、議論が存在する（藤田：187頁）。もちろんすべての戦闘の方法及び手段や兵器は、文民たる住民や文民に対する使用など、復仇としての攻撃が禁止された対象に使用することはできないが、それ以外の攻撃での使用については議論が残るであろう。核兵器の使用

について言えば、すでに「核兵器」の項 (第 2 章の 3.8) で触れたように、ICJ の勧告的意見は、一般的には違法であるとしながらも極端な自衛の状況での使用について結論を回避している。他方で、最近成立した核兵器禁止条約の下では、「いかなる場合にも」核兵器の使用は禁止されている。

　ICRC の慣習国際法の研究は、国際的武力紛争に適用される規則として、復仇が一般国際法で禁止されていない場合でも厳しい条件に従い、ジュネーブ諸条約で保護された人や物への復仇は禁止されることを確認している (ICRC 慣習法：規則 145-147)。また、非国際的武力紛争については、紛争当事者が復仇を行う権利を持たないこと、また復仇以外の対抗措置についても、敵対行為に直接参加しない者・中止した者に対して行うことが禁止されることを確認している (同：規則 148)。

1.3　国家責任

1.3.1　武力紛争法違反に対する国家の請求権

　武力紛争法への違反、さらには第 3 編で触れる重大な人権侵害の規制や開戦法規への違反があった場合、国際法の下での国家の国際責任を規律するのは、国家責任の法理である。そして、国家責任の法理の法典化を試みたとされる国際法委員会による「国際違法行為に対する国家責任」(国家責任条文草案：2001 年) は、国際法上国家に帰属する国際義務の違反を国家の国際違法行為とし (2 条)、その違法性が阻却されない場合に、各種の法的効果を認めている。そうした国家責任の内容には、原状回復 (restitution)・金銭賠償 (compensation)・満足 (satisfaction) などの賠償 (reparation) が含まれ (34 条)、被害国が加害国に請求することが認められる (42 条)。また、違反された義務が国家集団・共同利益・国際社会全体に関わるようなものである場合、被害国以外の国も、加害国に対して、違反の停止・再発防止・被害国などへの賠償の履行を求めることができる (48 条)。さらに、その違反行為が、国際法の核となるような強行規範の重大な違反である場合には、他のすべての国家は、その違反や違反によって創り出された状況を認めたり支援・援助をしたりしてはならず、法的手段を通じて違反行為を終了させるために協力することにな

る（41条）。

　武力紛争法においても、古くから武力紛争法に違反して紛争当事者が与え
た損害や、自国の軍隊に属する者が行った行為について紛争当事者が賠償責
任を負うことが規定されている（1907年ハーグ陸戦条約3条、第1追加議定書91条）。

　ICRCの慣習国際法の研究は、国際的・非国際的武力紛争に共通する規則
として、国家は自らに帰属される武力紛争法の違反について責任を負うこと
と、責任を負う国家は生じた損失や損害について完全な賠償を行う必要があ
ることを確認している（ICRC慣習法：規則149、150）。

　しかし、さらに広く国家責任をめぐってはさまざまな問題が生じうる。例
えば、自国の正規の軍隊ではない武装勢力が他国であるいは他国の国民に損
害を与えた場合、国家が他国内の武力紛争の一方当事者を支援する場合など
において、国家には国家責任が成立するのかという問題がある。ICJは、こ
うした問題について、すでに「武力紛争の種別」の項（第1章の2）で触れたよ
うに、他国内での武装集団の行為に対して外国政府が国家責任を負うのは、
外国政府が武装集団に対して「実効的支配」を行使していた場合であると判
断している（1986年ニカラグア対アメリカ事件判決、2007年ボスニア対セルビア事
件判決）。

　また、交戦当事者によって武力紛争法の違反が行われている場合、武力紛
争法とは無関係の第三国は、その違反に対しどのような権利や義務を持つの
かという問題もある。それについては、すでに触れた国家責任条文草案では、
国際法の強行規範（peremptory norm）や国際社会全体に対する義務の違反など
の場合に、第三国は、そうした違反を終わらせるために協力することとされ、
また違反国の責任を追及できるとしている（40条、41条、48条）。重大な武力
紛争法の違反は、まさにそのような場合に該当する。また、ICRCの慣習国
際法の研究は、国際的・非国際的武力紛争に共通する規則として、第三国を
含む国家が紛争当事者による武力紛争法違反を奨励してはならず、それを止
めさせるために可能な範囲で影響力を行使しなければならないことを確認し
ている（ICRC慣習法：規則144）。

　実際には、こうした賠償責任も、武力紛争が継続している間は実行されに

くい。また、武力紛争が終了した後も、賠償は敗戦国が戦勝国に対して行う片面的なものとされることが多い。また賠償の算定も、違法行為に基づく損害額というよりもすべての損害に対する包括的支払いの形をとることが多い。そのため国家に賠償責任が発生するという法理が、個々の違法行為に対する制裁としてどこまで意味を持つのかという問題が存在する。

1.3.2　非国家主体の請求権

　武力紛争法の違反によって損害を被るのは、国家だけではない。むしろ実際に損害を受けるのは、兵士や捕虜、そして文民である。そのため、国家に帰属される武力紛争法の違反があった場合に、国家以外の主体が責任のある国家に対して賠償を請求することができるのかという問題も、武力紛争法の履行を国家に促すためには重要となる。

　ここで問題となるのは、非国家主体が国際法の下で、権利義務の主体となり、国際的な請求を行う国際法上の法人格を持っているのかという、国際法の法主体性である。伝統的な国際法の理解によれば、国際法上の法人格を持つのは国家だけであり、それ以外の主体は諸国家によって創り出される国際法の客体にすぎず、少なくとも諸国家が条約などにとって特別の手続を設けない限り、国家以外の国際組織や個人は、国際法に基づく請求を行うことはできないことになる。

　諸国家が設立した国際組織については、ICJ が比較的初期において、伝統的な国際法観を拡大する判断を行った。この事件は、エルサレムで任務を遂行中の国連職員が暗殺されたことについて国連総会などが ICJ に勧告的意見を求めたものである。ICJ はその勧告的意見において、国連に一定の国際法人格を認め、国連自身の損害のみならずその職員の損害についても、責任ある国家に対して国際的な請求を行うことができるとした（「国際連合の任務において被った損害の賠償」事件、1949 年 4 月 11 日）。国際組織が、その目的の範囲内でこうした一定の法人格を持つことは、今日では広く受け入れられている。

　より複雑な議論の中にあるのが、武力紛争によって被害を受けた個人や法

人などの請求権である。軍事行動や占領あるいは捕虜の待遇などにおける違反行為によって多くの被害を受けるのは実際には一般の市民や個々の兵士である。そして伝統的な国際法観においては、そうした個人や法人の被害は、所属する国家が代わって加害国に対して行う外交保護権を通じて回復することとされてきた。しかし、すでに触れたように武力紛争後の国家間の協定は片面的あるいは包括的な支払いであることが多く、個人や法人の被害が直接に反映されないことがある。あるいは、和平合意を優先させて国家が請求権を放棄してしまう場合がある。そのため、国際法上の個人や法人の請求権が存在するのか、あるいは国家間の放棄によって消滅してしまうことになるのか、などの問題が争われてきた。そして、伝統的な国際法観に立つ場合には、国際法上の法主体性を持たない個人や法人には、そのような権利はなく、あったとしても国家間の合意によって消滅してしまうとの解釈もありうる。こうした問題は、日本においても、第2次世界大戦中の原爆被害者、強制連行、「慰安婦」の裁判などで、提起されてきた。

　個人や法人の国際法上の法主体性という意味では、国際法は、そうした非国家主体の承認を一律に否定してきたわけではない。例えば、国際法上の義務という側面では、17、18世紀においてすでに海賊行為が国際法違反の犯罪とされ、すべての国家の普遍的管轄権に従うものと考えられてきた。武力紛争法においても、1899年と1907年のハーグ諸条約をはじめとして、国際法の下での一定の戦争犯罪の概念が承認され、個人はそれらに違反してはならないとの義務を課されるようになった。また、すでに触れた非国際的武力紛争に関するジュネーブ諸条約や第2追加議定書は、非国家の武装集団に国際法上の義務を課すことを当然の前提としている。

　個人や法人の国際法上の権利という側面については、第2次世界大戦後の国際人権法の発展がある。国際人権法は、国際法の下での個人や集団の権利を承認して、国際的な監視を通じてそれを保障している。こうした国際人権法の下での権利は、国家の恣意によって否定したり、はく奪したりすることはできない。そのような傾向は、他の法分野においても顕著になりつつある。例えば、国際経済法においては、投資条約の規定を前提としてではあるが、

企業が投資の受入国を相手に、損害賠償を求めて直接に国際仲裁に提訴することが可能となっている。

　このように国際法が、個人や法人を義務または権利の主体として承認するようになっている流れの中では、国際法は諸国家の法であるという形式的な原則のみによってこの問題への解答を導くことはできないであろう。例えば、第2次世界大戦において日本が他のアジア諸国の人々に与えたものの、戦後の国家間の条約や宣言によって請求権が放棄された被害に関し、日本の最高裁判所は、中国政府の宣言による個人請求権の放棄は、裁判上訴求する権能を失わせるとして訴えをしりぞけたものの、請求権を実体的に消滅させることを意味しないとして、個人の請求権の存在を前提とする判断を行った (2007年4月27日判決)。他方で韓国の大法院は、植民地統治や戦争中の被害について、日韓の間で締結された協定による請求権の放棄は、「不法な植民支配及び侵略戦争の遂行と直結した反人道的な不法行為」を対象とするものではなかったとしてその訴えを認め、同じく個人の請求権の存在を前提とする判断を行った (2018年10月30日判決)。

　民間の研究者団体である国際法協会 (ILA) は、2010年以降その下部の委員会に、「武力紛争の被害者の賠償に関する国際法の諸原則の宣言案」の起草作業を行わせているが、そこには、「武力紛争の被害者は、責任ある当事者からの賠償への権利を持つ」(6条) との規定が盛り込まれている。さらに近時では、後に触れるように (第3編の第4章「国際人道法違反に対する被害者の権利」)、国際人道法違反全般の被害者の救済について、いくつかの発展が存在する。こうした状況の下で、ICRC の慣習国際法の研究は、武力紛争法違反の個人の被害者が責任ある国家に対して直接に賠償を求めることを可能にするような傾向が高まっていると指摘している (ICRC 慣習法：規則150の注釈 [541頁])。

2. 武力紛争法における追加的な措置

　武力紛争法における諸条約は、他の条約と同様に、締約国に条約の規定を誠実に履行させる義務を課している。その上で、武力紛争という極限的な状

況における履行の確保という特殊性を考慮して、他の条約には通常見られない、追加的な措置が定められている。それらは、武力紛争法の尊重確保のための措置、武力紛争法の遵守を促進するための国際的なメカニズム、そして人道的救援団体によるものがある。

2.1　尊重確保のための措置

2.1.1　尊重と尊重確保の義務

　武力紛争法において中心的な1949年ジュネーブ諸条約は、その共通1条において、締約国が「すべての場合において、この条約を尊重し、且つ、この条約の尊重を確保する」という一般的な義務を課している。この一般的な義務は、国家が、自ら条約を尊重することに加えて、条約がその国家以外の主体によって尊重されることを確保するという義務が含まれている（GCI注釈：118項）。そして、尊重を確保する義務は、締約国の領域内にある国家機関や一般人に条約を尊重させるために必要なすべての措置をとることだけでなく、非締約国を含む他の国家による尊重を確保することも含んでいると考えられている（同：120項）。この「尊重し、かつ尊重を確保する」義務は、1977年第1追加議定書においても踏襲されている（API：1条(1)）。また、ICRCの慣習国際法の研究は、国際的・非国際的武力紛争に共通する規則として、紛争当事者が武力紛争法を尊重し、またその軍隊、その指揮・決定・支配の下に行動する者や集団による尊重を確保しなければならないことを確認している（ICRC慣習法：規則139）。

　このような尊重を確保する義務のうち、他の国家による尊重を確保することについては、「武力紛争法違反に対する国家の請求権」（本章の1.3.1）ですでに触れた。以下では、武力紛争法が国家に求めている国内での実施措置について説明する。

2.1.2　国内実施措置

　武力紛争法が、国内での実施措置として国家に求めているのは、普及を中心とするいくつかの措置である。

　まず、ジュネーブ諸条約や第1追加議定書は、その規則を、自国の軍隊や市民社会に普及することを義務づける詳しい規定を定めている。ジュネーブ諸条約は、締約国が自国内で条約の本文を普及し、条約の原則を軍隊と市民社会に知らせることや、軍事教育などに条約の研究を含ませることを義務づけている（GCI：47条、GCII：48条、GCIII：127条、GCIV：144条）。この義務は、二つの追加議定書においても踏襲されている（API：80条、83条、87条(2)、APII：19条）。特に第1追加議定書は、ジュネーブ諸条約と同議定書の遵守を確保するために「命令及び指示を与え、並びにその実施について監督する」ことや（API：80条(1)）、軍隊の指揮官に助言するための法律顧問を利用できるようにすることを（API：82条）、締約国に義務づけている。こうした指示や普及に関して、ICRCの慣習国際法の研究は、国際的・非国際的武力紛争に共通する規則として、法律顧問を利用可能とする国家の義務、軍隊に武力紛争法の指示を提供する国家や紛争当事者の義務、市民に武力紛争法の教育を促進する国家の義務を確認している（ICRC慣習法：規則141-143）。

　軍隊での普及ために実際に行われているのは、軍隊マニュアルの作成、軍隊構成員への訓練やプログラムの提供、法律アドバイザーの従軍、交戦規定カード（Rules of Engagement: ROE）の配布などがある。市民社会への普及のためには、大学などの教育機関や各国赤十字社が提供する武力紛争法や国際人道法の講座やパンフレットなどがある。

　なお、ジュネーブ諸条約や追加議定書は、それ以上に国内での実施措置、例えば締約国としての義務を国内で立法化することなどを具体的には定めていない。他方でジュネーブ諸条約は、条約の「公の訳文」と実施のために「制定する法令」を締約国の間で相互に通知することを義務づけている（GCI：48条、GCII：49条、GCIII：128条、GCIV：145条）。この義務によって、翻訳と国内法令による履行を奨励することが期待されている（GCI注釈：2785項）。第1追加議定書は、こうした通知義務を踏襲するが（API：84条）、さらに進んで、締約国に、ジュネーブ諸条約と議定書のもとでの義務を履行するために、「遅滞なくすべての必要な措置を取る義務」を課している（API：80条(1)）。ここでいうすべての措置は、立法・規則・実務上の措置を含むものであるが、締

約国の法秩序の中に編入されるべきものと理解されている（API 注釈：3294 項、3288 項）。

2.2　国際的なメカニズム

　国家、とりわけ履行に消極的な国家に、武力紛争法の履行を求めることは容易なことではない。武力紛争の勝敗は、場合によっては国家や時の政権の存亡に関わり、軍隊や市民を含めて多くの犠牲者をもたらす可能性がある。そのような国家にとってきわめて重要な問題に、他国や国際社会が口を出そうとすれば、国家はその主権を盾に、激しく反発することもある。

　武力紛争に関わるそのような状況において、ジュネーブ諸条約や追加議定書は、武力紛争法の遵守を促進しまたはそれに協力するための多角的な国際的メカニズムを設けている。それらには、利益保護国、国際事実調査委員会、人道的救援団体などがある。

2.2.1　利益保護国

　利益保護国（Protecting Powers）とは、紛争当事者ではなく、紛争当事者の一つによって指名され、全紛争当事者が承諾し、与えられる任務に同意した国をいう（GCI：8 条、GCII：8 条、GCIII：8 条、GCIV：9 条、API：2 条（c））。利益保護国は、対立関係にあって通常は国交を断絶している紛争当事者の間で、紛争当事者に代わって、武力紛争法の規則の実施を援助するための任務を持つ。

　ジュネーブ諸条約のもとで、利益保護国は、以下のような多方面の分野にわたって、一定の任務を行うことが認められている。

- 傷病・難船者の保護
  情報の伝達（GCI：16 条、GCII：19 条）、病院地帯・病院地区設定（GCI：23 条）
- 捕虜の待遇（GCIII）
  収容所の訪問・監視（56 条、126 条）、賃金の仲介・移送・精算（62 条、63 条、66 条）、補償請求（68 条）、所属国への通知・通信（69 条、71 条）、救済品（72 条、73 条）、通知・通信・救済品の輸送手段（75 条）、法律文書の伝達・送付（77

条、120 条）、苦情・要請 (78 条)、捕虜代表の選挙とその便益 (79 条、81 条)、懲戒 (96 条)、死刑 (100 条、101 条)、司法手続 (104 条、105 条、107 条)、遺言書 (120 条)、特別な死亡の場合の通知 (121 条)、捕虜情報の提供・伝達 (23 条、122 条)

- 文民の保護 (GCIV)

病院地帯・病院地区設定 (14 条)、文民宛の送付品 (23 条)、児童福祉 (24 条)、被保護者の申立 (30 条)、被保護者の領域退去・移送・追放 (35 条、45 条、49 条)、生活手段の支給 (39 条)、自発的抑留 (42 条)、抑留・住居指定に対する再審査手続 (43 条)、占領地域の食料・医療状態の調査・救済品の通過と分配 (55 条、59 条、61 条)、裁判手続の監視と援助 (71 条、72 条、74 条)、死刑 (75 条)、拘禁場所・収容所での待遇 (通知・訪問・手当の支給・苦情要請・被抑留者委員会の選挙と権限・懲戒) (76 条、96 条、98 条、101 条、102 条、104 条、105 条、123 条)、文民収容所の位置情報の提供 (83 条)、救済品 (108 条、109 条)、通知・通信・救済品の輸送手段 (111 条)、法律文書や死亡記録の伝達・送付 (113 条、129 条)、特別な死亡の場合の通知 (131 条)、情報の通知 (137 条)、被保護者がいる場所の監視 (143 条)。

以上に加えて、第 1 追加議定書は、敵権力の内にある者や被抑留者の身体の保護、行方不明者、捕虜決定手続、非武装地帯の合意、占領地域以外での救援活動、子どもの避難、締約国の国内法令等の通知などについて、利益保護国に一定の任務を認めている (API：11 条 (6)、33 条 (3)、45 条、60 条、70 条、78 条、84 条)。

このように利益保護国には、武力紛争における多方面での任務が期待されている。しかしながら実際には、その指名にすべての紛争当事者の承諾が条件とされることもあり、これまで利用された例は、ジュネーブ諸条約発効後わずか 5 件にとどまっている (GCI 注釈：1115 項)。

2.2.2　国際人道事実調査委員会

武力紛争法の違反は、仮にそれがあったとしても、当事者はそれを否定し、時には隠蔽しようとすることがある。そのため、紛争当事者に武力紛争法違

反を止めさせるためには、紛争当事者以外の第三者が、違反の事実を調査確認し、何らかの行動をとることが有効であることは言うまでもない。しかし前にも述べたように、自国の軍事行動に対する他国や国際社会の介入のメカニズムを設けることに対しては、消極的な国家が少なくない中で、有効なメカニズムは設けられていない。

　ジュネーブ諸条約には、紛争当事者の求めによって条約違反を調査するための調査手続 (enquiry procedure) の規定が設けられ、紛争当事者による要請がある場合には、調査が行われるとされていた (GCI：52条、GCII：53条、GCIII：132条、GCIV：149条)。しかし実際に調査を進めるための方法には関係国の合意が必要とされ、調査の手続が合意されない場合にはその手続を決定する審判者についても合意が必要であるとの、複雑な制度となっている。そのため、この調査手続が実際に利用されることはなかった (GCI注釈：3059項)。

　こうした問題を解決するために、第1追加議定書では、新たに、国際事実調査委員会 (International Fact-Finding Commission) というメカニズムが設けられた (API：90条)。この委員会に関する規定の効力が発生するためには、20カ国による権限受諾宣言が必要とされていたが、1991年にその要件を満たして、実際には、国際人道事実調査委員会 (International Humanitarian Fact-Finding Commission: IHFFC) という名称で設立された。

　IHFFC は、国家の代表ではなく個人の資格で職務を行う15人の委員で構成され、紛争当事者からの要請がある場合に、ジュネーブ諸条約と第1追加議定書の重大な違反行為や著しい違反についての事実の調査やあっせんを行うこととされている。しかしながら、この制度は、関係する紛争当事者が、あらかじめ国際事実調査委員会の権限を受け入れるという宣言を行っているか、あるいは調査に同意する場合にしかその任務を行うことができない。そのため現在まで、IHFFC が武力紛争法違反の事実調査のために招集されたことはない。

2.3　人道的救援団体

　利益保護国や IHFFC などの国際的なメカニズムが、実際には紛争当事者

によって十分に利用されていない下で、武力紛争法の尊重と履行の確保、特に武力紛争の犠牲者の保護に大きな役割を果たしているのは、赤十字運動その他の民間の人道的救援団体である。その中でも、赤十字国際委員会（ICRC）をはじめとする赤十字運動は、武力紛争法によって認められた任務の遂行だけでなく、その成立や発展、理解や知識の普及においても中心的な役割を果たしている。

また、他の民間の人道的救援団体には、国際人権団体と同じように、紛争当事者による武力紛争法の違反について、調査や告発を通じてその違反を止めさせるための国際社会の世論を喚起する活動を行うものもある。

2.3.1　赤十字運動と人道的救援団体

武力紛争の犠牲者を保護するための最初の 1864 年ジュネーブ条約を主導した ICRC は、国家でも諸国家が結成した国際機関でもなく、スイス法人である民間団体である。しかし、武力紛争法においては、国際法の形成や発展に大きな影響力を持ち、実際にもジュネーブ条約をはじめとする国際条約において武力紛争におけるその役割が承認されてきた。

当初は「5 人委員会」と称された ICRC は、すでに触れたアンリ・デュナンの訴えのもとに 1863 年にスイスに設置され、さらに同年、ICRC が各国に呼びかけた国際会議において、戦争の傷者の救済を行うための中立の国内団体を各国で設置することが決議された。それに従い、現在までに世界中のほぼすべての国において、国内の赤十字社・赤新月社が設置されている。国内の赤十字社・赤新月社は、また、第 1 次世界大戦を経た 1914 年に、各国の赤十字運動の連絡・調整のために、国際赤十字・赤新月社連盟（設立時は赤十字社連盟）を結成した。

赤十字運動は、ICRC、各国の赤十字社・赤新月社、国際赤十字・赤新月社連盟という 3 種類の団体の協力の下に行われている。赤十字運動が共有する原則は、「公平・中立・独立」の 3 原則、あるいはより詳細には「人道・公平・中立・独立・奉仕・単一・世界性」の 7 原則であるとされる。現在では、それぞれ主として、ICRC は武力紛争下での人道的救援、各国の赤十字社・赤

新月社は主に国内での医療及び自然災害の分野での人道的支援、国際赤十字・赤新月連盟は各国の赤十字社・赤新月社等の支援・調整などを行っている。

　実際の人道的救援活動は、その他の多くの民間団体 (NGO)、国連難民高等弁務官 (UNHCR) などの国際機関、そして政府系の援助組織によっても行われている。それらの人道的救援活動が、団体によってそれぞれにまとまりを欠いて行われる場合には、救援の効果を限定的なものとし、あるいは紛争当事者による政治的利用を招く危険性につながる。そのため国連は、1998 年に従来の人道的救援・支援活動を統合する形で、国連の事務局内に人道問題調整事務所 (OCHA) を設置し、武力紛争に限らず自然災害や感染症の流行などにおける人道的救援・支援活動の調整や強化を行っている。調査によれば、2018 年の時点で、人道的救援・支援活動に関わる現地要員は、世界で約 57 万人 (ただしその大半は現地国内で採用された要員) であり、その内訳は、赤十字運動が約 16 万人、その他の NGO が約 33 万人、国連機関が約 8 万人であるという (ALNAP, "The State of the Humantarian System 2018 Edition")。

　人道的救援活動が、武力紛争において直面する困難なジレンマの一つは、武力紛争法を遵守せず、あるいは兵士による違反を放置する紛争当事者に対して、どのような行動を取るべきなのかということである。紛争当事者のそのような違反行為やそれによって生じる非人道的な行為を放置することは、多くの犠牲者を生み出すことになる。他方で、人道的救援団体が、そのような紛争当事者の違反を調査し、告発し、非難することは、必ずしも人道的救援団体の本来の任務ではなく、また違反当事者の反感や反発を招き、人道的救援活動の遂行を困難にし、また要員の安全にも重大な危険を及ぼす危険性がある。

　赤十字運動は、その基本原則とする中立原則により、伝統的に紛争当事者にそのような公の非難や告発を行っていない。しかし、第 2 次世界大戦中のナチス支配下で移送されたユダヤ人の問題について、ICRC は、強制移送の事実やユダヤ人に対する迫害についての情報を得て、ICRC による訪問を要請していたが、当時のドイツ政府に拒否された。当時の ICRC は、そうした問題を対外的にアピールすべきかどうかを検討したが、1942 年にそうした

アピールを行うことを断念した。そうした判断について ICRC は、戦後になって「第 2 次世界大戦中に迫害されたユダヤ人及び他の市民集団を支援する ICRC の努力は、失敗であった」と総括している (ICRC 'The ICRC in WW II: The Holocaust', 24 January 2014)。ただし、当時のジュネーブ条約には、文民の保護は含まれていなかったことも考慮する必要があるだろう。

　また、ICRC の中立原則に対して紛争当事者への抗議活動の必要性が問われた例として有名なのは、1971 年の「国境なき医師団」(MSF) の設立に関わる逸話である。MSF の設立の中心となったフランスの医師は、1968 年から 1970 年にかけて約 200 万人の戦死者・餓死者を生み出したナイジェリアのビアフラ戦争において ICRC の医師として従事していたが、国際的な人道的救援活動が紛争当事者によって妨げられる状況を目撃した。しかし、ICRC が人道的救援活動の条件としてナイジェリア政府との間で事態を公表しないとの誓約をしていたため、そのような状況が ICRC によって公にされることはなかった。そのため、そのフランスの医師らは、自らメディアに向けて公然と紛争当事者を批判する行動を開始し、人道的救援活動に世論に向けて警告を発するという表明活動 (speak out) を含めるために MSF を結成したとされる。他方で、後に MSF は、1983 年から 1985 年にかけてのエチオピアの飢饉に対する医療支援活動を通じて、飢餓と貧困の一因が、自然災害以上にエチオピア政府が内戦に対抗するために住民を強制移住させたためであるという事実を公表し、それを批判するとともに強制移住の停止を要請した。そのため、MSF は、エチオピア政府によって追放されることとなった。

　赤十字運動は、伝統的にその中立性の原則のもとで、紛争当事者を公に告発・非難することはしないが、紛争当事者との対話による武力紛争法の履行監視や違反の是正のための努力を行っている。ただしその対話については、秘密性を原則とし、通報の出所や対話の内容を公にすることをしないこととされている。しかし、2005 年に採択した ICRC の政策文書においては、その秘密性も絶対的なものではなく、(a) 違反が重大で再発が予想される、(b) 職員自身が目撃しまたは確たる証拠で証明され、(c) 違反を終了させる努力が失敗し、かつ (d) 公表が影響・威迫を受ける人々・住民の利益となる場合には、

例外的に最終手段として事実を公にして非難する権利を持つとの方針をとっている（「暴力的状況にある人々を保護する国際人道法その他の基本的な規則の違反がある場合における国際赤十字委員会による行動」（ICRC 87巻858号、2005））。

2.3.2　武力紛争法における人道的救援団体の役割

ジュネーブ諸条約のもとでは、赤十字国際委員会（ICRC）その他の公平な人道的救援団体は、紛争当事国の同意を得て保護や救済などの人道的活動を行うことが認められている（GCI：9条、GCII：9条、GCIII：9条、GCIV：10条）。また、各国赤十字社・赤新月社その他の救援団体も、赤十字の諸原則に従って、占領地域において人道的活動を行うことが認められている（GCIV：63条）。さらにそれらの人道的救援団体は、利益保護国と同様の紛争当事者の要請や同意を受けて、利益保護国の任務を代理して行うこともできる（GCI：10条、GCII：10条、GCIII：10条、GCIV：11条）。しかしICRCは、自ら独立して人道的活動を行うことが認められていることから、特定の国を代理している印象を与えるのを嫌い、利益保護国の代理となることには消極的であるとされる（GCI注釈：1257、1258項）。このようなICRCや人道的救援団体に承認された立場や活動は、「人道的イニシアティブの権利」と呼ばれている（GCI注釈：1126項）。

ジュネーブ諸条約が具体的に認めている赤十字国際委員会または各国赤十字社・赤新月社の活動は、次のようなものである。

- 傷病・難船者の保護：紛争当事国が病院地帯・病院地区の設定・承認を容易にするための仲介（GCI：23条）、病院船による活動（GCIII：24条、25条）。
- 捕虜の待遇（GCIII）：収容所からの記録の送付先（56条）、救済品送付による援助（72条、73条、75条）、捕虜代表との通信（79条、81条）、中央捕虜情報局の設置の提案（123条）、捕虜の援助活動に関する便益を受けること（125条）、捕虜の訪問・施設への出入り・捕虜代表との会見（126条）。
- 文民の保護（GCIV）

  一般住民：病院地帯・病院地区設定・承認の仲介（14条）。

  被保護者全般：被保護者からの申立の受付（30条）、訪問・救済品の分配

その他の援助・立会人なしの面会(142条、143条)、中央被保護者情報局の設置の提案(140条)。

占領地域の被保護者：救済計画と救済品分配に関する活動(59条、61条、63条)・被拘禁者への訪問(76条)。

被保護者である被抑留者：情報の受領(96条)・被抑留者委員会との通信(102条、104条)・郵便や救済品の発送(108条、109条、111条)。

　第1追加議定書も、ICRC や各国の赤十字社・赤新月社等が紛争当事者の同意を得て人道的活動を行うことを認め、紛争当事者は可能なすべての便益を与えることとしている(API：81条)。また、第1追加議定書は、ICRC や各国のあか十字社・赤新月社等が行う活動に、利益保護国指定のためのあっせん(API：5条)、傷病難船者の収容・看護や死者の捜索・報告(API：17条)、行方不明者の情報伝達(API：33条)、子どもの避難(API：78条)に関する活動を追加している。

　人道的救援活動の承認は、非国際的武力紛争に関する条約においても行われている。すでに、非国際的武力紛争における犠牲者の保護の項で触れたように、共通3条は、傷者・病者・難船者に、ICRC その他の人道的救援団体が役務を提供することを認めている。また、第2追加議定書は、一定の要件に従うことを条件に、各国の赤十字社・赤新月社などの「締約国の領域にある救済団体」が救援活動を行うことを認めている(APII：18条)。

　また、ICRC の慣習国際法の研究も、文民を救援するための人道的救援活動を承認する規則を確認していることは、「文民たる住民と救援団体」の項(第3章の4.5)で述べたとおりである(ICRC 慣習法：規則55、56)。

3. 個人の刑事責任としての戦争犯罪

　武力紛争法を履行する義務を負い、その違反に対する責任を負うのは、基本的には紛争当事者であり、多くの場合には国家である。しかし、武力紛争法の履行を確保するためのシステムとして、第2次世界大戦後そして近年に

おいてますますその重要性が認識されるようになっているのが、武力紛争に関わる個人の刑事責任の追及である。これは、「国際法に対する犯罪は、人間によって行われるものであって抽象的な主体によって行われるものではなく、そのような犯罪を行った個人を処罰することによってのみ、国際法の規定が執行されるのである」(IMT判決Part22, p.447)という考えに基づくものである。

　そうした個人の刑事責任の追及は、実際の戦闘において武力紛争に違反した個人だけではなく、むしろ国家や軍隊・武装集団の指導者に対しても行われるようになっている。

　戦争犯罪に限らず、国際人道法全般に違反する個人の刑事責任の国際的な追及に関しては、今日までに、犯罪の成否に関わる実体的な側面、捜査・裁判の手続、そして国際的な協力について国際刑事法という分野が確立している。そうした国際刑事法については、後に第3編で検討するが、ここでは戦争犯罪の概念と内容のみを、武力紛争法の履行確保の手段の一部として説明する。

3.1　戦争犯罪概念の転換

　自国の軍隊の構成員が戦争の法規慣例に違反する行為をしないように訓令を発すべきことは1899年ハーグ陸戦条約 (1条) で義務づけられていた。そして国家は、自国の軍隊の規律を維持するために、国家の持つ刑罰権に基づいて戦争法規に違反する行為を刑罰で取り締まる国内法を持っているのが通常であった。また、それらの国内法は、戦争法規に違反する敵国などの個人を捕らえた場合にも適用して処罰することが、国際法上認められていた。そうした刑罰権の適用は、あくまで各国の国内法の運用に委ねられたものであり、そのため、国家が自国の軍隊の兵士に対してはその士気の低下を恐れてそれらの国内法を厳格には適用しない、あるいは逆に捕らえた敵国の兵士や文民に対して正式な裁判を行うことなく略式処刑を行うといった行為が、2つの世界大戦においても行われていた。また、それらの犯罪の処罰は、戦時犯罪と呼ばれ、法益を侵害された国が捕らえた者に対し、戦争継続中に処罰可能なものにすぎず、敵対行為終了後にはもはや処罰できないものと考えられて

いたという (藤田：197 頁)。

　しかしながら、2 つの世界大戦の戦後処理を通じて、戦勝国が敗戦国に、戦争法規の違反を行った兵士や戦争指導者の処罰を戦勝国の裁判制度によって処罰を行うことを認めさせることが行われるようになった。第 1 次世界大戦後に連合国とドイツとの間で結ばれたヴェルサイユ条約 (1919 年) には、戦争の法規慣例違反に責任ある者を連合国の軍事法廷で裁くことが規定され、実際に訴追と有罪判決が行われた (ただし、最終的に有罪判決を受けた者は当初の容疑者リストのごく一部にとどまった)。さらに、第 2 次世界大戦後においては、さらに大規模に、無条件降伏した枢軸国の兵士や戦争指導者を、連合国の国内裁判制度において、さらには連合国が設置した国際軍事法廷において、戦争の法規慣例違反を理由に訴追し、有罪判決を下すことが行われた。

　こうした経験を通じて、一定の戦争の法規慣例違反は、それに関わった個人の刑事責任が敵対行為終了後においても追及される犯罪であり、それは直接に被害を受けた国家だけではなく他の国家によっても、さらには国際的な刑事司法機関によっても裁かれるものであるという、新しい戦争犯罪の概念が定着していくこととなった。他方でこれらの経験は、あくまで戦勝国による敗戦国の戦争犯罪に対する裁きであって、新しい戦争犯罪の概念が戦争の勝敗にかかわらず普遍的に適用されるものであるのかについての疑問を残していた。なお、国際的な刑事司法機関が登場した意味については、第 3 編の国際刑事法の項であらためて説明する。

3.2　戦争犯罪の普遍化

　1949 年のジュネーブ諸条約は、以上の経験を受けて、「重大な違反行為」の捜査や訴追に関する義務を締約国に課すこととなった。さらに第 1 追加議定書も、それらの「重大な違反行為」を補完し、戦争犯罪であることを明示して締約国の追加的な義務を定めている。

　なお、それらはいずれも国際的武力紛争に関わるものであり、非国際的武力紛争に関する共通 3 条や第 2 追加議定書は、「重大な違反行為」や戦争犯罪に関する規定を持っていない。しかし、非国際的武力紛争においても一定

の戦争犯罪が成立することは、一般に受け入れられてきた。ICRC の慣習国際法の研究も、国際的・非国際的武力紛争に共通する規則として、武力紛争法の重大な違反は戦争犯罪となること、そして個人は自ら行った戦争犯罪に刑事責任を負うことを確認している (ICRC 慣習法：規則 151、156)。

3.2.1　ジュネーブ諸条約の「重大な違反行為」

ジュネーブ諸条約は、まず、条約が保護する人や物に対して行われる、一定の行為を「重大な違反行為」と定義する (GCI：50 条、GCII：51 条、GCIII：130 条、GCIV：147 条)。そしてその「重大な違反行為」について、ジュネーブ諸条約は、締約国に、①刑罰を課すための必要な国内立法を行う義務を課し、②それを行いまたは命じた疑いのある者を国籍に関係なく捜査して裁判所に訴追する義務を課し、また、③容疑者を他の関係締約国に裁判のために引き渡す権限を認めている (GCI：49 条、GCII：50 条、GCIII：129 条、GCIV：146 条)。これによって、ジュネーブ諸条約の「重大な違反行為」は、それが行われた場所や容疑者の国籍を問わずに、締約国が捜査や訴追 (あるいは引渡し) を行うべき普遍的な犯罪とされた。言いかえれば締約国は、この「重大な違反行為」に対して普遍主義的管轄権を持つことが認められ、またその行使を義務づけられることになる。このような動きは、すでに第 1 編で触れた 1950 年のニュルンベルク諸原則が、戦争の法規及び慣例違反を戦争犯罪として国際法上の犯罪であると確認したこと (第 VI 原則 (b)) と軌を一にしている。

ICRC の慣習国際法の研究も、国際的・非国際的武力紛争に共通する規則として、国家は戦争犯罪についてその国内裁判所に普遍主義的管轄権を与える権利を有すること、また国家はその国民や軍隊によって行われ、またはその他の理由で管轄権を有する戦争犯罪を捜査・訴追する義務を負うことを確認している (ICRC 慣習法：規則 157、158)。

ジュネーブ諸条約において「重大な違反行為」とされた行為は、次のようなものである。

4 条約共通：

殺人、拷問、非人道的待遇 (生物学的実験を含む。)、身体や健康に対して

故意に重い苦痛を与えまたは重大な傷害を加えること。

傷病難船者の保護：

　軍事上の必要によって正当化されない不法かつ恣意的な財産の広範な破壊や徴発を行うこと (GCI：50 条、GCII：51 条)。

捕虜の保護：

　捕虜を強制して敵国の軍隊で服務させること、公正な正式の裁判を受ける権利を奪うこと (GCIII：130 条)。

文民の保護：

　被保護者を不法に追放・移送・拘禁すること、被保護者を強制して敵国の軍隊で服務させること、公正な正式の裁判を受ける権利を奪うこと、人質をとること、軍事上の必要によって正当化されない不法かつ恣意的な財産の広範な破壊・徴発を行うこと (GCIV：147 条)。

3.2.2　第 1 追加議定書で追加された「重大な違反行為」

　1977 年の第 1 追加議定書は、ジュネーブ諸条約を補完する形で、後に挙げる各種の「重大な違反行為」を追加し (85 条 (1))、それらの「重大な違反行為」が戦争犯罪であることを明記した (85 条 (5))。また、同議定書は、ジュネーブ諸条約に定められた処罰のための各種の義務 (3.2.1 ① - ③) に加えて、締約国に、④「重大な違反行為」を防止する義務 (86 条 (1))、⑤刑事訴訟手続や犯罪人引渡しに関する事項について相互に協力する義務 (88 条)、⑥国連と協力して行動を取る義務 (89 条) を課している。

　第 1 追加議定書が、「重大な違反行為」として追加した行為は次のように多岐にわたるものである。

保護を受ける者の拡大に伴う違反行為の拡大 (85 条 (2))

　議定書は、保護される傷病難船者、捕虜、文民、医療活動の範囲を拡大したことから、ジュネーブ諸条約が禁止する重大な違反行為は、それらの拡大された者にも適用されることとした。

心身の健康・健全性を脅かす行為 (11 条)

　自国以外の権力内にある者や自由を奪われた者の心身の健康・健全性を

脅かす行為 (不必要・基準に合致しない医療行為、身体の切断、医学的又は科学的実験、移植のための組織・器官の除去など)。

重大な損害を引き起こす議定書の禁止行為 (85条(3))

　　文民・民用物への無差別攻撃、文民・危険な力を内蔵する工作物又は施設・無防備地区及び非武装地帯・戦闘外に置かれた者に対する故意の攻撃。特殊標章その他の保護標章の背信的使用。

その他の行為 (85条(4))

　　占領地域への自国住民の移送と占領地域の住民の追放・移送、アパルトヘイトその他の人種差別、一定の条件に該当する歴史的建造物・芸術品・礼拝所への攻撃と破壊、公正な正式の裁判を受ける権利のはく奪。

　加えて、第1追加議定書は、実際に違反行為を行った者だけでなく、部下が違反行為を行いまたは行おうとしている場合の上官の刑事上・懲戒上の責任や (86条)、締約国が軍の指揮官を通じて行うべき行為 (87条) に関する規定を定めている。この点は、いわゆる上官責任の法理として他の国際人道法にも関わる問題であるので、第3編の国際刑事法の項であらためて説明する。

3.3　ICC 規程の戦争犯罪

　戦争犯罪は、現在では、ICC 規程において掲げられた犯罪類型 (8条) が、戦争犯罪の包括的なリストとして利用されている。ただし、ジュネーブ諸条約や第1追加議定書における戦争犯罪が各国内での犯罪化を意図したものであるのに対し、ICC 規程は ICC 自身が管轄権を持つ犯罪類型として規定しているにとどまり、国内での犯罪化を義務づけるものではないため、両者の規定の目的は同じではない。しかし、ICC 規程のリストは包括的なものであるため、戦争犯罪を論ずる際の標準として用いられている。また、ICC 規程は、国際的武力紛争のみならず、非国際的武力紛争における戦争犯罪の類型を設けていることから、現代の戦争犯罪の全体像を把握することを可能にしている。

　ICC の戦争犯罪の犯罪類型は、国際的武力紛争と非国際的武力紛争、さらにそれぞれについて、ジュネーブ諸条約の重大な違反と武力紛争に適用される法規及び慣例の著しい違反に区別して、4つのグループに分類されている。

	諸条約の重大違反行為	法規及び慣例の著しい違反
国際的武力紛争	8条 (2) (a)：8 類型	8条 (2) (b)：26 類型
非国際的武力紛争	8条 (2) (c)：4 類型	8条 (2) (e)：15 類型

それぞれのグループに含まれる犯罪類型は、次のとおりである。

①ジュネーブ諸条約の重大な違反（国際的武力紛争）

同諸条約で保護される人や財産に対して行われる：

1. 殺人、2. 拷問や非人道的待遇、3. 重い苦痛や重大な傷害、4. 不法かつ恣意的な財産の破壊や徴発、5. 捕虜等の強制的軍隊服務、6. 捕虜等の裁判を受ける権利の剥奪、7. 不法な追放・移送・拘禁、8. 人質をとること

②法規及び慣例の著しい違反（国際的武力紛争）

1. 文民への攻撃、2. 軍事目標以外の物（民用物）への攻撃、3. 人道的援助・平和維持活動への攻撃、4. 過剰な殺傷・損傷・損害を付随的に発生させる攻撃、5. 防衛されていない地域や建物等への攻撃、6. 非武装投降戦闘員の殺傷、7. 標章等の不正利用による殺傷、8. 自国民の移送と被占領住民の追放・移送、9. 宗教・教育・芸術・科学・慈善のための建物、歴史的建造物、病院、傷病者収容所への攻撃、10. 身体切断や人体実験、11. 敵対国民等の背信的殺傷、12.「助命なし」宣言、13. 理由のない財産の破壊・没収、14. 敵対国民の権利・訴権の消滅・停止等、15. 敵対国民の作戦活動参加強制、16. 都市等における略奪、17. 毒兵器使用、18. ガス物質等の使用、19. ダムダム弾等の使用、20. 包括的禁止対象の兵器等の使用、21. 個人の尊厳の侵害等、22. 性的暴力、23.「人間の盾」としての文民等の利用、24. 特殊標章を使用する建物・物品・医療活動への攻撃、25. 文民の生存に不可欠な物品のはく奪による飢餓状態の利用、26. 15 歳未満の子どもの軍隊徴集・編入

③ジュネーブ諸条約共通 3 条の重大な違反（非国際的武力紛争）

敵対行為に直接に参加しない者に対して行われる：

1. 生命・身体への加害（特に殺人・身体切断・虐待・拷問）、2. 個人の尊厳の侵害（特に，侮辱的で体面を汚す待遇）、3. 人質をとること、4. 裁判所の判決によらない刑と執行

④法規及び慣例の著しい違反（非国際的武力紛争）

1. 文民等に対する攻撃、2. 医療活動への攻撃、3. 人道的援助要員等への攻撃、4. 文化的諸施設の攻撃、5. 都市等における略奪、6. 性的暴力、7. 15 歳未満の子どもの軍隊徴集・編入、8. 文民の移動、9. 敵対戦闘員の背信的殺傷、10.「助命なし」宣言、11. 身体切断や人体実験、12. 理由のない財産の破壊・没収、13. 毒兵器使用、14. ガス物質等の使用、15. ダムダム弾等の使用

ICC 規程には、以上の犯罪類型に関する定義規定に加えて、別途、犯罪の構成要件に関する文書が採択されており、それぞれの犯罪を成立させる要素が詳細に規定されている。また、ICC 規程には、ICC で実際に訴追を行うための正犯・共犯の概念、上官責任、各種の刑事責任の阻却事由などに関する詳しい規定が存在するが、それらは他の国際人道法違反の犯罪と共通するので、第3編の国際刑事法の項であらためて説明する。

4. 非国家主体の義務と履行確保

現在における武力紛争の当事者は、国家のみならず、国際的武力紛争における民族解放運動や、非国際的武力紛争における武装集団を含んでいる。そうした非国家主体は、武力紛争法に関する条約の締結主体ではなく、また、すでに述べた国家を中心とする履行確保の制度も国家と同じようには適用されない。そのため、武力紛争の当事者による武力紛争法の履行確保は、国家の場合とは異なる困難な問題を持つことになる。

4.1　理論上及び実際上の困難性

これらの武力紛争法が、国家を拘束する義務の意味は明確であり、国家はそれを法的な義務として履行しなければならず、違反すれば国際法上の責任を負うことになる。そして武力紛争法が、民族解放運動や武装集団（以下、「武装集団等」）などの非国家主体を拘束することについても、少なくとも諸国家の間には、そうした結論についての共通理解が存在する。しかしながら、そのような結論をどのような国際法上の理論によって導くのか、さらには理論上可能であったとしても、非国家主体が武力紛争法を遵守することを実際にどのように確保するのかという点については、議論が存在する。

まず理論的な問題としては、武装集団等は、国家と異なり、国際法上の法人格を持たず、条約の当事者となることもできない。それにもかかわらず、そうした非国家主体と敵対している政府が、武力紛争法の条約の締約国となったことによって、なぜ武装集団等もそれに拘束されるのかという疑問が生じる。

　この疑問に対する最もシンプルな回答は、国家が国際法上の義務を負う以上、その国家の管轄下にある個人や集団にもその義務が拡張されるという考え方である。こうした考え方は、国際法の下での国家とその管轄下にある個人や集団との関係についての一般的な理解に沿うものかも知れない。しかし、政府の権威や正当性を否定しようとする武装集団等が、政府の一方的行動によってもたらされた義務を引き受ける理由、また、少なくとも武装集団等にとっては自らの関与していないところで発生した義務を遵守することを動機づける理由は存在しないであろう。

　また、武装集団等の義務を、すでに見てきた戦争犯罪に関する個人の刑事責任から導こうとする考え方もある。つまり、個人は、国際法の下で戦争犯罪となる行為について直接の責任を負い、その責任の前提としてそのような行為を行わない義務を負っている。そして個人の集団である武装集団等も、同様の責任と義務を負うことになる。しかし、そのような考え方によって裏付けられる義務は、戦争犯罪に該当するような重大な違反行為の禁止に限られ、武力紛争法の規則全般への義務を基礎づけるものではない。

　あるいは、武装集団等を一定の理由で国家と同視しようとする考え方もある。つまり、武装集団等が領土の一部に実効的に支配して主権を行使していること、もしくは一定の要件を満たす武装集団には国際法人格を認めることによって、武装集団等にも国家と同様に義務を課すという考え方である。しかし、それを認めるとしても、武装集団等は条約の当事者となることはできないことから、自ら受け入れていない条約の義務に拘束される理由を説明できない。また実際上も、敵対する政府の側が、武装集団等の主権や国際法人格などの正当性を認めることはあまり期待できない。

　最後に、武装集団等の自発的な同意によってその義務を基礎づける考え方もある。ジュネーブ条約共通3条にあるように、武装集団等は、政府を含む他の紛争当事者と特別の協定を結ぶことによって、武力紛争上の義務を引き受けることができる。そのような方式を、武力紛争法一般に拡張しようとするものである。武装集団等に武力紛争法の遵守を促すためには、このような

同意による方法が実際には最も効果的かも知れない。しかし、この考え方によっては、武力紛争法に同意しない武装集団等を拘束するための論拠を提供することはできない。

　このように、武力紛争法が武装集団等を法的に拘束するという結論について、理論上もまた実際上も満足できる考え方は示されていない。このことは、武力紛争法を含む国際法が、依然として国家を中心に構築されているということに由来し、そのような前提に立つ場合には、非国家主体である武装集団等を拘束するための完全な解答はない。

4.2　非国家主体に武力紛争法を履行させるための措置

　以上のような困難性にもかかわらず、武装集団等に武力紛争法を履行させるために、いくつかの努力が可能である。そしてそれらは、法的に拘束されることに問題のない国家に、実際に武力紛争法上の義務を遵守させるための措置と大きな違いはない。

4.2.1　普及と対話

　ジュネーブ諸条約によって締約国に義務づけられる条約の普及義務によって、共通3条や第2追加議定書の内容は、武装集団にも普及されることが期待される。武装集団への普及においては、敵対する国家よりも、中立的なICRCやNGOなどが重要な役割を果たす。

4.2.2　特別の協定

　共通3条は、国家以外の紛争当事者にも特別の協定を行うことを奨励しているように、非国際的武力紛争の当事者は、共通3条あるいはそれを超える内容の特別の協定を締結することができる。

　ICRCは、敵対する国家と武装集団との間で、相互に利益となる武力紛争法に関する特別の協定を奨励するために重要な役割を果たしてきた（GCI注釈：816、859項）。

4.2.3　自発的な受諾や公約

　国際的武力紛争に関する第 1 追加議定書が、いまだ国家とはなっていない人民を代表する当局に奨励しているように（API：96 条 (3)）、武装集団等が、宣言によって、武力紛争法の全部または一部に従うことを自発的に受諾・公約することも行われている。武装集団が、前項の特別の協定、あるいは一方的な宣言、行動規範、約束証書 (deed of commitment)、行動計画などの形で、武力紛争法の尊重を引き受けることは、稀なことではないとされる（GCI 注釈：857 項）。このような宣言は、武装集団が自らの兵士に教育や規律を与え、対外的にその集団の正当性をアピールし、敵対する国家との間で共通のルールを設定するなどの利点がある。

4.2.4　構成員・指揮官・上官の刑事責任

　戦争犯罪に関する、ICC 規程をはじめとする国際刑事法は、武装集団等の構成員にも適用され、また後の「国際刑事法における刑事法の法理」の項（第 3 編第 3 章の 3) で詳しく述べるように、指揮官や上官には部下の行為についての責任が生じる。それによって、武装集団等の指揮官・上官や構成員は、戦争犯罪を行わずまたそれを防止することへの動機が与えられる。

　以上に加えて国連は、さまざまな機関が、紛争当事者となる国家のみならず非国家主体に対しても、武力紛争法の遵守を呼びかけている。例えば国連総会は、武力紛争における人道原則や人権の尊重を加盟国に呼びかける多くの決議を採択しているが、それらは、すべての政府その他の権力によって遵守されるべきことを呼びかけている（「武力紛争における人権の尊重に関する決議」決議 2444（1968 年）など）。また、国連安保理は、内戦を含む世界各地での武力紛争に関する決議の中で、紛争当事者に武力紛争法の遵守を求めている（リベリア（A/RES/788 (1992) など）、ソマリア（A/RES/794 (1992) など）、アンゴラ（A/RES/1213 (1998) など）、ジョージア（A/RES/993 (1993)）、アフガニスタン（A/RES/1193 (1998))）。

第3編　拡張された国際人道法

　多数の人々の生命や尊厳が危機にさらされる人道的な事態は、武力紛争が主要なものであるが、それに限られるわけではない。政府や非国家集団による領域や人々への暴力的支配がある場合に、武力紛争と同程度に、あるいはそれを超えた人々の生命や尊厳への危機が存在しうる。オスマン帝国によるアルメニア人の虐殺、旧ドイツが併合した地域におけるナチスによるユダヤ人その他の少数者への迫害と虐殺、カンボジアのクメール・ルージュ政権による迫害と虐殺、かつての南アフリカにおけるアパルトヘイト、ルワンダにおける民族間の虐殺、そして最近では、ISIS 支配地域での恐怖支配やミャンマーにおけるロヒンギャへの迫害など。こうした人道的な事態は、必ずしも武力紛争がもたらしたものではなく、政府や非国家集団による暴力的支配や、人々の中にある人種・宗教・民族間の憎悪によってもたらされた。

　このような人道的な事態に対し、第 2 次世界大戦後の国際法は、それに取り組むための新しい法分野を発展させてきている。ジェノサイド犯罪や人道に対する犯罪の防止や処罰などの重大な人権侵害の規制、そしてそれを支える国際刑事法による履行確保のシステムなどがそれに含まれる。また、すでに触れたように、武力紛争法とは独立したものとして存在する開戦法規も、国連憲章の武力行使禁止原則のもとで、侵略犯罪という形で国際人道法の下に含まれるようになっている。

　以上に加えて、今日の国際人道法の全体像を理解するためには、国際人道法違反による被害者の権利の救済のために発展している国際法を理解することも必要である。武力紛争法をはじめとする国際人道法は、なによりもまず人道的な事態をもたらす政府や非国家集団の行為を規制し、それによって人々を保護しようとする国際法の一分野である。そうした国際人道法の下で、従来、保護されるべき人々は、反射的な利益を受ける客体と見なされ、その利益は、国家の必要性の下に左右されるものと見なされがちであった。それに対し、国際人道法によって保護される利益を人々の権利に基づくものと再構成し、被害を受けた者には相応の救済を求める枠組みを設けていくことが、国際人道法の発展のためには必要とされるだろう。そうした権利の承認と被害の救済は、国際人権法のもとでは、すでに実現されていることであり、それらは国家の責任において実現・確保されるべきものとされている。しかし、国家がそうした国際人権法の下での義務を履行する意思や能力を持たないかも知れない人道的な事態

において、権利の承認と被害の救済は、国際人道法に特有の課題を克服する必要がある。

　国際人道法をはじめとする現在の国際法が、主権を認められた国家を中心になり立っていることは紛れもない事実である。しかし、国際人道法を学ぶ一般の市民が、それによって世界で起こっている人道的な事態を法的に理解し、必ずしも国家とは同じではないさまざまな立場で、解決に向けた途を探る必要性がある。そうした市民のための国際人道法とは何かについても、本編の最後に触れることとする。

第1章 重大な人権侵害の規制

　国際人権法については、すでに武力紛争法との関係について、その一部を説明した。人権の国際的保障は、1948年の国連総会決議である世界人権宣言に始まり、その後、具体的に国家に義務を課すために、2つの国際人権規約（政治的・市民的権利と経済的・社会的・文化的権利：1966年）、ならびに人種差別禁止（1965年）、女性差別禁止（1979年）、拷問等の禁止（1984年）、子どもの権利（1989年）、移民労働者の権利（1990年）、強制失踪等の禁止（2006年）、障がい者の権利（2006年）など特定の種類の人権を保障するための条約が成立してきた。これらの人権条約や慣習国際法によって成立している国際人権法は、人権に関する一定の国際基準を設定し、国家にその人権基準を国内（領域内かつまたは管轄下）で実施する義務を課し、その履行状況を通常は条約によって設置された条約機関（委員会）によって監視させるというところに特徴がある。

　他方で、人権に関わる国際法の一部であるが、それに対する違反が重大な人権侵害となるため、条約や慣習国際法によって各国に処罰が義務づけられている行為がある。奴隷の輸送、ジェノサイド、人種差別、アパルトヘイト、国家が一定の関与を行う拷問や強制失踪などが、その例である。その中でも、ジェノサイドやアパルトヘイトは、条約によって国際犯罪であることが確認されている。すなわち、1948年の「集団殺害罪の防止及び処罰に関する条約」（ジェノサイド条約）は、ジェノサイドが国際法上の犯罪であることを確認している（1条）。また、1973年の「アパルトヘイト犯罪の抑圧及び処罰に関する国際条約」（アパルトヘイト条約）は、国際法の諸原則、特に 国連憲章の

目的・原則を侵害し、国際の平和・安全に対する重大な脅威を構成する犯罪であると宣言している（1条）。また、未だ特別の条約は存在しないが、人道に対する犯罪も、同じように国際法上の犯罪であることが確認されてきている（1950年ニュルンベルク諸原則第Ⅵ原則（C）など）。そして、人道に対する犯罪の犯罪類型には、アパルトヘイト、拷問、強制失踪など多くの重大な人権侵害行為が含まれている。

　これらの国際犯罪行為は、国家自身がその犯罪に関わり、あるいは内戦下などによって国家による保障が十分想定できないことから、通常の国際人権法においては詳しく扱われない。また、これらの国際犯罪は、武力紛争下だけではなく平時においても成立することから、武力紛争法においても通常は扱われない。しかしそのような重大な人権侵害は、戦争犯罪と並ぶ国際犯罪として、国際的な個人の刑事責任の追及を行う対象となっている。そのため、人道的な事態に関する国際人道法の一部として、ここではジェノサイド犯罪と人道に対する犯罪について説明する。

　なお、ジェノサイド犯罪や人道に対する犯罪の禁止は、国際犯罪と位置づけられるだけではなく、慣習国際法の中で、国家を含むいかなる主体も、いかなる状況でも行うことができない、ユス・コーゲンス（強行規範）であると認められている（ICJ：2012年2月3日判決参照）。

1. ジェノサイド

1.1　ジェノサイドの概念の成立

　ジェノサイド（Genocide）は、民族を意味するギリシャ語（genos）と殺害を意味するラテン語（-cide）を用いた造語である。この用語は、第2次世界大戦中にナチス支配下のポーランドからアメリカに逃れてきたユダヤ人法律家（ラファエル・レムキン）が、ナチス占領下でのユダヤ人政策を分析・告発した著書（『占領下のヨーロッパにおける枢軸国の統治』1941年）によって初めて使用された。戦後、レムキンは、国際軍事法廷の対象犯罪にジェノサイド犯罪が含められるように働きかけたが果たせなかった。しかし、戦後明らかとなったナ

チスのホロコーストに震撼する諸国に働きかけて、ジェノサイド犯罪の防止と処罰を諸国家に義務づけるための国際条約の国連での採択を目指した。その結果、世界人権宣言が採択された1948年の国連総会で、ジェノサイド条約が採択された。

　後に詳しく述べるように、ジェノサイド条約の下でのジェノサイドとは、国民・人種・民族・宗教という4つのいずれかの指標で区別された集団の破壊を、物理的危害によってまたは出生妨害など生物学的措置によって行うこと意味している。しかし条約の起草過程では、それらに加えて政治的集団の破壊を含め、また、文化的なアイデンティティーを奪うことによる文化的ジェノサイドを含めることが検討されていた。しかし、自国内で反体制の政治的集団への弾圧や少数民族への同化政策などを抱える諸国家の賛同を得ることができず、そうした政治的集団や文化的ジェノサイドの概念は含められなかった。

　逆に国際軍事法廷の対象犯罪とされた戦争犯罪と、後に詳しく触れる当時の人道に対する犯罪は、戦争との一定の関わりを持つもののみを対象とし、第2次世界大戦が正式に始まる1939年以前のナチス政権によるユダヤ人への迫害を、それらの対象犯罪に含めることに困難があった。しかし、ジェノサイド条約は、「平時に行われるか、戦時に行われるかを問わず」成立することが明確にされ、当初から武力紛争とは独立して成立する国際犯罪であることが明らかにされていた。

1.2　ジェノサイド禁止の内容

1.2.1　ジェノサイド犯罪の内容と特徴

　ジェノサイド条約が定義するジェノサイド犯罪は、以下のような内容と特徴を持っている（2条、3条）。

　まずジェノサイドの行為は、物理的危害（物理的ジェノサイド）と生物学的措置（生物学的ジェノサイド）に分類される5つの犯罪類型から成る。物理的ジェノサイドには、次に述べる特定の集団について、(a) その構成員を殺害すること、(b) その構成員の身体又は精神に重大な害を与えること、(c) 全部

または一部に対し、身体的破壊をもたらすことを意図した生活条件を故意に課すること、が含まれる。また、生物学的ジェノサイドには、(d) 集団内部の出生を妨げることを意図する措置をとること、(e) 集団の子どもを他の集団に強制的に移すこと、が含まれる。

ジェノサイド犯罪のひとつの特徴は、以上のジェノサイドの行為は、特定の意図を持って行われた場合にのみ、ジェノサイド犯罪となることである。すなわち、それらの行為は、国民的、人種的、民族的または宗教的集団の全部または一部を破壊する意図を持って行われなければならない。その意味でジェノサイド犯罪は、一般の殺人や傷害などの犯罪から区別される。逆にそうした意図に関する要件を満たす場合には、結果として発生した犠牲者の数は、問題とされない。

ジェノサイド犯罪のもうひとつの特徴は、拡張された犯罪の実行形態にある。すなわち、ジェノサイド犯罪の処罰対象には、実行行為、未遂、共犯に加えて、共同謀議 (conspiracy) と直接かつ公然の扇動 (incitement) が含まれる。そのため、ジェノサイドの共同謀議に加わった者や扇動者は、実際にジェノサイドの行為が行われなくても独立した犯罪として刑事責任を問われることになる。

併せて、国際軍事法廷の場合と同じように、ジェノサイド犯罪を行う者は、統治者、公務員、私人を問わずに処罰の対象となる (4条)。このことは、国家が政府の政策として実施するジェノサイドの行為について、国内法による免責や国際法上の主権免除の法理が適用されないことを明確にしている。

1.2.2　ジェノサイド禁止に関する国家などの義務

ジェノサイド条約は、以上のジェノサイド犯罪を、平時に行われるか戦時に行われるかを問わず、防止し、処罰するという締約国の一般的義務の下で (1条)、次のような具体的な義務を締約国に課している。

まず国内での処罰義務の具体的措置として、締約国は、条約の規定を実施し、特にジェノサイド犯罪を犯した者を有効に処罰するための国内立法を、各国の憲法に従って行う義務を負う (5条)。また、ジェノサイドの容疑者は、

行為地の裁判所または国際刑事裁判所に訴追されることとされる（6条）。前者の国内立法が憲法に従って行なわれるという点は、立法化に際しての具体的な方法について、締約国の一定の裁量を許容する趣旨である。後者の管轄裁判所については、基本的に属地主義によって犯罪の発生した国に管轄権を割り当て、それ以外の場合には国際刑事裁判所に委ねる趣旨である。この点は現在の国際刑事立法の通例から考えれば、いずれの国も裁くことができるという普遍主義はとらず、また、容疑者の国籍国に管轄権を認める属人主義を排除している。このことによって締約国間の管轄権の競合は、原則として生じず、属地主義による管轄権の限界は、国際刑事裁判所に並行的な管轄権を認めることによって補充しようとしたものと考えられる。ただ実際には後にも触れるように、ジェノサイド条約成立の時点で国際刑事裁判所は存在せず、その後も同条約の成立から半世紀を経るまで実現しなかった。

　次に、ジェノサイド条約は、国家間及び国連との協力に関する措置を簡単ではあるが規定している。一つには、犯罪人引渡しについてであり、締約国は、効力を持つ法律や条約に従って、すなわち、国内法やその国が締結する条約に沿った方法で、犯罪人引渡しを認めることとされる（7条(2)）。その際、ジェノサイドの行為は、政治犯とは認められないことが規定され、政治犯不引渡し原則を理由とする犯罪人引渡しの拒否は、認められない（7条(1)）。国連との関係で、締約国は、ジェノサイドの行為を防止・抑止するための措置を国連の機関が取るように求めることができるとされ（8条）、ジェノサイド犯罪の防止・抑止は、国連を含めて実現していくことが明確にされている。

　最後に、紛争解決条項として、ジェノサイド条約の解釈・適用・履行・国家責任に関する締約国間の紛争は、国際司法裁判所（ICJ）に付託すべきこととされ、ICJの強制的な管轄権が認められている（9条）。この条項は、ジェノサイドが、国家間で国家責任を発生させ、その責任追及が行われることを前提としている。次項に触れるICJによるジェノサイド事件の判決は、まさにそのような国家責任の成否が争われた事例である。

1.3 ジェノサイド禁止の現代的展開

ジェノサイド禁止に関する国際法上の発展は、イスラエルのアイヒマン裁判（1961 年判決）などを除けば、その後は長きにわたって緩やかであったが、その後 1990 年代に入って、劇的な展開を見せることになる。その一つは、旧ユーゴスラビアとルワンダの紛争を契機としたものであり、もう一つは国際刑事裁判所のための ICC 規程の採択である。

旧ユーゴスラビアとルワンダの紛争について、国連安保理が国際刑事法廷を設置するために ICTY 規程と ICTR 規程を採択したが、それらの規程には、国際人道法違反の犯罪としてジェノサイド犯罪が含められた。そして、ICTY と ICTR は、武力紛争法違反（戦争犯罪）や人道に対する犯罪と並んで、ジェノサイド犯罪について、数多くの訴追と判決を行った。特に、ICTR は、1994 年にルワンダで行われたフツ族による主にツチ族の人々に対する大量虐殺について、歴史上初めてとなるジェノサイド犯罪に対する国際司法機関での有罪判決を行った（ICTR：アカイェス事件第 1 審判決 1998 年 9 月 2 日）。この判決はまた、集団破壊の意図で行われる強かんも、集団内における出生を妨げるための措置の一つとして、ジェノサイド犯罪を構成することを認めた（同判決 508 項）。他にも ICTR は、表現の自由を考慮しながらも、ラジオや新聞などのマス・メディアによる民族的憎悪の唱道が、ジェノサイド犯罪の直接かつ公然の扇動として処罰の対象となること認める判断を行っている（ICTR：メディア事件第 1 審判決 2003 年 12 月 3 日、978-1039 項）。

また、旧ユーゴスラビア紛争に関わる事件では、ボスニア・ヘルツェゴビナ（ボスニア）が、同国内におけるセルビア人勢力による民族浄化行為などについて、ユーゴスラビア（現セルビア・モンテネグロ：セルビア）を相手に、ジェノサイド条約の紛争解決条項などを根拠に、国際法違反行為の即時停止や国家責任の履行を求めて 1993 年に ICJ に提訴した事件がある（ジェノサイド条約適用事件）。ICJ は、同条約に基づく ICJ の管轄権を認めた上で（1996 年 7 月 11 日中間判決）、セルビア自身がジェノサイドに関与したとは言えないが、ボスニアにおいて 2015 年に発生したスレブレニツァでのジェノサイドについて、セルビアは同条約の下でのジェノサイドを防止する義務などに違反したと判

断した（2007年2月26日最終判決471項）。

　さらに、ジェノサイド犯罪は、1998年のICC規程において、侵略犯罪・戦争犯罪・人道に対する犯罪と併せて、ICCの対象犯罪に含められることになった。ICC規程のジェノサイド犯罪は、ジェノサイド条約の5つの犯罪類型がそのまま用いられている（ICC規程：6条）。また、犯罪の拡張形態として、他の対象犯罪とは異なり、ジェノサイドの直接かつ公然の扇動も処罰対象に含められた（ICC規程：25条(3)(e)）。他方でICC規程は、個人の刑事責任を問うために犯罪の実行または未遂を前提としているため、ジェノサイド条約にある独立罪としての共同謀議を含めていない。

　ジェノサイド犯罪についてICCは、その容疑での初めての逮捕状を、2010年にスーダンの元大統領であるアル・バシールに対し発布した。これは、スーダンのダルフール地方で2003年以降行われた、中央政府とアラブ民兵組織による非アラブ系住民に対する暴力行為に関わるものである。しかし、この元大統領は、現在までに逮捕されておらず、ICCでの手続も進んでいない。そして、ICCにおいては、現在までにジェノサイド犯罪に関する最終判決は未だなされていない。

2. 人道に対する犯罪

2.1　人道に対する犯罪概念の成立と発展

　人道に対する犯罪の概念が、国際犯罪として初めて登場したのは、すでに触れた第2次世界大戦後の国際軍事法廷においてである。人道に対する犯罪は、平和に対する犯罪や戦争犯罪と並んで処罰されるべき国際犯罪の一つとされた。

　しかし「人道の法」という概念は、はるか以前から戦争法規に登場していた。すでに触れた1868年のサンクト・ペテルブルク宣言においては、戦闘能力を失った者の苦しみを無用に増大させ、死亡を不可避とするような武器の利用を、「人道の法に反する」としていた。また同じようにすでに触れた1899年・1907年ハーグ陸戦条約では、「マルテンス条項」が、戦争法規が「人道の諸規

コラム⑦：ルワンダの虐殺

　ルワンダの虐殺は、1994年4月からの約100日間の間に、フツ族系の政府や武装集団により、ツチ族の住民などに対して行われた。普通の市民が殺害集団となって山刀を手に知人や隣人を襲う、そうした悪夢の状況がルワンダのいたるところで繰り返された。人口約500万人のルワンダで、虐殺の犠牲となった人々は80万人以上と報じられている。

　アフリカ大湖地域の小国であるルワンダは、独立前はベルギーの委任統治領であった。統治政府は、従来は未分化だったツチ族とフツ族の住民を、IDカード制度によって分離し、少数派のツチ族を、地域の首長を独占させるなどして統治に利用していた。しかし1960年代にアフリカで相次いだ植民地独立の中で、多数派フツ族を中心とする政府が、1962年にルワンダ独立を達成した。その後フツ族とツチ族との間では、襲撃や虐殺事件などが繰り返され、多数のツチ族住民が近隣諸国に逃れることになった。隣国ウガンダに逃れていたツチ族の間では、ルワンダ愛国戦線（RPF）が結成され（1987年）、帰還を求めて1990年以降ルワンダへの侵攻を開始した。RPFとルワンダ政府軍との間の紛争は、国連の仲介の下、1993年のアルーシャ協定で停戦となったが、協定の実施はなかなか進まなかった。

　そうした状況の中で1994年4月、いずれもフツ族であるルワンダ大統領とブルンジ大統領の乗った大統領機が撃墜された。その事件を契機に、政府やメディアがツチ族住民の殺害を全国で呼びかけ、政府軍、民兵組織、過激集団によるツチ族に対する虐殺が始まっていった。ルワンダに駐留する国連平和維持軍の主要部隊であったベルギー軍部隊は、虐殺の初期に10名の兵士が殺害されて撤退した。主要部隊を欠いた国連の支援団に全国規模で行われる虐殺を止める力はなく、追加の部隊も送られなかった。虐殺は、ツチ族のRPFが侵攻を再開してルワンダを制圧するまで続いた。

　この虐殺の中で、またRPFによる新政権による報復を恐れて、大量の難民がルワンダから近隣諸国に流れた。難民の中には、虐殺に関与したフツ族の民兵組織も含まれており、RPFとの戦闘により、紛争は近隣諸国にも及んでいった。その中で、RPFや新政府軍による難民キャンプでの虐殺なども報告されている。

　国連安保理は、虐殺が起こった1994年に、ルワンダ国際刑事法廷（ICTR）をアルーシャ（タンザニア）に設置した（上訴裁判部はハーグ）。ICTRは、2015年にその任務を終了するまでに、虐殺の指導者など93名を訴追し、62名に有罪判決を行った。ICTRの判決の中には、特定の集団を破壊する意図が要件とされるジェノサイド犯罪を、国際裁判所が初めて認めたアカイェス事件判決（第一審判決1998年9月2日）などがある。他方でICTRがRPF側の行為を訴追しなかったことに対しては、批判も加えられている。

　ルワンダ国内では、虐殺やその際の窃盗や破壊に関与した大量の容疑者を扱うために、コミュニティの伝統的な裁判である「ガチャチャ」が全国で行われ、約100万人の被告人が裁かれたと報告されている。

則」の保護や支配の下に置かれることが謳われていた。しかしながら、そうした「人道の法」への違反が個人の刑事責任につながる国際犯罪を構成すること、さらには、そのような国際犯罪が戦争法規の違反である戦争犯罪とは独立して存在することは、けっして自明のことではなかった。

　人道の名の下に国際法において個人の刑事責任を追及する試みが最初に行われたのは、トルコ・オスマン帝国のアルメニア人虐殺に対する第1次世界大戦後における西欧諸国の対応であった。トルコでは、19世紀以降、自国内のキリスト教住民であったアルメニア人に対する迫害や虐殺が行われてきた。そして、第1次世界大戦の開戦後、オスマン帝国末期に成立した青年トルコ党政権のもとで、1915年から1916年にかけて、アルメニア人に対する虐殺や強制移住（犠牲者数は60万人から200万人と推定されている）が行われた。これに対し、フランス、イギリス、ロシアを中心とする連合国は、ドイツやオーストリアと同盟するトルコに対してアルメニア人虐殺行為を戦争中から非難していた。そして戦後において、戦勝国である連合国は、トルコとの間の戦後処理の条約（1920年セーヴル条約）において、戦争中のアルメニア人虐殺を「人道と文明に対する犯罪」として、虐殺の責任者を連合国の法廷または国際連盟が設置する法廷に引き渡すことを義務づけた。しかし、この条約が実施される前に、トルコ国内での革命やトルコ＝ギリシア戦争でのトルコの勝利などの事件があり、連合国とトルコは、再度の戦後処理の条約（1923年ローザンヌ条約）を結ぶことになった。そして新しい条約には、アルメニア人虐殺に関する訴追や引渡しの条項は含まれず、個人責任の追及はそれ以上行われなかった。結果的に実現はしなかったものの、この一連の経過は、後に振り返ればいくつかの重要な意味を持っている。トルコ国内における自国民に対する、かつ戦争とは直接の関わりを持たない行為が国際的な刑事責任を追及する対象とされたこと、その責任追及の場として国際連盟が設置する法廷が選択肢に含められたこと、その処罰の根拠として「人道と文明に対する犯罪」という国際的に合意された法が用いられたことなどである。

　なお、第1次世界大戦後の戦後処理においては、連合国とドイツとの間で締結された条約（ヴェルサイユ条約）においても、前ドイツ皇帝や戦争犯罪の

責任者を訴追するための合意がなされたが、訴追される犯罪には、結果的にマルテンス条項の内容や人道の法は含まれなかった。このヴェルサイユ条約の下での訴追の帰趨については、後の国際刑事法において再度触れる。

　すでに触れたように、人道に対する犯罪の概念は、第2次世界大戦後の国際軍事法廷、具体的にはIMT憲章において、平和に対する犯罪や戦争犯罪と並んで登場した。戦争に関わる責任者を訴追するための法廷において、なぜ人道に対する犯罪の概念を導入する必要があったのか。それは、連合国がドイツ領域内の同国民であったユダヤ人に対する迫害や虐殺を、しかも1939年の開戦前の行為にまで遡って訴追するために導入したものであると考えられている。そうした自国民に対する、開戦前の、しかもその国内では合法的に実施された行為の刑事責任を追及するためには、新しい犯罪概念が必要とされた。そのためマルテンス条項に含められていた人道の法を根拠とする人道に対する犯罪の概念が設けられた。国際軍事法廷における人道に対する犯罪は、「実行された国の国内法に違反すると否とを問わず」、「戦前若しくは戦時中にすべての文民たる住民に対して行われた」一定の行為であると定義された。他方で、その新しい犯罪に対する管轄権を、国際的に設置された法廷が持つことを正当化するために、人道に対する犯罪は「この法廷の管轄権に属する犯罪の遂行として」行われること、すなわち平和に対する犯罪や戦争犯罪との一定の関連性を持って行われることが条件とされていた。さらにニュルンベルク裁判の判決は、1939年の開戦前のナチスの行為について、それらの関連性が十分に立証されなかったとして、人道に対する犯罪の成立を認めなかった（IMT判決1946年10月1日、468頁）。

　人道に対する犯罪は、その後、1950年ニュルンベルク諸原則において、国際犯罪の一つとして確認され、さらに国連の国際法委員会（ILC）における法典化作業が続いていった。そして人道に対する犯罪は、1990年代におけるICTY規程、ICTR規程、ICC規程においても、国際犯罪の一つとして承認され、現在に至っている。しかし、人道に対する犯罪の定義は、文民たる住民に対する一定の残虐行為であるという点では一貫しているものの、どのような条件の下に成立するのか、どのような行為が犯罪類型に含まれるのか

という点では、さまざまな変遷を遂げてきた。このうち犯罪類型が少しずつ追加されてきた点は、国際社会において新たな残虐行為を経験する中で禁止すべき行為の類型が拡大したという点で理解可能である。他方で、どのような条件の下に成立するのかと言う点に関しては、人道に対する犯罪を定義する国際文書において、さまざまな定義が用いられてきた。このことは、人道に対する犯罪の具体的な犯罪類型に含まれる殺人などの行為を、国内法で処罰される一般の犯罪行為とどのように区別して国際犯罪として承認するのかという点をめぐる試行錯誤であった。その過程で、武力紛争との関連性を条件とする定義、行為者の差別的な意図を条件とする定義、国家政策の遂行であることを条件とする定義などが用いられることもあった。しかし現在では、後に詳しく見る ICC 規程における人道に対する犯罪の定義が、いくつかの批判を残しながらも、広く受け入れられるに至っている。それは、武力紛争との関連性、行為者の差別的意図、国家政策の遂行などをもはや犯罪成立の条件として要求することをしていない。しかし、「文民たる住民に対する攻撃であって広範又は組織的なものの一部として」行われることを敷居要素（成立の条件）として要求している（ICC 規程：7条(1)）。すなわち、同じ殺人であっても、それが文民に対する広範な攻撃あるいは組織的な攻撃の一部として行われる場合には、人道に対する犯罪の成立につながることになる。

2.2　人道に対する犯罪の内容

2.2.1　他の国際犯罪との違い

現在まで広く受け入れられた人道に対する犯罪の概念は、次のような点で、戦争犯罪やジェノサイド犯罪と識別される。

まず、戦争犯罪との大きな違いは、人道に対する犯罪が、武力紛争の存在に関わりなく成立するということである。例えば、武力紛争が存在しない圧制的な国家において、ホロコーストやアパルトヘイトなどが政府によって行われていれば、それは人道に対する犯罪となる。そのような場合には、すでに触れた国際人権法の下での国家の義務違反とも重なることになる。他方で、人道に対する犯罪は、国際的または非国際的な武力紛争の下でも、文民に対

する残虐行為によって成立する。その場合の残虐行為の責任者は、人道に対する犯罪と戦争犯罪の両方について刑事責任を追及されることになる。人道に対する犯罪が文民に対する行為に限られ、戦闘員や捕虜に対する行為には適用されないことも、戦争犯罪との違いである。

　次に、ジェノサイド犯罪との違いは、同罪が成立する前提条件とされる集団を破壊する意図が、人道に対する犯罪においては必要とされないことである。そのため殺人や過酷な生活条件の賦課などが広範または組織的になされている場合であっても、行為者による特定の集団を破壊する意図が立証できないような状況では、人道に対する犯罪は成立しても、ジェノサイド犯罪は成立しないこととなる。

2.2.2　敷居要素

　すでに触れたように人道に対する犯罪は、現在までに、武力紛争との関連性、行為者の差別的な意図、国家政策の遂行などは必要とされず、行為の主体が政府や軍の関係者であっても、武装集団や民間団体の関係者であっても成立する。その代わりに ICC 規程が、犯罪の成立条件として要求している敷居要素 (Chapeau Elements) は、「文民たる住民に対する攻撃であって広範又は組織的なものの一部として、そのような攻撃であることを認識しつつ」行われることである (ICC 規程：7 条(1))。すなわち、単発的な犯罪行為によっては、人道に対する犯罪は成立せず、文民に対する、一定程度の規模を持った広範な攻撃または一定程度の組織性を持った攻撃として行われ、行為者がそのような性質の攻撃の一部であることを認識して行うことが必要とされる。例えば、殺人を行う行為者が、大規模に行われている殺害行為に参加する形で、あるいは一定の指揮命令系統の下での指示に従って、殺害行為行う場合がそれに当たる。軍隊や武装集団が住民に対して行う攻撃もそれに当たるであろう。

　ただし ICC 規程は、以上の敷居要素に追加的な条件を加えている。すなわち、「文民たる住民に対する攻撃」とは、そのような攻撃を行うとの国家や組織の政策に従って行う場合、またはその政策を推進するために行う場合

をいうこととされる (ICC 規程：7条(2)(a))。このことは、人道に対する犯罪の成立のためには、国家や組織の政策が必要とされることを意味している。しかし、人道に対する犯罪の成立に、こうした政策の存在を要求することについては、ICC 規程で初めて明示されたことであり、同規程が採択された後においても、ICTY などでは、人道に対する犯罪の成立のために政策や計画の存在は要求されないとの判断も示されている (ICTY：クラナッチ事件上訴裁判部判決 2002 年 6 月 12 日 98 項)。そのため、この点については、過剰な要件ではないかとの批判も存在する。

2.2.3　犯罪類型

　人道に対する犯罪の犯罪類型は、最初に登場した IMT 憲章に比べて増加している。その犯罪類型を、定義も含めて初めて法典化したといわれる ICC 規程では、文民たる住民に対して広範または組織的な攻撃として行われる、以下の 11 種類の行為が人道に対する犯罪であるとされる (7 条)。

(a) 殺　人

(b) 絶滅させる行為

　　住民の一部の破壊をもたらすことを意図した生活条件を故意に課すること (特に食糧及び薬剤の入手の機会のはく奪) を含む。

(c) 奴隷化すること。

　　人に対して所有権に伴ういずれか又はすべての権限を行使することをいい、人 (特に女性及び児童) の取引の過程でそのような権限を行使することを含む。

(d) 住民の追放又は強制移送

　　国際法の下で許容されている理由によることなく、退去その他の強制的な行為により、合法的に所在する地域から関係する住民を強制的に移動させることをいう。

(e) 国際法の基本的な規則に違反する拘禁その他の身体的な自由の著しいはく奪

(f) 拷　問

身体的なものであるか精神的なものであるかを問わず、抑留されている者又は支配下にある者に著しい苦痛を故意に与えることをいう。ただし、拷問には、専ら合法的な制裁に固有の又はこれに付随する苦痛が生ずることを含まない。

(g) 強姦、性的な奴隷、強制売春、強いられた妊娠状態の継続、強制断種その他あらゆる形態の性的暴力であってこれらと同等の重大性を有するもの

　　「強いられた妊娠状態の継続」とは、住民の民族的な組成に影響を与えること又は国際法に対するその他の重大な違反を行うことを意図して、強制的に妊娠させられた女性を不法に監禁することをいう。

(h) 政治的、人種的、国民的、民族的、文化的又は宗教的な理由、3に定義する性に係る理由その他国際法の下で許容されないことが普遍的に認められている理由に基づく特定の集団又は共同体に対する迫害であって、この1に掲げる行為又は裁判所の管轄権の範囲内にある犯罪を伴うもの

　　「迫害」とは、集団又は共同体の同一性を理由として、国際法に違反して基本的な権利を意図的にかつ著しくはく奪することをいう。

(i) 人の強制失踪

　　「人の強制失踪」とは、国若しくは政治的組織又はこれらによる許可、支援若しくは黙認を得た者が、長期間法律の保護の下から排除する意図をもって、人を逮捕し、拘禁し、又は拉致する行為であって、その自由をはく奪していることを認めず、又はその消息若しくは所在に関する情報の提供を拒否することを伴うものをいう。

(j) アパルトヘイト犯罪

　　「アパルトヘイト犯罪」とは、人道に対する犯罪の他の犯罪類型の行為と同様な性質を有する非人道的な行為であって、一の人種的集団が他の一以上の人種的集団を組織的に抑圧し、及び支配する制度化された体制との関連において、かつ、当該体制を維持する意図をもって行うものをいう。

(k) その他の同様の性質を有する非人道的な行為であって、身体又は心身

の健康に対して故意に重い苦痛を与え、又は重大な傷害を加えるもの

　以上の犯罪類型のうち、奴隷化、アパルトヘイト・拷問・強制失踪については、それらを禁止するための個別の条約が存在する。

　奴隷化については、1926年の奴隷制条約が、奴隷取引の防止と抑止や奴隷制の廃止（2条）、違反行為を処罰するための必要な措置をとること（6条）を締約国に義務づけていた。さらに第2次世界大戦後の1956年の「奴隷制度、奴隷取引並びに奴隷制類似の制度及び慣行の廃止に関する補足条約」（奴隷制度廃止補足条約）は、奴隷化することや、国境を越えた奴隷取引が犯罪であり、処罰されるべきことを明確にしている（3条、5条、6条）。

　アパルトヘイトについては、すでに触れた1973年アパルトヘイト条約があり、同条約は、アパルトヘイトが人道に対する犯罪であることを宣言した上で、締約国が制圧・防止・処罰に必要な措置を取ることを義務づけ、容疑者が締約国の裁判所または（当時は存在しなかった）国際刑事裁判所で裁判を受けることを定めている。ICC規程におけるアパルトヘイトの犯罪類型の定義は、アパルトヘイト条約の一般的な定義をそのまま採用しているが、同条約は、アパルトヘイト犯罪の具体的行為をさらに詳細に規定している。その行為とは、生命への権利や身体の自由の否認、人種的集団の物理的破壊のための生活条件を課すこと、政治を含む参加を妨げること、人種的分割のための措置（特別区やゲットーの創出・人種間婚姻の禁止・土地財産の没収など）、反アパルトヘイトを理由とする団体・個人への迫害である。なお、アパルトヘイトの慣行は、第1追加議定書において、戦争犯罪の一つに含められたこともあるが（API：85条(4)(c)、(5)）、現在では、人道に対する犯罪の1類型として扱うのが一般的である。

　また、拷問については、1984年の「拷問及びその他の残虐な、非人道的な又は品位を傷つける取扱い又は刑罰に関する条約」（拷問等禁止条約：CAT）、強制的に失踪させる行為については、2006年の「強制失踪からのすべての者の保護に関する国際条約」（強制失踪条約：CED）がある。これらの条約は、拷問や強制失踪を禁止し、締約国にそれらの犯罪の国内での訴追もしくは管轄

権を持つ他の国への引渡しを義務づけている (CAT：4 条 -7 条、CED：3 条 -11 条)。

　このうち拷問等禁止条約は、ICC 規程の成立以前に採択された条約であるため、国際刑事裁判所や人道に対する犯罪に関わる規定は持っていない。また、「拷問」の定義は、一定程度の苦痛を与える行為である点では ICC 規程の定義と共通するが、一定の目的や理由を必要としている点や、公務員その他の公的資格で行動する者が関与する行為に限定している点など、ICC 規程の定義と異なる点がある (CAT：1 条)。

　強制失踪条約は、ICC 規程の成立後に採択された条約であるため、ICC 規程の内容を考慮した規定が置かれている。すなわち、同条約は、強制失踪の広範または組織的な実行が人道に対する犯罪となることを確認している (CED：前文、5 条)。また、強制失踪の定義は、基本的には ICC 規程のものと同様であるが、強制失踪条約は、拷問等禁止条約と同様に、国家に一定の関与がある行為のみを対象としている点など、ICC 規程の定義と異なる点がある (CED：2 条、ただし、国家の関与なしに行われた行為についても一定の措置を取る義務を定めている。CED：3 条)。逆に、ICC 規程の強制失踪の定義においては、長期間法律の保護の下から排除する意図を持ってなされることが要件とされているが、こうした意図の要件は、強制失踪条約やそれに先立つ国連総会の決議などにも存在しないことから、過剰なものであると批判されている。

2.3　防止と処罰に関する条約化の試み

　人道に対する犯罪に基づく国際司法機関における訴追と有罪判決は、戦後のニュルンベルク裁判、ICTY、ICTR、ICC などにおいて、すでに数多くの例がある。なお、東京裁判においては、人道に対する犯罪に基づく訴追と有罪判決は行われなかった。

　さらに最近では、国連において、人道に対する犯罪の防止と処罰に関する条約案が検討されている。その背景にあるのは、人道に対する犯罪に関して、これまでの国際法には 2 つのギャップが存在することである。その第一は、人道に対する犯罪については、戦争犯罪やジェノサイド犯罪と異なり、各国内での犯罪化を義務づける国際法が存在しないということである。すなわち、

戦争犯罪については、ジュネーブ諸条約や第1追加議定書が、違反の防止と重大な違反の犯罪化を締約国に義務づけている。ジェノサイド犯罪についても、すでに見たように、締約国には、ジェノサイド犯罪の防止と処罰のための国内措置が義務づけられている。しかし、人道に対する犯罪については、アパルトヘイト、拷問、強制失踪などの個別の犯罪類型について防止と処罰を締約国に義務づける条約は存在するが、人道に対する犯罪を包括的に扱う条約は存在しない。なお、ICC規程は、それが定める対象犯罪をICCで裁くことを認める条約であり、対象犯罪を国内で防止・処罰することを、締約国に義務づけてはいない。そのため、人道に対する犯罪を防止・処罰するための国内法を整備している国は、一部にとどまっており、また、国内法を持つ国の間でも人道に対する犯罪の定義や扱いは一様ではない。第二のギャップは、人道に対する犯罪に対する防止や処罰を各国が行おうとしても、それを可能とする犯罪人引渡しや国際司法協力に関わる取りきめが、人道に対する犯罪に関しては存在しないことである。この点、すでに述べた戦争犯罪やジェノサイド犯罪、あるいは個別の犯罪類型に関する条約には、簡単ながらも一定の国際協力のための取りきめが存在する。また、国連越境組織犯罪防止条約や国連腐敗防止条約など、いわゆる越境刑事法の分野では、国家間の国際協力を具体的かつ詳細に取り決める条約が存在する。

　こうしたギャップを克服すべく、国連の国際法委員会（ILC）は、2014年以降、人道に対する犯罪に関する条約案の検討作業を開始し、2019年に全15カ条と付属文書からなる条文草案を採択して、その注釈とともに国連総会に提出した。この条文草案は、人道に対する犯罪の定義、国家の一般的義務と防止義務、ノン・ルフールマン、国内での犯罪化と国内裁判権の設定、「引渡しまたは裁判」の原則、容疑者の公正な取り扱い、被害者や証人の保護・参加・権利、犯罪人引渡しや法律上の相互援助に関する協力義務、紛争の解決に関する諸規定を含んでいる。このILCの条文草案は、引き続き国連総会において検討されている（2020年時点）。

第2章　開戦法規と侵略犯罪

すでに述べたように、戦争が違法化される前の近代においては、無差別戦争観が支配的で、国家主権の発動である戦争を行うこと自体についてその合法性を問題にすることはできないと考えられていた。そのような考え方のもとでも、戦争の合法性の問題とは独立して、戦闘の方法及び手段や戦争の犠牲者の保護に関する戦争法規が発展し、今日の武力紛争法となっていった。

しかしながら、第2次世界大戦後の国連憲章の下で、武力による威嚇やその行使が原則として違法とされる中で、開戦法規と武力紛争との関係には一定の変化がもたらされている。

1. 開戦法規と中立法

1.1 開戦法規の発展と戦争違法化

かつての無差別戦争観の下での開戦法規は、理由のいかんにかかわらず戦争自体を禁止するものではなかったが、戦争の手続についての一定の規制を設けていた。例えば、1907年ハーグ諸条約一つである「開戦に関する条約」は、予告なく戦争を開始することを規制するために、戦争の相手国に対して開戦宣言や最後通牒通告を行うことや、中立国に対して遅滞なく通告することを求めていた。

無差別戦争観が、変化を見せるのは第1次世界大戦後の国際連盟体制においてである。1919年の国際連盟規約は、加盟国に対し、国際紛争がある場合には、戦争という手段に訴える前に、国際裁判手続や国際連盟理事会の審

査に付託することを求め、その結論から3ヶ月経過する前に戦争に訴えることを禁止した（12条）。国際連盟規約は、戦争自体を禁止するものではなかったが、戦争を制限しようとする動きは、1928年の「戦争の抛棄に関する条約」（パリ不戦条約）へとつながっていく。わずか3カ条から成るパリ不戦条約は、「締約国は国際紛争解決の為戦争に訴ふることを非とし且其の相互関係に於て国家の政策の手段としての戦争を抛棄することを其の各自の人民の名に於て厳粛に宣言する」（1条）として、歴史上はじめて「戦争」を禁止してその放棄を約束させた。しかしパリ不戦条約は、2つの大きな例外を持っていた。第1には、この条約が禁止するのは国際法上の正規の「戦争」であり、開戦宣言を行わないなど開戦の要件を満たさない事実上の戦争は、パリ不戦条約の対象ではないと解釈できる余地があった。第2に、パリ不戦条約によって禁止されるのは、国際紛争を解決する手段として行われる侵略戦争であって、それには他国から攻撃を受けた場合にそれに反撃する自衛戦争は含まれないことが前提とされていた。それらに加えて、国際連盟やパリ不戦条約は、効果的な履行確保手段を欠いていたこともあり、事実上の戦争や、自衛を口実にした戦争が拡大することを防止することができず、第2次世界大戦にむけて次第にその意味を失っていった。

　第2次世界大戦を経て成立した1945年の国連憲章は、加盟国に対し紛争の平和的手段による解決を義務づけ、武力の行使と武力による威嚇を原則として禁止した（2条（3）（4））。ここでは、従来のような戦争という表現は用いられず、正規・不正規を問わず、一切の武力の行使が原則として禁止されることとなった。この内容は、一般に武力不行使原則と称され、今日では、慣習国際法の原則と考えられている（ICJ：ニカラグア事件判決1986年6月27日212項）。武力不行使原則の例外とされるのは、まずは、国連安保理の決議に基づく軍事的措置（42条）である。また武力攻撃が発生した場合に個別的・集団的自衛権の行使も例外とされるが、それには一定の要件が課されている（51条）。こうした国連憲章に対する加盟国の違反に対しては、国連安保理をはじめとする各種の履行確保の措置が置かれている。すなわち、国連安保理は、平和に対する脅威・平和の破壊・侵略行為があったと認める場合には、

非軍事的な、さらには軍事的な措置を取ることができるとされている(第7章)。

　このように戦争を含む武力紛争は、今日では原則として違法とされ、例外として認められる武力の行使とは区別されるようになった。このことから、すでに見てきた武力紛争法の適用についても、違法とされない武力の行使の区別が何らかの影響をもたらすのではないかという問題も生じてくる。すなわち、違法な武力行使を行う紛争当事者には、武力紛争法による保護を認める必要があるのかといった問題である。しかし、すでに「武力紛争法の平等適用」(第2編第1章の1.2)において述べたように、武力行使の合法性にかかわらず、交戦当事者のいずれにも武力紛争法が平等に適用されることが受け入れられている。

1.2　中立法と現在における態様

　戦争や武力紛争においては、紛争当事者以外の国であっても、一方の紛争当事者との関わりによって、あるいは理由なく、他方の紛争当事者から攻撃を受け、戦争や武力紛争に巻き込まれる可能性がある。そのため、戦争法規や武力紛争法においては、国家が武力紛争に対して中立の立場を選択して自国の安全を守るための中立法が、慣習的な規則として発展してきた。それらの慣習的規則を法典化したものが、1907 年ハーグ諸条約の「陸戦の場合に於ける中立国及び中立人の権利義務に関する条約」と「海戦の場合に於ける中立国の権利義務に関する条約」である。

　これらの中立法の下で、国家は武力紛争に対して中立を宣言することによって、以下のような権利義務を持つことになる。まず、中立国の領土・領水は不可侵とされ、交戦当事者は、中立国の領土・領水を軍事利用することが禁止される(領土の不可侵)。その反面で中立国は、交戦当事者のいずれかにも一切の援助を行わない義務(公平の義務)、その領土において援助となるような行為を回避する義務(回避の義務)などを負うことになる。また、紛争当事者の軍隊構成員が中立国に逃れた場合の人道的待遇や捕虜の資格なども定められている(上記の陸戦の場合に関する条約や GCIII：4 条 B (2) などを参照)。

　しかし、第 1 次世界大戦や第 2 次世界大戦を通じて、中立国の宣言にもか

かわらず紛争当事者によって侵犯される、中立国が直接戦争には参加しないものの紛争当事者の一方に援助を与えるなど、中立と交戦の中間的な状態に置かれることが生じるようになった(山本：751頁)。

さらに、第2次世界大戦に成立した国連の集団安全保障体制の下で、従来の中立法は大きな変容を迫られることになった。すなわち国連憲章は、国連加盟国に対し、国連が決定した行動に援助を与えることを義務づけ、逆に国連の強制行動などの対象となった国については、加盟国が援助の供与を行うことを禁止している(2条(5))。さらに、国連安保理が国際の平和及び安全の維持のために決定を行う場合には、その決定を履行するのに必要な行動が加盟国に義務づけられることがあるが(48条)、そうした行動には軍事行動も含まれる。そのため加盟国は、国連や国連安保理が決定した軍事も含む行動に対して、中立という立場を選択することが困難となる。その意味では、従来の中立法が、全面的に適用されることは、国連との関係ではあり得ないことになる。

他方で、国連安保理の決定による軍事行動であっても、国連安保理は、加盟国のすべてではなく一部の特定の加盟国を選定することも予定されている(48条(1))。また、加盟国の国連に対する協力も、軍事行動に兵力を参加させることだけではなく、協定によってその他の援助や便益のみを提供することも認められている(43条)。そのため、国連安保理が強制措置の決定を行ったわけではない武力紛争、決定が行われても自国に対して義務的な措置が課されているわけでない場合には、国連への協力の方式や制裁対象国との関係で、一定の中立法の規則が機能する余地はあると考えられる。

2. 侵略行為と侵略犯罪

2.1 侵略行為の定義

侵略戦争、あるいは侵略行為は、すでに触れたように1928年のパリ不戦条約において国際法上違法な行為とされ、国連憲章においても、侵略行為を鎮圧することが国連の第1の目的とされている(1条(1))。また、侵略行為

に責任ある国家指導者の行為は、第 2 次世界大戦後の国際軍事法廷において、平和に対する犯罪として処罰され、ニュルンベルク裁判とその判決に基づき確立されたニュルンベルク諸原則においては、侵略犯罪として国際犯罪の一つとされた (第 VI 原則 (a))。

しかし、侵略行為が具体的に何を意味するのかについて、国際社会は、長らく合意を形成することはできなかった。国連総会は、国際法委員会 (ILC) がニュルンベルク諸原則を採択した 1950 年、ILC に同諸原則を国際犯罪として法典化する作業を命じ、ILC は、1954 年に「人類の平和と安全に対する犯罪法典草案」を採択して国連総会に提出した。しかし、同年の国連総会は、同法典案に含まれる侵略犯罪の侵略行為に関する定義を問題とし、その定義問題が解決するまで審理を延期する決定を行った。その後、侵略行為に関する国連での協議は、具体的な侵略行為を列挙する必要性や民族解放闘争の評価などをめぐって難航し、ようやく 1974 年の国連総会において、「侵略の定義に関する決議」が採択された (国連総会決議 3314 号：侵略の定義)。

この決議は、国連安保理による侵略行為の認定に一応の指針を与える目的で採択されたものであるが、侵略の概要を次のように定義した。

①侵略とは、国家による他の国家の主権、領土保全若しくは政治的独立に対する、又は国際連合の憲章と両立しないその他の方法による武力の行使であって、この定義に述べられているものをいう (一般的定義)。

②国連憲章に違反する武力の最初の使用は、侵略行為の一応の証拠となるが、最終的には国連安保理が他の関連状況に照らして判断する。

③他国の領域に対する侵略・攻撃・軍事占領・併合・砲爆撃・兵器の使用・港や沿岸の封鎖・他国の軍隊に対する攻撃・受入合意に反した軍隊の使用や駐留継続・以上の行為を行う武装集団 (団体・不正規兵・傭兵を含む) の派遣や実質的関与など、宣戦布告の有無にかかわらず侵略行為となる (例示による定義)。

④以上は網羅的なものではなく、国連安保理は、その他の行為についても侵略行為と認定することができる。

⑤侵略戦争は国際犯罪となり、また国家責任を発生させる。

⑥以上の定義は人民の自決権を害するものではない。

　この決議は、国連安保理の判断を拘束するものではなく、また、国連総会の決議であることから法的拘束力を持つ文書ではないが、侵略行為をめぐる論争に一応の決着をつけることとなった。そして、その後の国連安保理においては、侵略行為の存在を認定する際にこの決議による基準を用いている例もある。

2.2　侵略犯罪の定義

　第2次世界大戦後の国際軍事法廷は、侵略戦争を禁止する1928年パリ不戦条約を通じて形成された慣習国際法に違反した国家の侵略行為等について、計画・準備・開始・遂行・それらの行為の謀議に参加した者について、「平和に対する犯罪」と定義し、実際にその犯罪の訴因によって、ナチスドイツや旧日本政府の多数の指導者を裁いた。

　しかし、その後においては、ニュルンベルク諸原則や「侵略の定義に関する決議」において、侵略戦争が国際犯罪であることが確認されたものの、実際に侵略戦争にどのような関わりを持った個人について国際犯罪が成立するのかについて議論の発展もなく、そうした犯罪を裁くための国際司法機関も存在しなかった。

　そうした状況に転機が訪れたのは、1998年のICC規程の採択である。ICC規程は、ジェノサイド犯罪・人道に対する犯罪・戦争犯罪と並んで、侵略犯罪をICCの対象犯罪として含めた（5条(1)）。他方で、ICC規程を採択したローマ全権外交会議では、侵略犯罪の定義や管轄権の行使条件について合意が成立せず、それらに関する規定が採択されるまでは、ICCは侵略犯罪の管轄権を行使できないこととされた（5条(2)）。そのため、ICC規程が効力を発生して実際の活動を開始した後も、侵略犯罪を理由とする訴追は行われなかった。

　その後、2010年になって、侵略犯罪に関する規定を追加するICC規程の改正が採択され、2017年に効力を発生した。しかし、その採択の過程で、ICCが侵略犯罪を認定することは、国連憲章の下での国連安保理の権限を侵害するのではないかなどの反対論が、オブザーバーとして参加したアメリカ

などから提起された。その他にも、非締約国の国民に対する管轄権の行使などについて、多くの議論があり、実際に採択された侵略犯罪に関する規定は、附帯する決議も含めて複雑なものとなっている。

　ICC 規程が定義する侵略犯罪は、前述の「侵略の定義に関する決議」に大きく依拠している。すなわち侵略犯罪の成立のためには侵略行為が存在することが前提となるが、その侵略行為の定義には、「侵略の定義に関する決議」の内容のうち、①の一般的定義と③の例示による定義がほぼそのまま用いられている (8 条の 2 (2))。

　その上で、侵略犯罪は、それらの定義された侵略行為がその性質、重大性及び規模において国連憲章の明白な違反を構成する場合に (違反の明白性)、国家の政治的・軍事的行動に対し実効的に支配を行使し・指導する地位にある者が行う (行為者の身分)、計画・準備・開始・実行する行為 (具体的行為) について成立することとされた (8 条の 2 (1))。そのため、この侵略犯罪は、国連憲章の違反が明白である場合に、国家の支配者・指導者の地位にある者についてのみ成立する、きわめて限定的な犯罪となっている。

第3章　個人の刑事責任と国際刑事法

1. 国際刑事裁判の歴史と概要

　武力戦争の法規慣例違反を戦争犯罪として、各国内で個人の刑事責任を追及することは、それを明示に義務づける条約が存在しないにもかかわらず、第2次世帯大戦以前においても各国において行われていた。他方でそのような国内での刑事責任の追及は、自国の兵士に対してはその士気の低下をおそれて十分に行われないこともあり、あるいは逆に敵国の兵士に対しては報復的に過剰な処罰、時には裁判を経ない略式処刑なども行われていた。また、国家的な戦争を指導する元首や高官などに対してその刑事責任を追及することには、主権国家が他の主権国家の国家的行為を裁くことは許されないのではないかなどの国際法上の問題もあった。さらに、ナチスによるホロコーストは、武力紛争にいたる過程における、あるいは直接には武力紛争に関係しない人道的な事態に対し、国際社会がどのようにそれに取り組み、防止することができるのかという問題も提起することになった。

　そのような中で、国際刑事裁判という形で個人の刑事責任を追及するシステムが国際法の中に登場することになった。

1.1　国際刑事裁判の登場と発展

　戦争に責任ある者の刑事責任を国際的に、しかも国際的な司法機関で追求する試みは、第1次世界大戦後の戦勝国と敗戦国との間の戦後処理の中で始まった。すなわち、連合国とドイツとの間で結ばれたヴェルサイユ条約（1919

年）は、前ドイツ皇帝を「国際道徳と条約の神聖さに対する最高の犯罪」によって、国際的に設置される特別法廷に訴追すること、ならびに戦争の法規慣例違反に責任ある者を連合国の各国軍事法廷で裁くことで定めた。しかし、前者の国際的な特別法廷は、前ドイツ皇帝がオランダに亡命し、オランダが連合国への引渡しを拒んだために、実際には設置されなかった。

　国際的な特別法廷の設置は、第2次世界大戦後の連合国による枢軸国の戦争犯罪人の処罰の中で行われた。連合国は、ドイツや日本の戦争犯罪人などを、各国の軍事法廷で裁くことに加え、その指導的地位にある者を連合国によって設置された国際軍事法廷（ニュルンベルク裁判、東京裁判）で裁くこととした。これらの国際軍事法廷では、その設立を定める憲章（1945年のIMT憲章と1946年のIMTFE憲章）によって、(a) 平和に対する犯罪、(b) 戦争犯罪、(c) 人道に対する犯罪を裁くこととされた。ニュルンベルク裁判（1945年10月-1946年10月）では、24名の戦争指導者が訴追され、審理中に死亡・免訴された2名や無罪となった3名を除いて、19名に死刑を含む有罪判決が行われた。東京裁判（1946年5月-1948年11月）では、28名の戦争指導者が訴追され、審理中に死亡・免訴された3名を除いて、25名に死刑を含む有罪判決が行われた。

　これらの裁判では、国家の主権的権利である刑罰権がなぜ国際司法機関に認められるのか、平和に対する犯罪と人道に対する犯罪はこれらの国際軍事法廷で初めて規定された国際犯罪でありそれらの犯罪での処罰は罪刑法定主義や事後法の禁止に違反するのではないかという問題などが提起された。しかし、両法廷の判決は、戦後の国際社会において受け入れられ、すでに述べたILCのニュルンベルク諸原則（1950年）が国連において確認される中で、国際犯罪を裁く権限を持つ国際刑事裁判という考え方が定着していった。

　その後、国際軍事法廷で対象とされた、(a) 平和に対する犯罪、(b) 戦争犯罪、(c) 人道に対する犯罪を含めて、何が国際犯罪であるのか、どのような国際刑事裁判所を作るべきなのかが国連で検討され始めた。しかし、平和に対する犯罪に相当する侵略犯罪や侵略の定義をめぐって争いが続き、その検討はいったん中止された。

── コラム⑧：ニュルンベルク裁判（IMT）と東京裁判（IMTFE） ──

　第2次世界大戦の死者の総数は、5000万人から8000万人と言われ、その半数以上は市民であった。そうした被害をもたらした大戦中の重大な犯罪を裁くために、戦後、2つの国際軍事法廷と戦勝国による戦犯裁判が設けられた。戦争や残虐行為の指導者を国際的な司法機関によって裁くという考えは、連合国の間でもけっして一般的なものであったわけではない。終戦時にイギリスのチャーチル首相がナチスの主要戦犯について指示していたのが、見つけ次第に射殺することだったというのは、有名な逸話である。それでも連合国は、それぞれの思惑を持ちながらも、ニュルンベルクと東京で、歴史上初めてとなる2つの国際軍事法廷を開催した。

　1945年から翌46年にかけて行われたニュルンベルク裁判では、ドイツの政府や軍部の指導者、外交官、ナチス党の幹部など24名が起訴され、死亡などによって除外された者を除き、19名が有罪（絞首刑12名）、3名が無罪となった。東京裁判は1946年から1948年にかけて行われ、日本の政府や軍部の指導者、外交官、国粋思想家など28名が起訴され、死亡などによって除外された者を除き、25名全員が有罪（絞首刑7名）とされた。

　国際軍事法廷は、あらかじめ採択された憲章に基づく手続に従って、平和に対する犯罪、戦争犯罪、人道に対する犯罪という3つの国際犯罪を対象とした。憲章やニュルンベルク裁判の判決は、その後の国際刑事裁判の法理へとつながっていった。その法理とは、それらの犯罪が慣習国際法の下で成立する国際犯罪であること、犯罪の成否に国内法や被告人の国内での地位は無関係であること、上官の命令に従ったことは罪を免れる理由とならないことなどである。他方で、これらの裁判では、敗戦国であるドイツや日本の指導者による犯罪のみが対象とされたことから、勝者の裁き（victor's justice）という批判が絶えなかった。そのことが戦後、普遍的で独立した常設の国際刑事裁判所の設置を求める動きにつながっていった。

　2つの裁判は同じように語られることも多いが、その内容や影響において異なる点も少なくない。ニュルンベルク裁判は、連合国4ヵ国の合意（ロンドン協定）に基づき設置されたが、東京裁判は、日本を占領した連合国最高司令官の指令のみに基づいて設置された。国家間の戦争犯罪とはならない自国や併合地域での市民に対する残虐行為は、ニュルンベルク裁判では人道に対する犯罪として実際に訴追・処罰されたが、東京裁判では朝鮮・台湾など併合地域での行為が人道に対する犯罪として訴追されることはなかった。さらに前者では、生存したナチ国家の指導者が訴追されて一掃されたが、後者では国家元首であった天皇は訴追を免れた。さらに戦後、ドイツでは、国内裁判所においてナチの犯罪に対する訴追が続けられたが、日本では、国内で戦争責任者の訴追が行われることはなかった。

1.2 ICTY と ICTR

国際軍事法廷の後は、長きにわたって国際司法機関での国際犯罪の訴追や処罰はなされなかったが、1990 年代に入り、旧ユーゴスラビア紛争やルワンダの虐殺に直面する中で、国連は、国際刑事裁判というシステムを新たな形で作り上げた。これらは、いずれも特定の人道的な事態についてそれが始まってから、あるいは事後的に設置された特別法廷であり、国際刑事法廷 (International Criminal Tribunals) と総称される。

旧ユーゴスラビアは、1991 年に始まった旧社会主義体制の崩壊とともに、6 つの共和国 (スロベニア、クロアチア、ボスニア・ヘルツェゴビナ、マケドニア、セルビア) に分裂し、相互間で組織的な民族浄化 (集団追放、殺害と強かん、強制収容所など) を含む残虐行為を繰り返すようになった。国連安保理は国連事務総長に状況を調査する専門家委員会の設置を指示し、同委員会は、1993 年に、残虐行為の状況を確認するとともに、残虐行為に関わった個人の刑事責任を追及するための特別法廷を設置する勧告を行った。国連安保理は、その勧告を受けて、同年に「旧ユーゴスラビア国際刑事法廷規程」(ICTY 規程) を採択し、旧ユーゴスラビアにおいて行われた 1949 年ジュネーブ諸条約の重大な違反、戦争の法規慣例違反、ジェノサイド、人道に対する犯罪を、国際人道法に違反する犯罪として、それらを裁くための二審制 (公判裁判部と上訴裁判部) の旧ユーゴスラビア国際刑事法廷 (ICTY) を、オランダのハーグに設置した。ICTY においては、複数の民族グループ (セルビア、クロアチア、ボスニア・ヘルツェゴビナのムスリム、コソボのアルバニア系など) に属する 161 名の容疑者が訴追され、その中には、セルビアのミロシェビッチ元大統領やボスニアのセルビア人勢力の指導者であったムラジッチやカラジッチが含まれる。

ルワンダでは、国内にフツ族とツチ族という二大民族が存在し、フツ族を中心に成立していた政府と、ツチ族によって構成される反政府運動とが対立していた。そのような中で 1994 年に大統領が航空機墜落によって死亡したことをきっかけに両者の内戦が再発し、同年 4 月以降の数ヶ月の間に、80-100 万人が犠牲となった。国連安保理は、直ちに設置された専門家委員会の

報告と勧告を受けて、同年、「ルワンダ国際刑事法廷規程」（ICTR 規程）を採択して、ルワンダ国際刑事法廷 (ICTR) を設置した。ICTR は、ジェノサイド犯罪、人道に対する犯罪、ジュネーブ諸条約共通 3 条・第 2 追加議定書違反の犯罪 (非国際的武力紛争における戦争犯罪) を対象とした。ICTY と同様に二審制をとるが、公判裁判部はタンザニアのアルーシャに置かれ、上訴裁判部は、ハーグの ICTY の上訴裁判部に統合された。ICTR においては、93 名の容疑者が訴追された。

　ICTY と ICTR の活動は、2017 年に終了し、終了していない事件は、国内裁判所に移送され、また、国連の残余メカニズムを通じて処理されている。

　ICTY と ICTR は、すでに発生した事態に対し、事後的に国連安保理が国連憲章の強制的権限の下で設置した点に特徴がある。そして実際の事件の審理を通じて、戦争犯罪・人道に対する犯罪・ジェノサイド犯罪の解釈、共同実行者として責任を問われる者の範囲や指揮者・上官の責任、民族浄化やジェノサイドの手段として性暴力の利用など、多くの法的問題について豊富な先例が提供されてきた。

1.3　混合法廷

　ICTY と ICTR の経験に続いて、すでに発生した事態における個人の刑事責任を問うために国連が関与した法廷の設置がその後も続いている。ただし、それらの法廷は必ずしも全面的に国際的司法機関であるというわけではなく、国連と関係国との協定により設置された刑事司法機関、あるいは外国の裁判官を含めた国内の司法機関という形でも設置されている。このことは、対象とされる国の司法制度を一部利用することによって、対象国政府の協力や支援を受け、法廷の運営による経費を抑制し、また市民の関心を維持することなどが目的とされている。他方で、国連が関与することによって裁判の内容を国際的に監視できるという側面がある。このように国内の司法制度と国連の関与とが組み合わされたシステムは、混合法廷 (Hybrid Tribunals) などと呼ばれている。

1.3.1　東ティモール重大犯罪特別パネル（SPSC）

　東ティモールは、1975 年に旧宗主国のポルトガルが植民地支配を放棄した際に、インドネシアによって武力によって占領・併合されていたが、国連の働きかけにより、1999 年に独立のための住民投票が実施され、その前後にインドネシア軍と民兵組織による虐殺が行われ、国連要員を含む数千名が殺傷され、数十万人が避難民となった。その後、国連による暫定統治が行われる中で、2000 年に、国連は、2 名の国際裁判官と 1 名の国内裁判官で構成される特別パネル（Special Panel）を、首都ディリの地方裁判所の中に設置した。

　特別パネルは、東ティモールの法と、「適用可能な条約並びに武力紛争における確立した国際法の諸原則を含む国際法の規範及び原則」を適用し、ジェノサイド罪・戦争犯罪・人道に対する犯罪・殺人・性的犯罪・拷問を対象犯罪とした（UNTAET/REG/2000/15）。特別パネルは、2005 年に終了するまでに、比較的下位レベルの容疑者について 55 件の裁判を行い、84 名に有罪判決を下した。他方で、53 件の事件については、訴追の撤回や容疑者を逮捕することができず、最終判決には至らなかった。

1.3.2　シエラレオネ特別裁判所（SCSL）

　シエラレオネでは、1991 年から 2002 年まで続いた独裁政権の下での政府軍と反政府勢力との間における、ダイヤモンド鉱山の支配権をめぐる内戦において、7 万 5000 人以上の死者を出したが、国連の介入もあり 2002 年に停戦と反政府勢力の武装解除が行われた。その過程の 2002 年、国連とシエラレオネ政府は、シエラレオネ特別裁判所（Special Court）を設置する協定に合意し、翌 2003 年から活動を始めた。

　特別裁判所は、二審制で、シエラレオネ政府が指名する裁判官と国連事務総長が指名する裁判官によって構成され（2002 年 1 月 16 日設置協定）、人道に対する犯罪・ジュネーブ諸条約共通 3 条・第 2 追加議定書違反の犯罪（非国際的武力紛争における戦争犯罪）・その他の国際人道法の重大な違反・一定のシエラレオネ法の違反を対象犯罪とした（2002 年 1 月 16 日 SCSL 規程）。特別裁

判所には、チャールズ・テイラー元リベリア大統領を含む反政府勢力の指導者など13件の訴追が提起され、容疑者の死亡や逃亡などにより、最終的に9名の被告人に対する判決が確定した。特別裁判所は、2013年以降、残余の特別裁判所（RSCSL）としてオランダのハーグに移転し、未逮捕の容疑者への備え、証人の保護や支援、再審申請の審査などを行っている。

1.3.3 カンボジア裁判所特別裁判部（ECCC）

カンボジアでは、1975年にクメール・ルージュ（民主カンプチア）が政権を掌握した後、1979年に政権が崩壊するまで、少なくとも170万人の人々が、処刑または病気や飢えで死亡した。カンボジア裁判所特別裁判部は、1975年・1979年の虐殺などにおける民主カンプチアの元指導者などを裁くために、2001年のカンボジア国内法と2003年の国連との協定により、設置された。

特別裁判部（Extraordinary Chambers）は、二審制（及び予審部）で、カンボジア政府の指名する裁判官と国連が指名する裁判官によって構成され、ジェノサイド犯罪・人道に対する犯罪・1949年ジュネーブ諸条約の重大な違反・一定のカンボジア法の犯罪を対象犯罪とした（2003年6月6日設置協定）。特別裁判部では、一部の容疑者については高齢や死亡を理由に手続が中断されながらも、8名の容疑者に関する4件の事件が審理され、これまで3名についてジェノサイド犯罪を含む有罪判決が行われている。

1.3.4 レバノン特別法廷（STL）

レバノンでは、1975年以降、キリスト教勢力とイスラム教勢力との間で内戦が、シリアやイスラエルの介入やパレスティナ問題と相まって長期化し、1990年に挙国一致内閣が成立して一応の収束をみせたものの、テロ行為などが継続していた。また、イスラエル軍の撤退後もシリア軍が駐留を継続する中で、シリア軍の撤退を支持していたラフィーク・ハリリ首相が辞任後間もなく、2005年2月14日に車列に対する爆弾攻撃により、10名以上の同行者とともに暗殺された。この事件は、シリア軍の駐留に対する国内及び国際社会の強い批判を巻き起こし、シリア軍は同年にレバノンから撤退した。レ

バノン特別法廷 (Special Tribunal) は、この爆弾攻撃その他の爆弾攻撃に責任ある者を裁くための国際的性格を持つ法廷として、2007 年の国連とレバノン政府との協定によって設立された。

　国連総会決議 (S/RES/1757 (2007)) によって採択された規程によれば、レバノン特別法廷は、二審制 (及び予審部) で、レバノンの裁判官と国際裁判官によって構成される。そして、上記の爆弾攻撃前後の約 14 ヶ月間に発生した重大な爆弾攻撃について、テロ行為・生命と身体の完全性に対する犯罪などのレバノン刑法を適用するが、その手続は、被疑者・被告人の権利や被害者の権利など、国連が採択した手続によって行われることとされている。その後、2011 年に上記爆弾攻撃の容疑者が訴追されたが、現在 (2020 年 6 月までに) 第 1 審の判決は行われていない。

1.3.5　アフリカ特別裁判部（EAC：チャド）

　アフリカ連合は、1982 年から 1990 年の間のチャドにおける国際犯罪を裁くために、2012 年、セネガル政府との間で同国の裁判所の中にアフリカ特別裁判部 (Extraordinary African Chambers) を設置するとの協定を行った。特別裁判部は、二審制 (及び捜査部と訴追部) で、セネガル政府が推薦して AU が指名するセネガル人裁判官によって構成される。そして、ジェノサイド犯罪・人道に対する犯罪・戦争犯罪・拷問を対象とする (同裁判所規程)。

　特別裁判部には、チャドの独裁者であったイッセン・ハブレ元大統領や保安職員が訴追され、2017 年に人道に対する犯罪・戦争犯罪・拷問などの有罪判決が確定している。

1.3.6　コソボ専門家裁判部

　旧ユーゴスラビアの一部であったコソボでは、1998 年から 1999 年にかけて、旧ユーゴ軍及びセルビア人勢力と独立を求めるアルバニア人のコソボ解放軍との間で戦闘が行われ、さらに 1999 年には NATO 軍による旧ユーゴ軍に対する攻撃などが行われた。

　独立後のコソボと EU は協定により、2015 年、コソボの国内各級裁判所に

附属させる形で、コソボ専門家裁判部がハーグ (オランダ) に設置された。専門家裁判部は、1998 年から 2000 年までの間にコソボの領域内で行われた、人道に対する犯罪・戦争犯罪・一定のコソボ法違反の犯罪を対象とし、国際裁判官によって構成される。

　専門家裁判部は、2017 年に実際の活動を開始し、2020 年から現職大統領ハシム・サチ (コソボ解放軍指導者) などに対する訴追を開始している。

　以上の混合法廷は、その成り立ちや構成、対象とする犯罪などもそれぞれである。しかし、裁判官の構成を国際的なものとし、適用される法に武力紛争法や重大な人権侵害に関する法などの国際法を含めている点において、国際化された裁判となっている。また、いずれもすでに発生した事件を対象としている点は、次に説明する ICC と異なるところである。

1.4　ICC

　第 2 次世界大戦後の国際軍事法廷の経験やニュルンベルク諸原則の採択に続いて開始された、国際犯罪を裁くための常設の国際刑事司法機関を設置する試み、そのために ILC が国際犯罪を法典化しようとする試みは、すでに述べたように国連総会における侵略行為の定義をめぐる議論の対立によって、1954 年にいったんは中断された。しかし、1974 年に国連総会において侵略行為の定義が採択されたことにより、国連総会は、1981 年に ILC に対し法典化作業の再開を求めた。ILC は、国連総会とのやりとりの末、1996 年に「人類の平和と安全に対する犯罪法典草案」を国連総会に提出した。その過程で国連総会は、さらに 1991 年に ILC に対し、国際刑事裁判メカニズムを含む国際刑事管轄権の問題の検討を求めていたことから、ILC は、1994 年に「国際刑事裁判所規程草案」を国連総会に提出した。同時期にすでに活動を開始し始めていた国連安保理による ICTY や ICTR の動きも相まって、ILC の 2 つの草案を基礎として、常設の国際刑事裁判所の設立を目指す準備が加速していった。

　1998 年に全世界の政府代表や国際機関、1000 を超える NGO がローマに

集まり、国際刑事裁判所に関する条約を採択するための全権外交会議が開催された。そして、「国際刑事裁判所に関するローマ規程」(ICC 規程) が採択された。ただこの規程の採択は全会一致ではなく、アメリカをはじめいくつかの国の強い反対もあったことから採決による採択になった。国際刑事裁判所 (International Criminal Court: ICC) は、ICC 規程が効力発生要件である批准国数を満たした 2002 年の後、2003 年にオランダのハーグに設置された。

ICC の理念は、ICC 規程の前文に表現されている。すなわち 20 世紀において子ども・女性・男性が想像を絶する残虐行為の犠牲者となってきたことに留意し、国際社会の最も重大な犯罪が処罰されないままとなっている状況を終わらせることがその目的とされる。その上で、ICC 規程は、侵略犯罪・ジェノサイド犯罪・人道に対する犯罪・戦争犯罪の 4 種類の犯罪を、「国際社会全体の関心事である最も重大な犯罪」としてその対象犯罪としている (5条)。なお、このうち侵略犯罪については、すでに述べたように 2017 年にその定義と管轄権の行使条件を定める改正が効力を発生することにより、ICC が扱うことができるようになった。ICC 規程は、全 128 カ条からなり、①裁判所の設立、②管轄権・受理許容性・適用される法、③刑法の一般原則、④裁判所の構成・運営、⑤捜査・訴追、⑥公判、⑦刑罰、⑧上訴・再審、⑨国際協力・司法上の援助、⑩刑の執行、⑪締約国会議、⑫財政、⑬最終規程から構成されている。言いかえれば、国際的な刑事司法を実施するための、犯罪の定義や成立要件、捜査や公判の手続、裁判所の構成、判決の執行、国際協力など、必要なすべての分野を網羅する包括的な条約となっている。

ICC の裁判部は、第一審裁判部と上訴裁判部の二審制であり、その他に起訴に相当する犯罪事実の確認などを行う予審裁判部から成る。その他の機関として、検察局と書記局が存在し、書記局の下に被疑者・被告人のためと被害者のための公設弁護士事務所が置かれている。また、後に触れる被害者に対する救済のための被害者信託基金が、ICC の組織外に設置されている。

ICC は、すでに述べた国際軍事法廷、国際刑事法廷、混合法廷に比べて以下のような特徴を持っている。

第 1 に、ICC は多国間条約によって設立された独立の国際刑事司法機関で

ある。そのことは、条約上の法的義務負う締約国によって ICC が支えられている反面で、国連安保理が一定の義務を設定する場合を除いては、ICC に対して法的義務を負わない非締約国が存在することを意味する。ICC 規程の締約国は、現在までに 123 ヵ国にとどまり、アメリカ、中国、ロシアなどの大国が参加していない。このことは、ICC が、いまだ全世界で発生する国際犯罪をすべて対象とする普遍的な世界裁判所として機能することはできないことを意味する。それに関連して、ICC にどの地域のどの国籍の者に対して捜査権や裁判権を行使できるかという管轄権の問題が生じるが、その点については後に国際刑事司法機関の管轄権という形でまとめて説明する。

　第 2 に、ICC は、歴史上初めて、常設かつ独立の国際刑事司法機関として、あらかじめどのような犯罪が対象とされるのか、どのような手続が用いられるのか、そしてどのような刑が科されるのか (最高刑は終身刑) が定められて、設置された。そして、ICC は、ICC 規程の効力発生 (2002 年) 以降の事件のみを扱うこととされている。このことは、従来の国際刑事裁判に対して向けられていた、罪刑法定主義や遡及処罰禁止の観点からの批判、武力紛争による勝者の裁きといった批判から、ICC を免れさせることとなる。さらに、将来に向けては、ICC で訴追される可能性によって、国際犯罪の抑止という一般予防の機能も持つことになる。

　第 3 に、ICC は、手続を開始する端緒について、独特の「引き金」(トリガー) メカニズムを持っている。すなわち ICC は、対象犯罪が発生したと考えられる事態について、①締約国が検察官に付託する場合、②国連安保理が国連憲章第 7 章に基づいて検察官に付託する場合、③検察官の職権により予審裁判部の許可を受けて捜査に着手した場合に、捜査や訴追その後の裁判手続を開始することができる (ICC 規程：13 条)。国際犯罪のいかなる告発があってもこれらの「引き金」が引かれない限り、ICC での手続は開始されない反面、独立の検察官による職権捜査が認められたことは、ICC の独立性の意味を高めることになった。

　第 4 に、国際機関である ICC は、国家の権限との関係において独特の調整を行っている。まず、これまでに見た戦争犯罪・ジェノサイド犯罪・ア

パルトヘイト犯罪などの処罰に関する条約とは異なり、ICCの対象犯罪について締約国に国内での犯罪化義務を課しておらず、国内での犯罪化は任意のものとしている。またICC規程は、国家の刑事管轄権との関係では補完性の原則を採用している。補完性の原則とは、ICCが対象とする犯罪を直ちにICCが裁くのではなく、その犯罪に管轄権を持つ国家が、捜査や訴追を真に行う意思や能力を持たない場合にのみICCが事件を受理するという原則である（ICC規程：17条）。この補完性原則によって、ICCは世界中から大量の事件が集中することを回避できる反面、自国内や自国民に関わる事件をICCが取り上げることを望まない国家は、国内での犯罪化を含めて捜査や訴追を自ら行う動機付けがなされることになる。他方でICC規程は、締約国に対し、犯罪人の引渡しや司法上の協力について、詳細な協力義務を課している（ICC規程：第9部）。

　ICCは、2003年に活動を開始した後、2020年までに、事態への一般的な捜査段階にあるものを除いて、8ヵ国の事態について、容疑者を特定した逮捕状・召喚状の発布、裁判手続、判決などを行ってきた。それらの国は、コンゴ民主共和国、ウガンダ、スーダン（ダルフール地方）、中央アフリカ共和国、ケニア、リビア、コートジボアール、マリなどである。しかし、未逮捕、手続中止、無罪判決などを除いて、最終的な有罪判決に至った被告人は、わずか3人にすぎない。その過程で、逮捕状が出された容疑者の逮捕や証拠・証人の確保について締約国の協力を必ずしも得ることができない、事件がアフリカに集中していることについてアフリカ連合（AU）などが批判を続けているなどの問題も生じてきている。

　その他にも、武力紛争が継続し、国内の司法制度が荒廃している状況の中で、適正な裁判手続を実現するための容疑者の身柄や証拠の確保、証人の確保や保護をどのように実現していくのか。あるいは、武力紛争の終結のための和平交渉において紛争の指導者が刑事責任の免責を条件とする場合に、司法的正義と和平とのいずれを優先させるべきなのか。こうした国際刑事裁判が抱える課題に、ICCは直面し続けている。

2. 国際犯罪と国際刑事法

2.1　国際刑事法と越境刑事法

　刑罰権、あるいは刑事管轄権は、伝統的には国家主権に付随する国家の権限であると考えられてきた。すなわち、国家はその主権の一つとしてその領域及び領民に対して立法などを通じて排他的に規制する権限を持ち、その権限の一つとして何が犯罪であるのかを規定し、それに違反する者に対して刑罰を執行する権限を持つというものである。その意味では、国家の刑事管轄権は、その国家の内部で完結するものであって、他の国家や国際社会全体がそれに介入することは、国家の対外的な主権(独立)を犯すことになる。

　しかし、実際には、そうした国家の刑事管轄権も、国際的な関わりとは無縁ではなかった。それぞれの国家の中でのみ犯罪とされる一般国内犯罪も、実際にそれを効果的に取り締まろうとする場合には、国外に逃亡した犯罪人の引渡しを求める、容疑者を国内で訴追するために必要な証拠を入手する、あるいは有罪が確定した者に刑を執行するために、国家間での国際捜査・司法協力を求めることが必要とされた。そのために、諸国家は、相互主義や条約に基づき、そうした国際協力を実施してきた。

　また犯罪の中には、諸国の共通利害に関わる犯罪であるため、各国が共同して犯罪と見なし、共同して取り締まりを行ってきたものがある。古くには、海賊行為や奴隷取引、そして近時では、ハイジャック、国際テロリズム、麻薬の不正取引、越境組織犯罪、人身取引、移民を密入国させる行為、銃器の越境取引、腐敗行為などがある。これらの犯罪行為については、近時において、犯罪人の引渡しや国際捜査・司法協力を各国に義務づけるだけではなく、犯罪の構成要件、国内での犯罪化、管轄権の設定などを義務づけている。

　さらにすでに述べてきた国際犯罪がある。国際犯罪は、論者や国際文書において、国際法の下での犯罪、国際法違反の犯罪、あるいは国際社会全体の関心事である最も重大な犯罪などと呼ばれたりするが、それについての定義は必ずしも一様ではない。しかし、少なくとも国際刑事司法機関において国際的刑事管轄権が認められるにいたった犯罪を、国際犯罪と総称することに

は、異論は少ない。具体的には、ICC 規程が列挙するように、侵略犯罪、ジェノサイド犯罪、人道に対する犯罪、戦争犯罪が含まれる。また、国際刑事司法機関の運営に必要な証拠・証人・裁判関係者に関する一定の妨害行為もそれぞれの司法機関で犯罪とされている。

　以上に挙げた、①一般国内犯罪に関する国際協力、②諸国の共通利益に関わる犯罪への取り組み、③国際犯罪については、それらに適用される共通の国際法上の規則や法理が成立している。それらの規則や法理を総称して、国際刑事法 (International Criminal Law: ICL) と呼ばれることもある。しかし、一定程度国際化されているとはいっても、国内の刑事管轄権に関わる①②と、国家以外の国際機関に国際的な刑事管轄権を認める③との間には、後に述べるように管轄権の根拠をはじめとして質的な違いがある。そこで本書では、③の国際犯罪に関わる国際法を国際刑事法と呼び、①②については越境刑事法 (Transnational Criminal Law: TCL) と呼んで区別する。

2.2　国際刑事法の直接執行と間接執行

　国際犯罪とそれに関わる規則や法理を意味する国際刑事法も、それぞれの成り立ちやあり方は、すでに見てきたように一様ではない。戦争犯罪は、各国内の国内法によって事実上処罰が行われてきたと言っても、各国にその処罰が義務づけられたのは 1949 年ジュネーブ諸条約によってであり、他方でそれに数年先だって国際軍事法廷において国際犯罪と位置づけられていた。ジェノサイド犯罪は 1948 年ジェノサイド条約によって、また人道に対する犯罪の一つであるアパルトヘイト犯罪は 1973 年アパルトヘイト条約によって、国内での犯罪化が義務づけられると同時に国際刑事裁判所で裁かれるべき国際犯罪とされた。他方で、侵略犯罪（平和に対する犯罪）と人道に対する犯罪は、国際軍事法廷において国際犯罪とされたが、その後、各国内での犯罪化を義務づける条約は存在しない。なお、人道に対する犯罪については、その防止と犯罪化を義務づける条約案が国連総会において検討されていることは、すでに述べたとおりである。

　国際犯罪が、その性質においては国際的刑事管轄権の下において裁かれる

べきものであるとしても、現在までの国際刑事司法機関には、その能力や効果的な活動範囲において限界がある。上位の指導者のみならず、実際の実行行為を行う中位及び下位の責任者を含めて国際犯罪を処罰し、抑止しようとするのであれば、国家においても国際犯罪に対する国内的刑事管轄権を適切に行使することが不可欠となる。そのような二重の段階を通じての国際犯罪への対処は、国際刑事法の国際刑事司法機関による直接執行と、国内の刑事司法機関による間接執行と捉えることができるであろう。そして国内での間接執行は、犯罪の定義や相互の国際協力などを定める条約の存在によって、より効果的なものとなることができる。

　そして国内での間接執行を効果的なものとする条約においては、すでに発展してきた越境刑事法における国際的な捜査・司法協力のための条約の枠組みや、処罰逃れを防ぐために一部の国際人権条約において採用されている法理が用いられることになる。そのような法理の最も重要なものとして、「引渡しまたは訴追」(*Aut dedere aut judicare*) の原則がある。この原則は、自国の領域内に所在する犯罪の容疑者を他国に引き渡さない場合には自国において訴追しなければならないというものであり、17世紀のグロチウスに起源を持つとされる。この原則は、容疑者が訴追を行わない国にと留まりまたは逃亡することによって処罰を免れてしまうことを防止するために認められてきた。この原則は、拷問等禁止条約 (7条) や強制失踪条約 (11条) などの人権条約においても採用されている。先に触れたアフリカ特別裁判部に訴追されたイッセン・ハブレ元大統領は、それに先だって ICJ において、ベルギーがセネガルに対し「引渡しまたは訴追」を求めて争いの対象となっていた。そして ICJ は、ハブレ元大統領の所在するセネガルが、拷問等禁止条約の下での「引渡しまたは訴追」に違反していることを認め、セネガルに同元大統領の訴追を命じていた (ベルギー対セネガル事件判決 2012 年 7 月 20 日、102 項)。

2.3　国際司法機関の管轄権

　すでに述べたように刑事管轄権は、伝統的には国家の権限であると考えられてきた。そして、国家の刑事管轄権は、通常、犯罪がその国の領域内で行

われた（属地主義）、犯罪の容疑者がその国の国民である（積極的属人主義）、犯罪の被害者がその国の国民である（消極的属人主義）、犯罪がその国の国家的利益を害している（保護主義）など、その国家との一定の関わりがあることを前提に設定されることが一般的である。それ以外にも、海賊行為など国際社会の一般の利益を害する犯罪などに対しては、それらの関わりにかかわらず管轄権を認める（普遍主義）も行われてきている。

　そのような国家の刑事管轄権との関係で、国際刑事司法機関の刑事管轄権すなわち国際刑事管轄権は、国家を中心として組み立てられている国際法の下で、どのような根拠によって存在しうるのかという議論がある。国際刑事管轄権がそもそも認められないという考え方は、実際に長年にわたって国際刑事裁判が認められてきた下では論外であるとしても、国際刑事管轄権が国家の持つ刑事管轄権が譲渡されて存在するのか、それとも国際社会に固有に存在するものであるのかという点には、引き続き議論がある。これまでの国際刑事裁判が、敗戦国の無条件降伏、国際条約である国連憲章の下での国連安保理の権限、国家と国連の協定、あるいは ICC 規程などの条約によって設置されてきたことを考えれば、諸国家の関与なしに国際刑事管轄権が存在することは考えられない。他方で、国家は国内の刑事管轄権を超えて、国際刑事管轄権をそもそも持っているわけではないことから、国家による権限の譲渡という考え方で国際刑事管轄権を説明することも困難である。そのため、国際刑事管轄権は、国家の合意によるのか国際社会にもともと存在するのかはともかく、国家の主権に基づく国内の刑事管轄権とは独立して存在するものと考えざるを得ないであろう。

　このように国際刑事管轄権が、国家の刑事管轄権とは独立に存在するとしても、関係する国家の同意なしにその領域や国民に対して国際刑事管轄権を行使できるのか、競合する場合にはいずれが優先するのかなど、両者の関係についてはさまざまな扱いがありうる。この点で、国連加盟国に対して強制的な法的義務を課すことが認められた国連安保理によって設立された ICTYと ICTR は、関係する国家の同意に関わりなく、またその国家の国内の刑事管轄権に優先して、国際刑事管轄権を行使することが認められてきた。

　他方で ICC の場合には、条約に基づく国際刑事司法機関であることから、締約国、さらには非締約国との関係で、どのような場合に ICC の管轄権を認めるのかという点は、ICC 規程の起草過程で大きな争いとなった。その結果、ICC における管轄権とその行使のための条件は、次のように定められた。

①管轄権の受諾

　　まず、ICC 規程の締約国や非締約国でも管轄権の受諾宣言をした国（以上を併せて締約国等）は、ICC の対象犯罪に対する管轄権を受諾したものとされる（12条(1)(3)）。それ以外の非締約国は、条約の一般原則に従い ICC の管轄権を認める必要はない。

②管轄権行使の前提条件

　　その上で、実際に ICC がどのような場合に管轄権を行使できるのかについては、すでに述べた、3種類の手続の「引き金」（締約国付託・国連安保理付託・検察官の職権捜査）によって変わってくる。締約国付託と検察官の職権捜査の場合には、犯罪が締約国等の領域内で発生したか、被疑者が締約国等の国民である場合にのみ管轄権を行使できる（12条(2)）。このことは、受諾宣言も行っていない非締約国に関わる事態に対して、ICC が一切管轄権を行使できないということではない。逆に、非締約国の領域内で発生した事態であっても被疑者が締約国等の国民である場合、あるいは非締約国の国民であっても締約国等の領域内で発生した事態については、ICC が管轄権を行使することが認められている。

　　なお、国連安保理の付託による事態に関しては、国連安保理が持つ権限を背景に、このような前提条件は設けられていない。そのため、実際に ICC は、非締約国であるスーダンやリビアの事態の付託を国連安保理から受けて、それらの国の国家元首に対して逮捕状を発布した。

③補完性の原則による受理許容性

　　その上で、ICC が個別の事件を受理するためには、すでに触れた補完性の原則によって、犯罪に管轄権を持つ国家が、捜査や訴追を真に行う意思や能力を持たないことが条件とされている（ICC 規程：17条）。

このように、ICC の管轄権は、基本的に ICC 規程の締約国と非締約国との

区別を前提とするために、世界中のあらゆる事態に対して行使できる普遍的なものではない。しかし、ICC 規程は、締約国が本来持っている属地主義や属人主義による管轄権や国連安保理の権限を基礎として、非締約国に関わる事態についても一定の場合に対象とすることを可能としている。

3. 国際刑事法における刑事法の法理

国際刑事裁判のための犯罪の成立要件や手続は、基本的にこれまでに存在する国内での刑事司法を基礎として、法廷や裁判所毎に定められている。しかしながら、第 2 次世界大戦以降の武力紛争法や国際刑事裁判の発展を通して、国際刑事裁判に特有の国際刑事法の諸原則が確立してきている。またそれらの諸原則は、国際犯罪を国内で犯罪化する場合にも各国の国内法で採用されるようになってきている。

3.1　国内刑事法の影響

国際犯罪の定義あるいは構成要件については、すでに詳しく見てきたが、そこで定められた行為にどのような関与をした場合に犯罪が成立するのか（正犯・共犯の概念）、構成要件に該当する場合でもどのような場合に違法性や責任が阻却されるのか（正当防衛、緊急避難、責任能力、事実や法律の錯誤など）、どのような手続や証拠法則が適用されるのか、被疑者・被告人の諸権利はどの程度保障されるのか、被害者の保護や権利はどのように実現されるのか、などについては、国内刑事法に存在する刑事法の一般原則が、国際刑事司法機関の設置文書やその後の判例法を通じて反映されている。

国内の刑事法の一般原則が共通して反映されている特徴的な一つの分野は、罪刑法定主義、遡及処罰の禁止、無罪の推定、弁護人の保障などを含む、被疑者・被告人の権利に関わる分野である。国際刑事裁判における公正な裁判への権利は、国際軍事法廷の憲章（IMT 憲章 16 条、IMTFE 憲章 9 条）やニュルンベルク諸原則（第 V 原則）において確認されている。また、刑事手続上の人権については、国際人権法（世界人権宣言 10 条、11 条、自由権規約 14 条など）に

よって共通の義務が国家に課されており、国際刑事裁判においてもそれが反映されている。

他方で、刑事法の一般原則は、各国や法域ごとに異なる点もあり、どの法域のシステムを採用するかによって多様性が生じている。その典型的なものの一つが検察官による訴追のシステムであり、国際軍事法廷や ICTY・ICTR は検察官に全面的な訴追の裁量権を認めるコモンローのシステムが取られていたのに対し、ICC においては訴追のために予審裁判部の判断を求めるなどシビルローに一般的なシステムが採用されている。また ICC では後に述べる被害者の刑事手続への参加を認めている点でも、シビルローの伝統を反映していると言われる。

より複雑な様相を見せるのは、正犯概念、すなわち犯罪の実行行為の責任を、自ら実行行為を行ったわけではない背後の指揮者などに拡張するのかという理論である。国際軍事法廷においては、コモンローに特徴的な共同謀議という正犯概念が認められ、犯罪の準備に参加した者などにも広く正犯の責任を拡張した。ICTY・ICTR においては、共同謀議という概念は採用されなかったが、判例理論として共同犯罪企図（Joint Criminal Enterprise: JCE）という正犯概念を発展させ、正犯の責任を拡張した。これに対し、ICC においてはこれまでのところ、ドイツ法において一般的な行為支配の理論（Tatherrschaftslehre）に近い支配の理論を採用して、実際の行為に不可欠な寄与を及ぼす者を正犯に含める解釈を行っている。

3.2 国際刑事法において発展した法理

国際刑事法においては、国際軍事法廷以降の歴史の中で、国際犯罪に特徴的ないくつかの法理が確立してきた。それらは、指揮官・上官の刑事責任、国内法の存在や上官命令、公的資格の無関係、時効の不適用である。

3.2.1 指揮官・上官の刑事責任

指揮官や上官が部下の行為についても刑事責任を負う場合があるという原則は、ニュルンベルク裁判や東京裁判の判決や連合国各国の軍事法廷の判決

の中で発展していった。その後、第 1 追加議定書 (86 条 (2))、ICTY 規程 (7 条 (3)) や ICTR 規程 (6 条 (3))、ICC 規程 (28 条) においても、指揮官・上官の責任が規定されている。この責任は、すでに述べた犯罪の背後にいる指揮者に正犯の責任を問う場合とは異なり、犯罪の防止や事後的な取り締まりを行わなかったことについて、過失を含めた責任を問う法理である。ICRC の慣習国際法の研究は、国際的・非国際的武力紛争に共通する規則として、戦争犯罪について指揮官・上官の刑事責任が発生することを確認しているが (ICRC 慣習法：規則 153)、それは他の国際犯罪にも適用される法理である。

指揮官・上官の責任の規定内容は、前述の文書ごとに違いはあるが、部下が犯罪を行った場合に指揮官・上官にあることを理由に生じる絶対的な責任ではなく、指揮官・上官としての一定の行為を怠った場合に生じる責任である点では共通している。

指揮官・上官の刑事責任は、概要、次の要素に満たす場合に成立する。

a. 部下の犯罪行為

部下が犯罪を行っているか、行おうとしていること。

b. 指揮者・上官の認識や不注意

部下の犯罪行為を知っているか、知るべき理由があること。

c. 防止・処罰の懈怠

部下のその行為を防止するか、事後的に処罰するために、自らの権限の中ですべての必要かつ合理的な措置をとらなかったこと。

3.2.2 国内法の存在や上官命令

国際犯罪を行った者は、その行為が国内法では犯罪とされていない場合や、政府や上官の命令に従ったものであっても、国際法上の刑事責任を免れることはできず、責任を軽減する要素としてのみ考慮される。ICRC の慣習国際法の研究は、国際的・非国際的武力紛争に共通する規則として、戦闘員が明らかに不法な命令に服従しない責務、そして、上官の命令に従ったことは原則として部下の刑事責任を免れさせないという 2 つの規則として確認している (ICRC 慣習法：規則 154、155)。

この原則は、国際軍事法廷の憲章（IMT 憲章 8 条、IMTFE 憲章 6 条）に定められ、実際の判決や後のニュルンベルク諸原則において確認された（第 II 原則、第 IV 原則）。その後、ICTY 規程（7 条 (4)）や ICTR 規程（6 条 (4)）において採用され、ICC 規程も、政府・上官の命令に従ったことは、きわめて例外的な場合を除いて刑事責任を阻却する理由にはならないとして（33 条）、この原則を踏襲している。なお、ICC 規程において例外とされるのは、①命令に従う法的義務が存在したこと、②命令が違法であると知らなかったこと、③命令が明白に違法ではなかったことのすべてを満たす場合であり、ジェノサイド犯罪や人道に対する犯罪を実行する命令は、明白に違法とされる。

3.2.3　公的資格の無関係

国際犯罪に関わる者は、国家の元首や政府高官であるなど公的資格に基づいて行為を行ったとしても、国際法上の刑事責任を免れない。

この原則は、国内法や上官命令に関する原則と同様に、国際軍事法廷の憲章（IMT 憲章 7 条、IMTFE 憲章 6 条）に定められ、実際の判決や後のニュルンベルク諸原則において確認された（第 III 原則）。この原則は、ICTY 規程（7 条 (2)）や ICTR 規程（6 条 (2)）において採用され、ICC 規程においても、いかなる公的資格も個人の刑事責任を免除または軽減するものではないとして（27 条）踏襲されている。

この原則は、他方で、慣習国際法における国家の主権免除の法理、すなわち、主権国家やその元首や外務大臣は、他の国家の裁判管轄権に服しないという法理との間に緊張関係をもたらす。この問題は、2000 年にベルギーが戦争犯罪と人道に対する犯罪を理由とする逮捕状をコンゴ民主共和国の現職外務大臣に発布したことに対して、コンゴが ICJ に提訴した事件において検討された。ICJ は、結論として外務大臣はその在任中は外国の刑事管轄権から免れるという主権免除の法理を適用してコンゴの訴えを認めたが、他方で、主権免除の法理は手続法的な免責であり、実体法的な刑事責任そのものを免責するものではないと判断した（逮捕状事件判決 2002 年 2 月 14 日、60 項）。これは国家の刑事管轄権の行使に関わる判断であるが、

ICC 規程のように公的資格を無関係とし犯罪人の引渡しを義務づける条約を受け入れている場合には、国家は、国際刑事司法機関との関係では、手続的な主権免除を主張することはできないことになる。

3.2.4　時効の不適用

時効は、国際犯罪に対しては適用が排除される。

しかし、従来の国際刑事裁判に関する文書においては、時効の不適用についての扱いは一様ではなかった。国際軍事法廷の憲章には、時効の不適用の規定は存在しなかったが、同じ時期に連合国の国内裁判のために定められた1946 年の「戦争犯罪、平和に対する犯罪及び人道に対する犯罪に有罪である者の処罰に関する管理理事会法第 10 号」(CCL.10) では、被告人は時効の利益を享受しないことが規定されていた (2 条 (5))。後のニュルンベルク諸原則でも、時効の不適用はその原則に含められなかったが、他方で、1968 年には、国連総会で「戦争犯罪及び人道に対する犯罪への時効の不適用に関する条約」(時効不適用条約) が採択された。

1990 年代の国際刑事裁判の発展の中でも、ICTY 規程や ICTR 規程には時効の不適用に関する規定は存在しない一方で、ICC 規程においては、その対象犯罪に時効が適用されないことが明記されている (29 条)。

このように国際刑事裁判に関する文書における時効の不適用の扱いは一様ではない。しかし、積極的に時効の適用を認めているものもないことから、ICC 規程が対象とするような国際犯罪に時効が適用されないという原則は、今日、国際刑事法の原則の一つとして、受け入れられている。なお ICRC の慣習国際法の研究は、国際的・非国際的武力紛争に共通する規則として、戦争犯罪には時効が適用されないことを確認している (ICRC 慣習法：規則 160)。

3.2.5　国内刑事法への影響

以上の指揮官・上官の刑事責任、国内法の存在や上官命令、公的資格の無関係、時効の不適用などの国際刑事法の法理は、国際犯罪、特に ICC 規程の対象犯罪を国内において犯罪化する際に、国内法においても規定されるよ

うになっている例が少なくない (Case Matrix Network, "Implementing the Rome Statute of the International Criminal Court," 2017, pp. 54-67)。

第4章　国際人道法違反に対する被害者の権利

1. 被害者の権利に関する国際人権法と国際人道法

　武力紛争の被害者が救済を求める権利については、国家を中心に構成された現在の国際法の下での困難さも含めて、すでに武力紛争法違反に対する「非国家主体の請求権」の問題として説明した（第2編第4章の1.3.2）。

　被害者が効果的な救済を受ける権利は、本来、国際人権法の下で国家によって保障されるべきものである。すなわち個人がその人権に対する侵害を受けた場合、国際人権法は、「権限を有する国内裁判所による効果的な救済を受ける権利」（世界人権宣言8条）、「効果的な救済措置を受ける」ことを確保する国家の義務（自由権規約2条(3)(a)）、「公正かつ適正な賠償又は救済を当該裁判所に求める権利」（人種差別撤廃条約6条）、「構成かつ適正な賠償を受ける強制執行可能な権利」（拷問等禁止条約14条(1)）など、人権侵害の被害者の権利を保障している。そして、この権利を保障する国家の義務は、国家による人権侵害については自ら被害者に救済を行い、私人による人権侵害については被害者が加害者からの救済を受けることができるように確保することを含んでいる。

　しかし人道的な事態においては、こうした国際人権法の下での被害者の権利が確保できない状況が生じる。まず、国際人権法の下で国家の義務の範囲はその領域かつ／または管轄下における人権侵害であることから、国際的武力紛争などによる他国による国際人道法違反など国際的に発生する被害に対しては、その義務の範囲が及ばない場合が生じる。また、人権侵害の被害が

内戦下の武装集団によってもたらされる場合、国家がそうした武装集団への支配を失っていることが多く、国内の法制度を用いて武装集団に被害者の救済を強制することは実際上困難である。さらには、国家が自ら独裁や圧制によって国内の住民や少数者に対して人道的な事態をもたらしている場合、そうした国家が国際人権法上の義務の履行を十分に行うことは期待できない。加えて、国際人道法違反は、大規模に数多くの被害者集団を生み出すことが多く、個別の救済システムを通じての大量の救済を行う能力を、国家が持たない場合もある。

　こうした事情により、国際人道法違反に対する被害者の救済については、国際人権法を基礎としながらも、国際人道法に付随するシステムとして発展しつつある。

2. 国際刑事裁判における被害者の権利

2.1　ICTY や ICTR における被害者の権利

　ICTY や ICTR においては、それらの設立規程そのものには、被害者の権利に関する規定はない。しかしそれらの法廷の詳細を定める手続及び証拠に関する規則（手続証拠規則）において、法廷で有罪が確定した事件の被害者の権利について、一定の扱いが規定されてきた。

　すなわち、ICTY や ICTR は、訴追された被告人に対し確定した有罪判決を行い、その有罪判決の認定の中で不法な財産奪取があったことを認めた場合には、検察官の請求または職権によって、審理を行い、その財産の原状回復（restitution）を命じることができるとされた（両法廷の手続証拠規則 105）。

　他方で、被害者に対する損害賠償（compensation）に関しては、法廷自身が、有罪判決を受けた者に対して被害者の賠償を命じる制度はない。しかし、被害者に損害を及ぼした犯罪で有罪判決がなされた場合には、法廷から関係国に有罪判決を送付する。被害者は、関係国の国内法に従って、国内裁判所に賠償を求める訴訟を提起することができるが、法廷の有罪判決における認定は、国内裁判所の判断を拘束するものとされる（両法廷の手続証拠規則 106）。

このように、被害者の損害賠償請求については、被害者が国内の法制度を通じて救済を受けることを一定程度容易にした。

2.2 ICC における被害者の権利

ICC 規程においては、国際刑事裁判において初めて、被害者の手続への参加と被害者の賠償に関する規定が含められた。

被害者の手続への参加について ICC 規程は、被害者が、裁判所が適当と判断する公判手続の段階において、一定の条件の下に、代理人弁護士を通じて意見や懸念を表明することを認めている (68条(3))。こうした参加が認められる手続は、規程の他の規定のみならず、手続及び証拠に関する規則や実際の裁判所の運用を通じて広範なものとなっている。そして実際には、検察官の捜査開始の判断、予審裁判部での各種の決定手続、賠償命令の決定手続、刑執行開始後の再審や刑の軽減の審理手続など、ほぼすべての手続段階が含まれている。また、賠償命令を不服とする場合には、被害者は独立の当事者として上訴する権利も認められている (82条(4))。このように ICC において被害者には、第三の当事者とも言うべき参加の権利が認められるにいたっている。

被害者の賠償について ICC 規程は有罪判決を受けた者に対する被害者の賠償命令の制度を設けた (75条)。すなわち、裁判所はまず、被害者に係る賠償の権利 (原状回復、損害賠償、リハビリテーションを含む) に関する原則を確立して、その原則に基づき、被害者の請求または職権によって損害の範囲などを決定する。その上で裁判所は、前述の賠償命令を発することができる。ICC の賠償制度において特徴的なのは、有罪判決を受けた者を通じての賠償が十分に行われないことを想定して、被害者のための信託基金 (被害者信託基金：TFV) が設置されたことである (75条(2)、79条)。また、ICC の対象犯罪の被害者が大量となることを想定して、証拠手続規則では、個別的賠償だけではなく集団的賠償も採用されている。さらに、こうした権利が認められる被害者の定義については、証拠手続規則や裁判例を通じて、犯罪によって害悪を被った自然人だけではなく組織や機関、そして直近の家族や、被害者を

助け・被害を防止する過程で害悪を被った者を含む、広い範囲を対象としている。

　他方で、こうした ICC の被害者のための制度は、いくつかの課題に直面してきた。有罪や賠償に関する手続が長期化して賠償命令を受けるまでに長い時間を要すること、被害者が手続の各段階に参加することがそれらの手続をさらに長期化すること、有罪判決を受ける者の資産が実際に確保されて賠償に用いられることがなく他方でその財源を寄付に依存する被害者信託基金も十分な賠償の能力を持たないこと、などである。

3.　2005 年国連基本原則

　被害者の権利については、すでに触れた国際人権法における国家の義務と並んで、1985 年に国連総会が、「犯罪と権力濫用による被害者のための司法の基本原則宣言」を採択した（1985 年国連基本宣言）。この宣言は、犯罪の被害者の、司法と公正な待遇への差別のないアクセスや原状回復・損害賠償・支援を受ける権利を宣言した。併せて権力濫用による被害者については、たとえ国内法が犯罪としていない場合にも、国際的に承認された人権を侵害する場合には、国家は被害者に救済を行うための立法を行うべきものとしていた。

　こうした被害者の権利は、1990 年代における国際刑事裁判の発展や国連人権機関での検討を通じて、2005 年に国連総会が決議した「国際人権法の重大な侵害と国際人道法の深刻な侵害に対する救済と保障の権利に関する基本原則とガイドライン」（2005 年国連基本原則）へと発展していった。この基本原則は、国際人権法の重大な侵害と国際人道法の深刻な侵害について、①国際人権法と国際人道法を実施する国家の義務、②具体的に違反を防止し、捜査し、責任者に対して行動を取り、被害者に救済と保護を与える国家の義務、③一定の場合にはそうした国際犯罪を捜査・訴追・犯罪人引渡しを行う義務、④時効制度の不適用や制限的適用、⑤被害者の定義と与えるべき待遇と救済（司法へのアクセス・賠償・情報へのアクセス）などに関する基本原則を定めている。

　特に詳細に規定された、⑤被害者の定義と与えるべき待遇と救済は、以

下のような内容である。まず、被害者の定義については、すでに述べた ICC の場合と同様の広い定義が採用され、個別的または集団的に害悪を被った者だけではなく、直近の家族や被扶養者や被害者を助け・被害を防止する過程で害悪を被ったものを含むとしている。また、被害者は人道性と尊重を持って待遇されるべきであり、その安全・心身の健康・プラバシーなどが確保されるべきとされる。そして被害者には、国際法の下での権利として、司法へのアクセス・賠償・情報へのアクセスが認められる。賠償は、十分・実効的・迅速なものでなければならず、原状回復・損害賠償・リハビリテーション・満足のための措置・再発防止の保証が含まれる。情報へのアクセスは、被害者に、その権利や救済に関する情報だけではなく、行われた違反の内容や原因などの真実を知るための手段を含んでいる。

　2005 年国連基本原則は、1985 年国連基本宣言と同様に国連総会の決議であり、それ自体が国家に法的拘束力を持つわけではない。しかし、すでに慣習国際法や関係する条約の下で認められている国際人道法違反の被害者の扱い、また、将来において成立していくさらなる国際人道法の条約において、包括的な指針を示している文書である。

第5章　市民のための国際人道法

1. 国際人道法の履行や発展への障害

　戦争に関わる国際法は、少なくとも19世紀前半まで支配的だった無差別戦争観や戦時無法主義を次第に克服して、軍事的利益に対して、人道的考慮を対置させる武力紛争法、そして第2次世界大戦後は戦争あるいは武力行使の違法化を実現してきた。そうした意味では、「戦争法から人道法へ」という歴史的な潮流（藤田：6頁以下）、あるいは武力紛争法の人道化の潮流は確実に存在する。

　しかしそれでもなお、世界各地で武力紛争は止むことはないし、その下で多くの市民が犠牲となり続けている。それはなぜなのか。

　第1に、諸国家を支配している政治的リアリズムがある。国家の目的は何よりもまず、国民の生命や生活を守り、そのために領土保全と政治的独立を維持することであり、そのためには、諸外国や近隣諸国に対抗する軍事力を持たなければならないということである。そうした政治的リアリズムに立てば、国家は軍隊を持つことを止めることはできず、他国との競争の中でより確実な軍事力を備えようとする安全保障のジレンマの中で、軍事力がますます拡大していく。その中で、意図的または偶発的な武力衝突の可能性は高まり、また国家の軍隊のために生産される武器や兵器が、非国家主体である武装集団に流入する状況も拡大していく。そうした武力衝突の可能性を否定できない国際関係の下では、武力紛争法も、敵対勢力の軍事的能力を無効化するという軍事的利益を否定することはできず、せいぜいが、そうした軍事的

利益と人道的考慮のバランスを目指すという役割に留まらざるを得ない。実際にジュネーブ諸条約や追加議定書は、人道的考慮によるさまざまな犠牲者の保護や害敵手段の規制に関する規定を持ちながらも、諸国家の軍事的利益に配慮する歯切れの悪いものとなっている。

　第2に、国連憲章が想定したはずの国連安保理を通じた集団安全保障体制は、拒否権を持つ5大国の恣意的な行動もあり、十分には機能してこなかった。国連安保理は、武力紛争などの平和に対する脅威や破壊がある場合には、非軍事的措置や軍事的措置を取ることができる。そしてそれが人道的な事態を引き起こしている場合には、国際人道法を執行するための枠組みを設けることもできる。実際にも国連安保理は、人道的事態を引き起こした国家責任の追及やそれを主導した個人の刑事責任を裁くためのシステムを設けることもあった。他方で、そうした人道的な事態に対して何らの行動も取らないことがあることは、パレスティナやシリアの事態を見れば明らかである。すなわち国連の集団安全保障体制と有機的に組み合わされた国際人道法の履行確保は、未だ十分には存在しない。

　第3に、現代の武力紛争において大きな関わりを持っている非国家の武装集団が、国際人道法の枠組みの中に十分に包摂されていない問題がある。すでに見てきたように、現代の武力紛争法は、非国際的武力紛争も対象としている。また、国際人道法における重大な人権侵害の規制や、それを執行するための効果的な手段である国際刑事法も、非国家主体に対する国際法上の直接の義務を課している。国際刑事法を含むそうしたシステムが、有力な国々によるICC規程の未批准によって、いまだ普遍性を達成していないとしても、国際人道法は、国際法の他の分野に比べて広く非国家主体を対象とする法分野であることは言うまでもない。しかしながら、多くの不十分な点も存在する。非国際的武力紛争に適用される武力紛争法は、少なくとも条約法に関してはきわめて限定的である。例えば、第2追加議定書は、当初のICRC提案による47カ条の条文案が、実際の外交会議では28カ条に簡素化された。それは、この議定書が、国家主権に影響し、領域内での法と秩序の維持を妨げ、外部の介入を正当化することに対する参加国の恐れによるものであった

（APII 注釈：導入部）。また、第2追加議定書には、ジュネーブ諸条約共通3条の特別の協定のような、非国家の武装集団の履行を促進するためのシステムが、議定書の周知以外には定められていない。そもそも非国家の武装集団は、武力紛争法の条約の成立やその履行確保のために、何ら公の資格を与えられていない。こうした枠組みの中で、非国家の武装集団に武力紛争法を尊重させることの理論上及び実際上の困難性についてはすでに述べたとおりである（第2編　第4章の4「非国家主体に武力紛争法を履行させるための措置」）。

　第4に、武力紛争法あるいは広く国際人道法に関する条約の成立やその履行確保のために、何ら公の資格を与えられていないことは、非国家の武装集団のみならず、犠牲者となる市民、その存在に重大な懸念を持つ市民や NGO にとっても同様である。武力紛争法は、すでに見たように ICRC などの人道的救済団体に、武力紛争法の履行のための役割を認め（人道的イニシアティブの権利、第2編　第4章の2.3「人道的救援団体」）、それが実際にも大きな役割を果たしている。しかし、締約国の行動を促すことや実際に被った被害の救済を申し立てることを含めて、国際人道法の成立・発展・その履行確保においては、国際人道法違反の被害者となる市民の関与が、制度として位置づけられるべきであろう。少なくとも、国際人権法で採用されているような、履行確保のシステムの全部または一部を導入することはけっして不可能ではない。

2. 国家の主権と役割の相対化

　以上の諸問題の背景にある主要な原因の一つは、現在の国際法そして国連体制の基底にある国家中心主義とも言うべき考え方である。それを国際人道法に関して言えば、条約などの国際立法、それを履行する義務と責任、さらには各国の履行を監視する任務が、基本的に国家によって担われるべきだとするものである。実際上は、それらの任務や権限が、国連や条約機関などの国際機関に委ねられることはあるが、そうした国際機関の活動は、国家の主権を侵害しないことが大前提とされる。そのことによって、国家の主権を侵食しかねない武装集団を承認するかのような扱い、さらには市民や NGO の

介入は、国家の主権を制限しかねないものとして、極力排除されることになる。

　もちろん、国際人道法においても基底にある国家中心主義の問題を指摘することは、現在の国際社会や国際法における国家の存在と役割を否定することではない。国家は、それが管轄する領域と市民の安全のために不可欠の役割を果たしてきたし、そうすることが期待されている。国内外での安全保障、刑事法を含む法の執行、さらには被害者の救済などは、国家が持つ権限と資源を用いてのみ最も効果的に行うことができるし、それらを超国家的な国際機関で置き換えることも、実際には困難である。さらに人道的な事態の多くは、いわゆる破綻国家など、政府の機能を維持できない領域で起こり、引き続いている。そうした領域においては、何よりもまず最低限の機能と正統性とを備えた国家の再建、あるいは国家に準ずる組織の統治を回復することが、人道的事態を無くしていくための第 1 の課題となるだろう。

　しかし、国家の重大な役割を認めたとしても、国家や国家主権を国際人道法の絶対的な基底とし、国際人道法の形成・実施・履行の監視を国家のみに委ねることには、多くの危険が伴う。国家主権の絶対性に対しては、2000年代に国連をはじめとする場で、「保護する責任」(Responsibility to Protect: R2P) という概念が唱えられた。この概念が最初に提唱されたのは、当時のアナン国連事務総長の要請によってカナダ政府が設置した「介入と国家主権に関する国際委員会 (ICISS)」の報告書 (2001 年) においてである。それによれば、国家に主権が認められる正統性の根拠は、その国家の領域内の住民を保護することにあり、国家がその第一次的責任を果たさない場合には、国際社会がその国家の主権にもかかわらず、国家に代わって住民を保護する責任もしくは権利があるという考え方である。「保護する責任」の概念は、その後、2005年の国連総会ハイレベル全体会合で採択された成果文書である「2005 年世界サミット成果文書」の中に盛り込まれ、また、アラブの春の中で、2011 年に国連安保理がリビアへの武力行使を国連加盟国に認める決議 1973 を採択する際などに援用された。もちろん、保護する責任を果たさない国家に対し、国際社会が介入することを認めるとしても、それがいわゆる人道的介入のような武力による強制、さらには国連安保理によらない他の国家による介入ま

でも認めるものであるかどうかには、議論がある。しかし少なくとも国家主権が、人道的な事態の下で、絶対的なものではなく相対化される必要性が承認されることは重要である。

　国家に関わるもう一つの問題は、国家が自国には直接影響しない人道的な事態に対して必要な関心を持つこと、行動を取ることを、自明のこととして考えることはできないということである。国家は、社会契約説などの政治理論に立ち戻るまでもなく、その領域の保全と国民の福利を実現するために存在し、そのことによってその存在と機能に正統性が認められる。そのような国家が自らの国に直接の影響を持たない人道的な事態について、必要とされる国際人道法を形成し、その実施に努め、履行を監視することをどのように動機づけるのか。このことは、そうした活動に軍隊を含めた自国民の派遣や財政的な負担を伴う場合にはなおさらであり、遠く離れた他の国や地域でのトラブルに巻き込まれたくないという世論が優勢な民主主義国家においてはいっそう問題となるかも知れない。もちろん実際には多くの国家が、「国際の平和及び安全を維持する」、「経済的、社会的、文化的または人道的性質を有する国際問題を解決する」という国連憲章の目的とされた理念を共有し、その実現のための共同行動や国際協力を実施してきた。しかし、武力紛争法や国際刑事法などの履行確保を通じた国際人道法に基づく国際秩序を、自国の国民やその利害の確保を第一の任務とする主権国家の政策や問題関心のみに委ねることには限界がある。

　以上のような意味で、国際人道法の、少なくとも道徳的な基礎は、主権国家やその集まりによって形成される国際機関を超えた、はるかに広範な利害関係者の関心の下に築かれる必要があるだろう。このことは、国際人道法や国際環境法など、市民の国際的保護に関わる国際法の諸分野に共通する問題状況である。

3. 国際人道法のための市民の役割

　それでは、市民にとっての国際人道法とは、どのような意味を持つのだろ

うか。

　この問いは、もちろん、人道的な事態の中に現実に置かれている市民にとっては、自明のことかも知れない。日々の空爆や生活地域での対人地雷におびえ、政府軍や武装集団の略奪・徴集・性暴力から身を隠し、あるいは専制的な政府による残虐行為・迫害・差別に苦しむ市民にとって、それが国際人道法で禁止されていること、責任者は司法の裁きを受けるべきこと、そして被害は救済されるべきことを知ることは、自らや家族を守るための前提となる。さらには、現在の国際人道法がその人道的目的を達成するためにどのような不備を持っているのかを身を以て示すことができるだろう。

　しかし、そうした人道的な事態を止めさせること、責任者を処罰すること、救済すること、必要な発展を国際人道法にもたらすことは、人道的な事態の中に身をおく者の力のみによっては実現できない。世界中の広範な市民が、たとえ自らはそのような人道的事態に直面していなくとも、世界の遠い地域で起こっている事態を理解して関心を持ち、その停止や再発防止のために自らの政府や国際社会に働きかけ、国際社会が必要な行動を取ることを支えていくことなしには、真に人道的な国際法は実現しないであろう。そしてそうした行動は、人道の名の下にすべての人類に課せられた責務である。また、実際に人道的イニシアティブの権利に基礎づけられた非政府団体の活動について、参加・支援、あるいは監視する行動も可能である。そうした行動につなげるために、国際人道法の正しい理解と、それに支えられた共感が、市民には必要とされる。

　国際人道法は、何よりもまず市民を守るための、市民が当事者となる国際法である。そうした国際人道法の形成・実施・履行確保を、必ずしも利害関係を持たない自国の政府のみに委ねることはあまりにもリスクが大きい。それらの過程に市民自身が、関わっていくことが、将来に向けてリスクを減じていくための唯一の道である。

参考文献

山本：山本草二『国際法（新版）』（有斐閣、2003）

藤田：藤田久一著『新版　国際人道法　再増補』（有信堂高文社、2003）

村瀬信也・真山全編『武力紛争の国際法』（東信堂、2004）

ジャン・ピクテ著：井上忠男訳『解説赤十字の基本原則：人道機関の理念と行動規範』（東信堂、2006）

東澤靖『国際刑事裁判所　法と実務』（明石書店、2007）

東澤靖『国際刑事裁判所と人権保障』（信山社、2013）

村瀬信也・洪恵子『国際刑事裁判所―最も重大な国際犯罪を裁く（第二版）』（東信堂、2014）

井上忠男著『戦争と国際人道法―その歴史と赤十字のあゆみ』（東信堂、2015）

鈴木和之著『実務者のための国際人道法ハンドブック』（内外出版、2016）

GCI注釈：ICRC, Commentary to Geneva Convention I for the Amelioration of the Condition of the Wounded and Sick in Armed Forces in the Field, 2nd edition, 2016 at: https://ihl-databases.icrc.org/ihl/full/GCI-commentary

GCII注釈：ICRC, Commentary to Geneva Convention II for the Amelioration of the Condition of Wounded, Sick and Shipwrecked Members of Armed Forces at Sea, 2nd edition, 2017 at: https://ihl-databases.icrc.org/ihl/full/GCII-commentary.

GCIII注釈：ICRC, Commentary to Geneva Convention III relative to the Treatment of Prisoners of War, 2020 at: https://ihl-databases.icrc.org/ihl/full/GCIII-commentary

GCIV注釈：ICRC, Commentary to Geneva Convention IV relative to the Protection of Civilian Persons in Time of War, 1958 at: https://ihl-databases.icrc.org/applic/ihl/ihl.nsf/INTRO/380

API 注釈：ICRC, Commentary to Protocol Additional to the Geneva Conventions of 12 August 1949, and relating to the Protection of Victims of International Armed Conflicts, 1987 at: https://ihl-databases.icrc.org/applic/ihl/ihl.nsf/INTRO/470

APII注釈：ICRC, Commentary to Protocol Additional to the Geneva Conventions of 12 August 1949, and relating to the Protection of Victims of Non-International Armed Conflicts, 1987 at: https://ihl-databases.icrc.org/applic/ihl/ihl.nsf/INTRO/475

ICRC 慣習法：J. Henckaerts and L. Doswald-Beck, "Customary International Humanitarian Law Volume I," Cambridge, ICRC, 2005.

E. Crawford & A. Pert, "International Humanitarian Law," Cambridge, 2015.

N. Tsagourias & A. Morrison, "International Humanitarian Law: Cases, Materials and Controversies," Cambridge, 2018.

Sassòli：M. Sassòli, "International Humanitarian Law: Rules, Controversies, and Solutions to Problems Arising in Warfare," Elger, 2019.

事項・人名索引

240

書名索引

著者紹介

東澤　靖（ひがしざわ やすし）

明治学院大学法学部グローバル法学科教授、弁護士（日本、米国ニューヨーク州・カリフォルニア州）

主な関連著書・訳書：『国際刑事裁判所　法と実務』（明石書店、2007）、『国際刑事裁判所と人権保障』（信山社、2013）、ジョン・ジェラルド・ラギー著『正しいビジネス―世界が取り組む「多国籍企業と人権」の課題』（岩波書店、2014）

国際人道法講義

2021年1月25日	初　版第1刷発行	〔検印省略〕

定価はカバーに表示してあります。

著者©東澤靖／発行者　下田勝司　　　　　　　　　　印刷・製本／中央精版印刷

東京都文京区向丘 1-20-6　　郵便振替 00110-6-37828

〒 113-0023　TEL (03) 3818-5521　FAX (03) 3818-5514

発 行 所
株式
会社 東信堂

Published by TOSHINDO PUBLISHING CO., LTD.

1-20-6, Mukougaoka, Bunkyo-ku, Tokyo, 113-0023, Japan

E-mail : tk203444@fsinet.or.jp　http://www.toshindo-pub.com

ISBN978-4-7989-1668-2　C3032　　ⓒ Higashizawa Yasushi

東信堂

〒113-0023　東京都文京区向丘1-20-6　　TEL 03-3818-5521　FAX03-3818-5514　振替 00110-6-37828
Email tk203444@fsinet.or.jp　URL:http://www.toshindo-pub.com/

※定価：表示価格（本体）＋税

東信堂

為替操作、政府系ファンド、途上国債務と国際法 ……… 中谷和弘 一〇〇〇円

グローバル化と法の諸課題—グローバル法学のすすめ ……… 高山佳奈子・阿部克則 編著 一二〇〇円

新版 国際商取引法 ……… 高桑昭 三六〇〇円

国際民事訴訟法・国際私法論集 ……… 高桑昭 六五〇〇円

講義 国際経済法 ……… 柳赫秀 編著 四六〇〇円

国連の金融制裁—法と実務 ……… 吉村祥子 編著 三二〇〇円

国際刑事裁判所〔第二版〕 ……… 洪恵子 編 四六〇〇円

武力紛争の国際法 ……… 真山全 編 二八六〇円

国連安保理の機能変化 ……… 村瀬信也 編 二七〇〇円

海洋境界確定の国際法 ……… 江藤淳一 編 二八〇〇円

自衛権の現代的展開 ……… 村瀬信也 編 二八〇〇円

国連安全保障理事会—その限界と可能性 ……… 松浦博司 三三〇〇円

集団安全保障の本質 ……… 柘山堯司 編 三二〇〇円

【現代国際法叢書】

国際法における承認—その法的機能及び効果の再検討 ……… 王志安 五二〇〇円

国際社会と法 ……… 高野雄一 四三〇〇円

集団安保と自衛権 ……… 高野雄一 四八〇〇円

国際「合意」論序説—法的拘束力を有しない国際「合意」について ……… 中村耕一郎 三〇〇〇円

法と力 国際平和の模索 ……… 寺沢一 五二〇〇円

憲法と自衛隊—法の支配と平和的生存権 ……… 幡新大実 二八〇〇円

イギリス憲法I 憲政 ……… 幡新大実 四二〇〇円

イギリス債権法 ……… 幡新大実 三八〇〇円

根証文から根抵当へ ……… 幡新大実 二八〇〇円

判例 ウィーン売買条約 ……… 井原宏・河村寛治 編著 四二〇〇円

グローバル企業法 ……… 井原宏 三八〇〇円

国際ジョイントベンチャー契約 ……… 井原宏 五八〇〇円

〒113-0023 東京都文京区向丘1-20-6　　TEL 03-3818-5521　FAX03-3818-5514　振替 00110-6-37828
Email tk203444@fsinet.or.jp　URL:http://www.toshindo-pub.com/

※定価：表示価格（本体）＋税

東信堂

〒113-0023　東京都文京区向丘1-20-6　　TEL 03-3818-5521　FAX03-3818-5514　振替 00110-6-37828
Email tk203444@fsinet.or.jp　URL:http://www.toshindo-pub.com/

※定価：表示価格（本体）＋税

東信堂

地域自治の比較社会学——日本とドイツ	山崎仁朗編著	五四〇〇円
日本コミュニティ政策の検証——自治体内分権と地域自治へ向けて	山崎仁朗編著	四六〇〇円
自然村再考	高橋明善	六四〇〇円
高齢者退職後生活の質的創造——アメリカ地域コミュニティの事例	加藤泰子	三七〇〇円
原発災害と地元コミュニティ——福島県川内村奮闘記	鳥越皓之編著	三六〇〇円
自治体行政と地域コミュニティの関係性の変容と再構築——「平成大合併」は地域に何をもたらしたか	役重眞喜子	四二〇〇円
さまよえる大都市・大阪——「都心回帰」とコミュニティ	鯵坂学・徳田剛・丸山真央編著	三八〇〇円
地域のガバナンスと自治——平等参加・伝統主義をめぐる宝塚市民活動の葛藤	西村雄郎　田中義岳	三四〇〇円
現代日本の地域分化——センサス等の市町村別集計に見る地域変動のダイナミックス	蓮見音彦	三八〇〇円
現代日本の地域格差——二〇一〇年・全国の市町村の経済的・社会的ちらばり	蓮見音彦	二三〇〇円
社会制御過程の社会学	舩橋晴俊	九六〇〇円
組織の存立構造論と両義性論——社会学理論の重層的探究	舩橋晴俊	二五〇〇円
新版 「むつ小川原開発・核燃料サイクル施設問題」研究資料集	舩橋晴俊編著	一八〇〇〇円
新版 新潟水俣病問題——加害と被害の社会学	舩橋晴俊・金山行孝・茅野恒秀編	三八〇〇円
環境問題の社会学——環境制御システムの理論と応用	湯浅陽一・茅野恒秀・舩橋晴俊編著	三六〇〇円
新潟水俣病問題の受容と克服	堀田恭子	四八〇〇円
新潟水俣病をめぐる制度・表象・地域	関礼子	五六〇〇円
被災と避難の社会学	関礼子編著	二三〇〇円
多層性とダイナミズム——沖縄・石垣島の社会学	藤川賢・高木恒一・関礼子編著	二四〇〇円
公害・環境問題の放置構造と解決過程	藤川賢・渡辺伸一・堀畑まなみ編著	三八〇〇円
公害被害放置の社会学——イタイイタイ病・カドミウム問題の歴史と現在	飯島伸子・渡辺伸一・藤川賢著	三六〇〇円
食品公害と被害者救済——カネミ油症事件の被害と政策過程	宇田和子著	四六〇〇円

〒113-0023　東京都文京区向丘1-20-6　TEL 03-3818-5521　FAX03-3818-5514　振替 00110-6-37828
Email tk203444@fsinet.or.jp　URL:http://www.toshindo-pub.com/

※定価：表示価格（本体）＋税

東信堂

オックスフォード キリスト教美術・建築事典	P&L・マレー著 中森義宗監訳	三〇〇〇〇円
イタリア・ルネサンス事典	J・R・ヘイル編 中森義宗監訳	七八〇〇円
美術史の辞典	中森義宗・P・デューロ訳他	三六〇〇円
涙と眼の文化史──中世ヨーロッパの	中森義宗・清水忠訳他	三六〇〇円
青を着る人びと	徳井淑子訳	三五〇〇円
社会表象としての服飾──近代フランスにおける異性装の研究	伊藤亜紀	三六〇〇円
書に想い 時代を読む	新實五穂	三六〇〇円
日本人画工 牧野義雄──平治ロンドン日記	河田悌一	一八〇〇円
美を究め美に遊ぶ──芸術と社会のあわい	ますこ ひろしげ	五四〇〇円
バロックの魅力	荻江藤光紀・田中厚佳編著	二八〇〇円
新版 ジャクソン・ポロック	小穴晶子編	二六〇〇円
西洋児童美術教育の思想	藤枝晃雄	二六〇〇円
ロジャー・フライの批評理論──知性と感受	要真理子・前田茂監訳	三六〇〇円
─ドローイングは豊かな感性と創造性を育むか？	要真理子	四二〇〇円
レオノール・フィニー──境界を侵犯する新しい種	尾形希和子	二八〇〇円

〔世界美術双書〕

バルビゾン派	井出洋一郎	二〇〇〇円
キリスト教シンボル図典	中森義宗	二三〇〇円
パルテノンとギリシア陶器	関隆志	二三〇〇円
中国の版画──唐代から清代まで	小林宏光	二三〇〇円
象徴主義──モダニズムへの警鐘	中村隆夫	二三〇〇円
中国の仏教美術──後漢代から元代まで	久野美樹	二三〇〇円
日本の南画	浅野春男	二三〇〇円
セザンヌとその時代	武田光一	二三〇〇円
画家とふるさと	小林忠	二三〇〇円
日本・アジア美術探索一八六〇年	大原まゆみ	二三〇〇円
ドイツの国民記念碑一八一三─	永井信一	二三〇〇円
インド、チョーラ朝の美術	袋井由布子	二三〇〇円
古代ギリシアのブロンズ彫刻	羽田康一	二三〇〇円

〒113-0023　東京都文京区向丘1-20-6
TEL 03-3818-5521　FAX03-3818-5514　振替 00110-6-37828
Email tk203444@fsinet.or.jp　URL:http://www.toshindo-pub.com/
※定価：表示価格（本体）＋税